배움이 즐거운 세상으로

_____ 님에게

나는 어떻게 교사로 성장했는가

나는 어떻게 교사로 성장했는가

초판 1쇄 발행_ 2017년 12월 13일

지은이_ 승광은
펴낸이_ 이성수
편집_ 황영선, 이홍우, 박현지
디자인_ 진혜리
마케팅_ 이현숙, 이경은
제작_ 박홍준

펴낸곳_ 올림
주소_ 03186 서울시 종로구 새문안로 92 광화문오피시아 1810호
등록_ 2000년 3월 30일 제300-2000-192호(구:제20-183호)
전화_ 02-720-3131
팩스_ 02-6499-0898
이메일_ pom4u@naver.com
홈페이지_ http://cafe.naver.com/ollimbooks

값_ 15,000원
ISBN 978-89-93027-98-3 03370

이 도서의 국립중앙도서관 출판예정도서목록(CIP)은 서지정보유통지원시스템 홈페이지
(http://seoji.nl.go.kr)와 국가자료공동목록시스템(http://www.nl.go.kr/kolisnet)에서 이
용하실 수 있습니다.(CIP제어번호 : CIP2017032638)

나는 어떻게 교사로 성장했는가

아이들과 함께한 37년 평생교사의 배움과 실천

/ 승광은 /

올림

성직자에서 반성적 실천가로

어린 시절 나는 책을 통해 우물 밖의 드넓은 세상을 만났다. 중·고등학교 시절에는 바둑과 노래를 가까이하며 몰입과 협력적 배움의 즐거움을 알아갔고, 부모 형제와 선생님들 덕분에 사범대에 진학하여 교사의 꿈을 키워갈 수 있었다. 그리고 상록회 야학활동을 하면서 내 안의 순수한 열정을 발견하게 되었고, 그에 힘입어 올곧은 교사의 길을 걸어갈 수 있었다.

교단에 서고 나서 몇 차례의 위기와 코페르니쿠스적 전환이 있었다. 우리의 교육 현장을 옥죄는 입시경쟁에서 벗어나 참교육과 교육 민주화를 실현하려고 노력했지만 녹록지 않은 현실의 벽을 실감해야 했다. 그때마다 아이들과 동료 선생님들 그리고 학부모님들이 소중한 동반자가 되어 나의 교직생활을 든든히 받쳐주었고, 그 속에서 조금씩 교사로 성장해갈 수 있었다. 무엇보다 만만치 않은 일선 교육 현장의 한복판에서 주어진 교사의 직분을 다할 수 있었던 것은 특별한 은총이었다.

정년을 2년 앞둔 여름방학 무렵, 처음으로 명예퇴직을 진지하게 고민했다. 임용고시에서 수십 대 일의 치열한 경쟁률을 뚫고 나온 후배 교사들을 위해 조금 일찍 자리에서 물러나는 것도 예의일 듯싶었다. 또 한편으로는 37여 년간 직업인으로서 감수해야 했던 수많은 일들에서 놓여나 인생에서 처음으로 나 자신에게 학습연구년을 주고 싶었다. 연구 과제는 그동안의 오랜 숙원인 '자전적 교사 성장기'를 책으로 내는 일이었다. '나는 어떻게 교사로 성장했는가'라는 제목으로 내 삶에 대한 글을 쓰고 싶었다.

은퇴 후 바로 집필을 시작했다. 제일 먼저 내용을 어떤 식으로 구성할지를 놓고 고민했다. 그렇게 해서 평생을 교사로 살아온 나의 삶을 교사 준비기, 교사 성장기, 수석교사 활동기로 나누었다. 문제는 책의 핵심이라고 할 수 있는 교사 성장기를 어떤 기준으로 어떻게 서술할 것인가였다. 나는 이 문제를 해결하기 위해 나의 교사관과 수업관에 결정적 영향을 미친 마음속의 스승인 사토 마나부 가큐슈인대 교수의 관점을 참고했다. 사토 교수는 그의 저서 《아이들을 어떻게 가르칠 것인가》에서 교사문화의 유형에 대해 명쾌한 정의를 내렸다.

교사문화는 시대와 사회적 상황에 따라 다양하고 중층적인 구조를 지닌다. 종축으로 관료화와 민주화를, 횡축으로 전문직화와 탈전문직화를 설정하고 두 축에 따라 분류한 4가지 교사상과 문화 유형을 나타낸다. 첫 번째 유형은 공복으로서의 교사문화다. 두 번째는 노동자로서의 교사문화로 성직자로서의 교사상에 대한 대항문화이다. 세 번째는 기술적 숙달자로서의 교사문화다. 네 번째는 반성적 실천가로서의 교사문화로 두 번째 유형의 대항문화다.

나는 교사상과 교사문화에 대한 사토 교수의 정의에서 큰 깨달음을 얻었다. 특히 반성적 실천가로서의 교사관은 나의 중심을 잡아주고 뒷받침해주는 관점으로 내 마음속에 오래 자리하게 되었다.

사토 교수는 위의 책에서 반성적 실천가로서의 교사상에 대해 이렇게 썼다.

MIT의 철학자 도널드 쇤은《반성적 실천가, 전문가는 어떻게 생각하는가》에서 기술적 숙달자로서의 전문가는 오늘날 고객이 갖고 있는 복잡하고 난해한 문제에 대처하지 못하고 있으며, 고객과 같이 현실의 복잡한 문제 해결에 종사하는 반성적 실천가라는 새로운 전문가가 등장하고 있다고 지적한다.

반성적 실천가라는 새로운 전문가는 교사상의 미래에 새로운 가능성을 열어준다. 지금까지 B급 전문직의 요인으로 간주되어온 '불확실성'은 반성적 실천가라는 시점에서 보면 교육 실천의 창조성을 표현하고 있다. 또한 '행위 중의 성찰'이라는 실천적 인식론은 사례 연구를 거쳐 실천적 견식을 높이는 교사의 성장 과정과 부합하고 있다.

나는 이 부분에 크게 공감했고 수없이 되새기며 교사로서의 삶과 성장을 위한 성찰의 준거로 삼았다. 이에 근거해 내 책의 중심 내용인 교사 성장기를 '성직자관, 교과지도 전문가로의 성장기', '전문직 노동자로의 성장기', '동료성에 기초한 교과 전문가로의 성장기', '학교 혁신 전문가로의 성장기', '반성적 실천가를 지향하는 수업 전문가로의 성장기'로 나누어 쓰기로 결정했다.

이제 명예퇴직으로 얻은 1년 6개월여의 학습연구년을 끝내며 연구과제였던 교사의 성장을 주제로 써온 글을 마무리하게 되었다. 내용의 전문성 여부보다 교사로서 내 삶의 유일함을 제대로 담아냈는지, 꾸밈 없이 나의 진정성을 잘 표현했는지 조심스러운 마음이다. 그럼에도 불구하고 기나긴 기다림 끝에 큰 숙제 하나를 해냈다는 뿌듯한 기분이 든다.

끝은 또 다른 무언가의 시작이다. 이 책이 가르치고 배우는 일을 자신의 업으로 삼아 교사의 길을 걷고자 하는 후배 교사들에게 작으나마 도움이 된다면 좋겠다. 평생을 교사로 살면서 묵묵히 그러나 당당하게 삶의 역할에 충실하고자 했던 선배 교사의 삶 속에서 자신만의 길을 새롭게 열어갈 수 있는 힘을 얻기를 바라는 마음이다. 이 바람은 내 마음속의 또 다른 스승인 신영복 선생이 교사의 길과 관련해 남긴 주옥같은 글 '교사로 살아간다는 것'에도 고스란히 담겨 있다.

교사는 '가르치는 사람'이 아니라 '가리키는 사람'입니다. '교사로 살아간다는 것', 그것의 어려움은 바로 이것을 뜻한다고 할 수 있습니다. 스승을 찾는 일, 스승이 되는 일은 곧 길을 찾는 일이며 길을 만드는 일에 다름 아닙니다. 이 길을 찾는 일은 인간적 · 사회적 가치이며 이러한 가치를 정립하기 위해서는 비판적 성찰성과 그것을 위한 환상의 청산이 선행되어야 합니다. 이는 오늘로부터의 독립입니다. 특정 지배계급의 이해관계, 현실적 상품 가치와 자본의 패권으로부터의 독립입니다. 따라서 교사는 성찰과 연대를 통해 주체적 대안 마련을 위한 삶의 태도를 견지해야 합니다.

한편으로는 이 책이 나의 노력을 끝까지 지지하며 시행착오에도 불구하고 늘 함께 성장하기 위해 손을 잡아준 아이들과 동료 교사들에게 그 소중했던 순간을 기록한 역사로 다가갈 수 있으면 좋겠다. 그리고 지금 이 시간에도 아이들과 함께 참교육의 길을 가리키며 최선을 다하고 있는 선생님들이 용기를 내어 자신의 자전적 교사 성장기를 세상에 내놓을 수 있기를 기대한다. 모쪼록 나의 시도가 사례에 기초한 실천적 교사문화 연구에 작은 보탬이 되었으면 좋겠다.

이 책에는 학생과 선생님 등 많은 사람이 등장한다. 그런데 실명을 쓰지 않고 익명으로 표시했다. 그들에게 양해를 구하며 미안한 마음을 전한다. 미처 담지 못한 내용도 적지 않다. 올바른 교사의 상을 심어준 야학활동 이야기, 보석 같은 학생들의 작품, 수업과 연수 관련 자료, 교단일기, 수업관찰록 등이다. 이 모든 내용은 퇴임 후 학교 밖 청소년들을 위해 만든 '홈스쿨링지원센터 달팽이학교'의 블로그(blog.naver.com/ske0419)에 올려놓았으니 참조해주기 바란다.

끝으로 나의 글이 멋진 책이 되어 나오기까지 아낌없는 격려와 성원을 보내준 사랑하는 가족과 동료 교사, 그리고 출판사 관계자들에게 깊은 감사의 마음을 전한다.

승광은

| 차례 |

6막 언제나 아이들과 함께하리라
수업컨설팅 전문가로서의 수석교사 활동기

7막 작게·낮게·느리게
새로운 인생학교의 교사 준비기

이 책을 읽고

1막

교사는 국가 공무원이다

성직자관, 교과지도 전문가로의 성장기

엄마! 옥상에 올라가면 무서워요

1979년 6월 9일, 무사히 군 복무를 마치고 충남교육청에 전역신고를 했다. 당시는 국립사범대 졸업생에게 의무발령제가 시행되던 시절이었지만, 조금은 긴장된 마음으로 학교 발령이 나기를 기다리며 초여름의 고향 정취에 젖어 있었다. 얼마 안 가 기다리던 소식이 날아들었다. 6월 26일자로 홍성군에 위치한 광천중학교의 사회 교사로 첫 발령을 받은 것이다.

한때 상업 도시로 번성했던 광천읍은 쇠퇴해가는 지역이었다. 해운 교통의 중심지였던 이곳이 육상교통의 발달로 그 기능이 줄어들었기 때문이다. 내가 부임한 광천중학교는 남자중학교였고, 여자중학교로는 광천여중이 따로 있었다.

신축 이전한 지 얼마 되지 않았다는 언덕 위 학교로 걸어 올라가 부임신고를 하던 기억이 새롭다. 군에 입대하게 된 전임 교사의 자리를 메우게 된 나는 운동장의 연단에 서서 아이들에게 떨리는 마음으로 첫인사를 했다. 인사말을 어떻게 해야 할지 설레는 마음으로 준비했었던 것 같은데, 특별히 기억에 남는 것은 없다. 너무 긴장한 탓이었을 것이다.

수업의 생명은 시선에 있다

설렘과 긴장 속에 교단에 섰지만 부족함이 많았다. 무엇보다 수업을 어떻게 준비하고 지도해야 하는지, 학급은 어떻게 운영해야 하고 아이들은 어떻게 대해야 하는지, 각종 행정 업무는 어떻게 처리해야 하는지 배우고 알아야 할 것이 많았다. 신임 교사에 대한 학교 자체의 연수 과정은 없었다. 축하와 격려의 말과 함께 간단한 인수인계를 마치고 곧바로 교실로 투입되었다. 대학 시절의 야학 교사 경험이 없었다면 적응하기가 훨씬 더 힘들었을 것이다.

그때는 교사의 일방적인 강의식 수업에 아이들이 무조건 순응해야 하는 권위주의 시대였다. 주당 27시간 수업에 보충수업 5시간까지 엄청난 부담이었는데도 불구하고 힘든 줄 모르고 혼자서 열변을 토해 냈다. 그런 생활이 1980년대 말까지 이어졌다.

나는 잘 가르치는 교과 전문가의 관점에 충실했다. 교과 내용을 쉽고 재미있게 가르쳐 아이들의 성적이 잘 나오게 하는 것이 교사로서 나의 목표였다. 교사용 지도서, 참고서, 각종 자료를 참고하여 열심히 가르쳤다.

당시에는 무엇보다 교사의 수업수행 능력이 중시되었다. 그야말로 신언서판(身言書判)이 교사의 기본 자질로 요구되었다. 교사는 바른 옷차림과 몸가짐, 부드러우면서도 명료한 음성, 반듯한 글씨와 칠판 활용, 옳고 그름을 판단하는 능력을 가져야 했다. '수업의 생명은 시선에 있다'는 말도 강조되었다. 여기서 시선은 아이들을 장악할 수 있어야 한다는 의미로 쓰였지만, 훗날 이 시선은 내게 다른 방향에서 깊은 깨달음의 과정을 거쳐 전혀 새로운 의미로 다가오게 되었다.

사실 나의 교육관은 미흡하지만 비교적 일찍 정립된 측면이 있었다. 대학 다닐 때 교육봉사 서클인 '상록회'가 운영하던 이인상록학원의 야학 교사 활동을 하면서 형성된 봉사관, 무명 교사 예찬사에 담긴 촛불관이 그것이다. 어렵고 힘든 환경 속에서도 학생들을 훌륭한 인재로 육성하기 위한 교사로서의 사명을 실천하기 위해 요구되는 희생의 가치를 높이 평가했던 것이다.

교육계 내부도 비슷한 분위기였다. 하지만 내용은 크게 달랐다. 홍성군 지역교육청이 관내 신임 교사들을 상대로 마련한 자체 연수만 해도 그랬다. 이름만 연수였지 교육장 특강이 주가 되고, 장학사들의 이런저런 행정 안내가 전부였다. 그런데 교육장 특강 내용 중에서 내 마음을 끄는 부분이 있었다.

교사는 성직자다. 교육이라는 성스러운 사명을 부여받은 자다. 군사부일체다. 임금(대통령)과 교사와 부모의 은혜는 똑같다. 교사는 국가 공무원이다. 나라를 위해 충성을 다해야 한다. 국민을 위해 봉사하고, 아이들을 위해 모범이 되어야 한다.

교사는 '교장의 명을 받아 학생을 교육하는 자'로 법에 규정되어 있다.

국가 공무원인 교사는 품위를 지키고 상명하복의 자세로 책임감을 갖고 교육에 임해야 한다.

나는 이러한 성직자관으로서의 교육관, 교사관에 동의했다. 신참이었고 무지해서 의문을 제기할 생각을 하지 못했던 것이다. 교사들은 각 마을별로 할당되어 한 달에 한 번씩 반상회에 참여하여 각종 국가시책을 설명하고 전달하는 일선 공무원으로서의 역할을 담당해야 했는데, 나는 이 역할에도 충실했다. 박정희에서 전두환으로 이어지는 군사독재 정권에 저항하여 민주화운동이 불길처럼 전국을 휩쓸던 시기였는데도 말이다.

성직자관에 기초한 나의 불안정한 교사관은 때로는 엄격한 훈육이 아이들의 바람직한 성장을 위해 교육적으로 필요한 일이라는 시대적 분위기에 휩쓸리기도 했다. 그것이 결국 뼈아픈 상처로 남게 되었고, 아이들에게 나의 자기 고백과 도덕적 성찰의 사례로 소개하게도 되었다. 그때의 일을 '엄마! 옥상에 올라가면 무서워요'라는 제목의 글로 썼는데, 내용은 아래와 같다.

1980년 봄, 군대에서 제대한 후 읍 지역의 남자중학교 1학년 첫 담임을 맡았다. 신참 교사로서 넘치는 의욕에 아이들과의 눈높이를 제대로 맞추지 못했다. 아이들이기에 수업시간에 장난치고, 쉬는 시간이면 복도에서 뛰고 싸우고 유리창도 깨고 다치는 일은 흔한 일이 아닌가. 하지만 새파란 신참 교사인 나는 아이들의 군기를 잡는다며 학급원 모두를 방과 후에 옥상으로 집합시켰다. 군대에서 배운 못된 재주를 동원해 아이들에게 단체기합을 주고 매까지 들었다. 일장 연설과 함께 호된 질서 교육을 받은 아이들의 모습은 그전과 달라졌고, 나는 그것을 뿌듯하게 생각했다.

그런데 다음 날 한 학생이 결석했다. 담임인 나는 방과 후에 아이들과 함께 십 리 길을 걸어 가정 방문을 갔다. 그 아이는 나를 보자마자 산으로 도망을 쳤다. 아이를 쫓아 어렵게 산꼭대기로 올라가면 그 아이는 이미 다른 산봉우리에 가 있었다. 그렇게 아이를 만나러 일주일 동안이나 찾아다녔지만 끝내 만날 수가 없었다. 결국 아이는 학교를 그만두었다.

아이를 찾아다니던 어느 날, 힘없이 돌아서는 나에게 아이의 어머님이 무심코 하신 말씀이 비수처럼 가슴에 와 박혔다.

"선생님! 아 글쎄, 저놈 가방을 정리하다 보니까 연습장에 '엄마! 옥상에 올라가면 무서워요'라고 쓰여 있는데, 도대체 무슨 말인지 모르겠어요."

나는 아이의 어머님에게 진실을 고백하고 잘못에 대해 용서를 구하지 못했다. 오히려 왜곡된 성직자관의 열정을 교사의 교육적 사랑이라 믿고 당당했던 것이다. 아이의 아픈 마음과 또 다른 숨결을 헤아리지 못하고 나의 행동이 교육이라고 착각하고 있었던 것이다.

정겨웠던 그때 그 시절

첫 근무지인 광천중학교에서의 생활은 결혼 이후 주거지 인근 지역으로의 전보 신청이 받아들여지면서 2년 3개월로 짧게 마무리되었다. 하지만 내게 많은 추억거리를 남겼다.

당시에는 교직원들이 학교 일숙직 근무도 담당했다. 공동묘지 자리에 지어진 학교라 비라도 오는 날이면 숙직을 하면서 괜스레 기분이 오싹했다. "처녀 귀신이 달려들면 발을 걸어 왼쪽으로 넘어뜨리라"며 농담을 던지던 선배 교사도 있었다. 일요일 일직은 여교사들 몫이었는데, 많이 힘들어하는 모습이었다. 남자 교사들은 하루 일과를 끝내고 나면 대부분 남아서 팀을 나누어 배구 경기를 한 다음 선술집으로 향했다. 선생님에 대한 신뢰와 사회적 권위가 높았던 시절, 학부모들은 철마다 딸기와 포도 등의 과일에다 감자, 옥수수 등 직접 재배한 농산물을 감사 표시로 보내왔다. 가끔은 촌지까지 손에 쥐어줘 몸 둘 바를 모르게 하기도 했다. 섬에서 유학 온 자녀를 둔 학부모가 선생님들을 바다낚시에 초대해 난생 처음으로 맛보는 환대와 뱃멀미를 동시에 경험하기도 했다. 경기도 포천의 산골 출신인 나는 회를 먹을 줄도 몰랐다.

가장 기억에 남는 일은 현지에 거주하고 있던 학년 주임의 집에 총각 처녀 교사들이 수시로 모여 이야기꽃을 피우며 다진 친목의 시간이다. 자율적인 동료장학이 이루어진 셈이다. 주말이면 종종 야유회를 나가기도 했다. 대부분 하숙이나 자취를 하고 있었으므로 부담스러울 게 없었다. 그 덕에 나를 비롯해서 세 쌍의 부부가 탄생했고 지금까지 만남을 이어오고 있다.

나는 그렇게 조금씩 성직자관에 충실한 교사가 되어갔다.

뼈아픈 실수,
제2의 교사로 거듭나다

1982년 9월 중순, 대덕군 신탄진에 위치한 신탄중앙중학교로 전보 발령을 받았다. 결혼과 함께 대전 전보를 신청했으나 신참이라 유예되고 주말부부 생활을 하다가 통근이 가능한 곳에 자리가 나 어렵게 들어가게 된 것이다. 대도시 대전 근교의 소도시인 신탄진은 대청댐과 연초제조창으로 잘 알려진 곳이었다. 그때만 해도 도시화가 이루어지지 않아 버스를 두 번이나 갈아타며 출퇴근하느라 애를 먹었다.

1983년 여름에는 한 달간 이루어지는 1급 정교사 자격연수와 대학원 논문 마무리 등으로 무리를 한 탓인지 몸살로 시작된 병이 급성 B형 간염으로 악화되는 바람에 무척 고생했다. 일주일의 병가 신청을 냈지만 학교장이 허락해주지 않아 그냥 다녀야 했다. 공무원의 기본권에 해당하는 사항이었지만, 학교장도 나도 무지했고, 왜곡된 충성이 강요되던 성직자관의 시대였다. 결국 나는 39도까지 올라가는 고열로

쓰러졌고, 두 달간 자비로 휴직을 할 수밖에 없는 최악의 상황을 경험했다.

여교사들도 마찬가지였다. 출산 직전까지 출근해야 했기에 조산하는 경우가 빈번했고, 한 달간의 출산휴가도 학교장의 눈치를 살펴야 했다.

교사들은 국가 공무원에게 기본적으로 주어지는 복지에 대해 자세한 안내를 받아본 적이 없었다. 연차휴가의 권리는 말할 것도 없고 직무상 발생할 수 있는 안전사고와 법적 다툼 등에 대한 대응과 처리를 담은 매뉴얼도 없었다. 그러다 보니 대부분 그 방면에 무지했고, 스스로 알아서 조심하고 열심히 하면 된다는 사고가 지배하고 있었다.

"책임을 지겠습니다" "이해하겠습니다"

신탄중앙중학교는 비교적 규모가 크고 학구 반경도 넓어 가정 방문을 하게 되면 몇 시간에 한 번씩 드문드문 오는 버스를 타고도 한참을 걸어야 했다. 하지만 솔밭의 기억은 아직도 유쾌하게 남아 있다. 우리는 아름다운 금강변을 따라 걷거나 나룻배를 타고 마을에서 보호하고 있는 소나무숲이 멋진 노산 솔밭으로 가서 즐거운 한때를 보내곤 했다. 소풍을 가거나 청소년연맹 누리단의 전임지도자로 아이들과 함께 야영훈련을 하기도 했다. 물론 담임으로서의 학급 운영과 교과 담당 교사로서의 수업, 윤리부 계원으로서의 행정 업무 등은 변함없이 계속되었다. 성직자관과 촛불관에 기초한 국가 공무원으로, 교과지도 전문가로 바쁜 나날을 보내야 했다.

그러던 어느 날, 나의 직업적 삶이 뜻밖의 위기에 부딪혔다. 3학년 담임을 마무리하는 가장 중요한 업무인 고교 진학 원서 작성에 오류가 발생해 한 아이가 전기 실업계에 불합격된 사건이 발생했다. 수작업으로 작성한 성적일람표에 해당 학생의 성적을 잘못 기재해 입학원서를 제출한 것이다. 부장, 교감, 교장의 결재 과정에서도 확인은 제대로 이루어지지 않았다. 담임에게 주어진 일이고, 수북이 쌓인 원서들 속에서 미처 발견하지 못했을 것이다. 나는 예상하지 못한 충격적 실수에 정신이 혼미해졌다. 마음을 추스르고 책임질 각오를 했다. 교감 선생님과 함께 해당 학생의 집을 찾아가 부모님과 아이에게 엎드려 사죄했다. 어떻게든 책임을 지겠다고 말씀드렸다. 그런데 뜻밖에도 아이의 아버님이 이렇게 말씀하셨다.

"너무도 안타까운 일이지만 이미 돌이킬 수 없는 일이라면 이해하겠습니다. 선생님이 일부러 그런 일도 아니고, 다음에 또 기회가 있지 않겠습니까?"

감사하면서도 송구한 마음이었다. 나는 마음을 다해 아이와 함께 후기 인문계 고등학교 입시에 대비했다. 충분히 합격할 실력이 되는 아이였기에 큰 걱정은 없었다. 하지만 운명의 장난인지 아이가 답안을 한 칸씩 내려 쓰는 바람에 불합격되고 말았다. 결국 재수를 선택해 다음 해에 자신이 원하는 실업계 고등학교에 진학했다.

나는 그 후로도 몇 년 동안 아이의 집을 찾아가 속죄하듯 미안한 마음을 전하며 학교생활을 잘하는지 살폈다. 그 아이는 지금 40대 후반의 나이가 되었을 것이다. 어디서 무엇을 하며 살고 있는지 궁금하면서도 찾을 용기를 내지 못하고 있다. 나를 제2의 교사로 다시 태어나게 한 잊을 수 없는 사건이었다.

정권의 꼭두각시가 되어

1986년 가을 무렵이었다. 어느 날 갑자기 북한이 금강산에 댐을 건설해 엄청난 양의 물을 가두고 이 물을 이용한 수공으로 서울 일대를 물바다로 만들려 한다는 정부 발표가 나왔다. 언론의 대대적인 보도는 전 국민을 공포 분위기로 몰아넣었다. 신탄진은 대청댐이 있는 곳이다. 충청 지역에서 가장 먼저 신탄중앙중학교가 북한의 금강산댐 규탄대회를 열어야 한다는 지시가 떨어졌다. 사회 담당 교사이면서 윤리부 계원인 나에게 해당 업무가 할당되었다. 나는 만사를 제치고 부랴부랴 북한의 만행과 도발을 규탄하는 현수막과 피켓을 제작하고, 규탄문을 쓰고, 구호를 만들어 아이들을 훈련시켰다. 규탄대회 당일, 방송사 기자들과 카메라가 몰려든 가운데 행사를 진행하느라 하루 종일 정신이 없었다. 수공을 막기 위한 평화의 댐 건설을 위한 글짓기, 표어 제작 및 포스터 그리기에 성금 모금까지 교사가 아닌 국가 공무원으로서 내 역할을 충실히 수행했다.

세월이 흘러 모든 것이 전두환 군사정권이 조작한 북풍 사건이라는 사실이 밝혀졌다. 그런 일에 꼭두각시가 되어 참 열심히도 뛰었던 나는 한동안 허탈함에 빠져 머쓱하게 지내야 했다.

청소년연맹 활동에서도 비슷한 일이 벌어졌다. 이 단체는 청소년들의 방과 후 체험 중심의 교육활동과 반공교육, 새마을교육, 봉사활동 등을 위해 정부 주도로 조직되었는데, 교육청을 통해 일선 학교에 운영지침이 내려온 것으로 기억된다. 담당자였던 나는 당연히 해야 하는 일처럼 중학교 조직인 누리단 전임지도자 기본연수에 전문연수, 종합연수까지 받으며 활동에 적극 참여했다. 우리 학교가 연맹 지역조직의 운영 회장(학교장)과 실무를 맡아 각종 회의와 야영대회, 땅굴견학 행사를 주관했다. 하지만 이 역시 전두환 정권의 불순한 의도가 개입된 왜곡된 청소년 활동이라는 의혹이 일었다. 훗날 관제 청소년 활동이 갖는 한계를 깊이 인식하면서 자연스럽게 활동에서 손을 뗐다.

"선생님 수업, 정말 재밌었어요"

학교 수업은 여전히 교사 중심의 강의가 계속되었다. 내가 담당한 사회는 지리, 역사, 세계사를 포괄하여 인간과 자연의 관계를 다루는 교과다. 나는 아이들이 내용을 쉽고 재미있게 이해하도록 흥미로운 이야기들을 들려주며 열심히 가르쳤다. 특히 교과 내용과 연관된 책과 영화를 소재로 활용했다.

고교 시절 몇 번이고 반복해서 읽었던 김찬삼 교수의 《세계 일주 무전여행기》는 그런 나의 수업에 큰 도움이 되었다. 기억나는 영화로는 스티븐 스필버그의 1981년 개봉작 〈레이더스 : 잃어버린 성궤를 찾아서〉와 1984년 작 〈인디아나 존스 : 미궁의 사원〉이 있다. 나는 영화 속 주인공인 고고학자가 세계 각 지역을 넘나들며 펼치는 활약과 함께 고대 유물에 얽힌 역사 이야기를 중심으로 신명나게 아이들을 가르쳤다.

그때 나에게 배운 제자를 언젠가 우연히 만났는데, 그가 이렇게 말했다.

"선생님! 그때 수업시간에 해주셨던 영화 이야기가 기억나네요. 저도 친구들도 그 흥미진진했던 이야기 때문에 늘 사회 수업을 기다렸었지요. 아, 〈레이더스〉도 생각나는데, 맞지요?"

역시 이야기의 힘은 센 것 같다. 오래전 학교 수업시간에 배운 교과 내용은 잘 기억이 나지 않지만, 선생님이 해주었던 첫사랑의 연애 이야기는 여전히 기억하고 있지 않은가. 다들 그런 모양이다.

교사로서의 일상은 크게 달라진 것이 없었다. 때로 왜 넥타이를 매지 않느냐는 학교장의 지적에 항의하기도 하고, 학교장의 공사 구별 없는 행태에 분노하기도 했지만, 장학지도에 대비해 아이들과 함께 열심히 청소하고 환경미화 지시에 순응했다. 그러면서 방과 후에는 여전히 선생님들과 함께 배드민턴 등을 하며 조용한 교사의 삶을 살아갔다. 성직자관에 투철한 교사이자 국가 공무원의 역할에 충실한 삶의 연속이었다.

나의 영혼을 흔들어 깨운
'교육민주화 선언'

1988년 가을의 어느 날이었다. 내 앞으로 신문 형태의 소식지가 배달되었다. '대전교사협의회 추진위원회'라는 곳에서 보낸 것이었다. 아마도 '충남교사협의회 대전지회' 초창기 준비위원들이 발기인대회를 준비하기 위한 소식지를 만들어 학연을 따라 나한테까지 보냈던 것 같다. 1987년 민주항쟁의 전국적 물결 속에서도 방관자나 다름없었던 나로서는 뜻밖의 소식지를 접하며 새로운 자극과 충격을 받았다. 세상 돌아가는 물정도 모르면서 하루하루 생각 없는 교사로 살아온 것은 아닌지 자책감이 일기도 했다.

우리 교육은 권력의 시녀로 전락했다!

소식지의 내용을 살펴보면서 '아! 이런 생각과 일을 하고 있는 교사들도 있었구나' 하는 생각에 감탄을 금치 못했다. 민중교육지 사건의 내막 등 1980년대 초반부터 교육 문제를 제기하며 소모임 형태로 교사운동을 추진해온 역사도 알게 되었다. 그중에서도 운동의 흐름을 이어 한국 YMCA 중등교육자협의회 산하 서울·부산·광주·춘천 지역 협의회 소속 중등교사 546명(초등교사 20명 포함)이 1986년 5월 발표했다는 '교육민주화 선언'은 단연 압권이었다. 잠든 나의 의식을 흔들어 깨운 그 내용의 일부를 아래에 소개한다.

돌이켜보건대 해방 이후 우리의 교육은 전 민족의 노예화를 획책하던 일제 군국주의 교육의 잔재를 청산하지 못한 채 시류에 따라 부침한 정치권력의 편의대로 길들여진 충직한 시녀로 전락했다.

교육의 정치적 중립성은 누더기 같은 헌법 속에 사문화된 채 보장받지 못했고 식민지하에서 구조화된 교육행정의 관료성과 비민주성은 온존되어왔다.

그 결과, 민족운동의 중요한 몫을 담당했던 교사들은 국민의 교사가 아니라 극도로 통제된 관료기구의 말단으로 떨어졌고 교직은 성직이란 미명 아래 점수 매김과 서열 짓기에 급급한 사이비 교육의 굴레 속에서 무조건적 희생을 강요당했다.

참다운 교육을 위한 교사의 주체적이고 창의적인 노력과 자율성은 배척되고 있다. 힘써 진리를 탐구하고 심신이 건전한, 인간미 넘치는 공동체의 성원으로 자라야 할 학생들은 열악한 교육환경 속에서 비정한 점수 경쟁과 물질만능적 상업주의 문화의 홍수에 시달리며 고통스럽게 방황하고 있다.

선언은 이어서 산적한 교육 문제를 풀어나가기 위해 교사, 학생, 학부모를 교육의 주체로 확고하게 세우는 것이 교육민주화의 첫걸음이라며 그것을 위한 최소한의 조건을 아래와 같이 천명했다.

1. 헌법에 명시된 교육의 정치적 중립성은 실질적으로 보장되어야 한다. 교육은 정치에 엄정한 중립을 지켜 파당적 이해에 악용되어서는 안 된다.
1. 교사의 교육권과 제반 시민적 권리는 침해되어서는 안 되며 학생과 학부모의 교육권도 최대한 보장되어야 한다.
1. 교육행정의 비민주성, 관료성이 배제되고 교육의 자율성이 확립되기 위해 교육자치제는 조속히 실현되어야 한다.
1. 자주적인 교원단체의 설립과 활동의 자유는 전면 보장되어야 하며, 이에 대한 당국의 부당한 간섭과 탄압은 배제되어야 한다.
1. 정상적 교육활동을 저해하는 온갖 비교육적 잡무는 제거되어야 하며, 교육의 파행성을 심화시키는 강요된 보충수업과 비인간화를 조장하는 심야학습은 철폐되어야 한다.

신탄중앙중학교 교사협의회 창립 추진과 무산

나는 '교육민주화 선언'에 담긴 주장과 행동에 대한 정부의 탄압 속에서도 참교육과 교육민주화 실현을 위해 분투하는 교사들의 열정과 자주적 활동에 감탄했다. 무엇보다 학생, 학부모, 교사를 교육의 주체로 선언한 것은 민주시민의 기본 권리임을 깨닫게 했다는 측면에서 나로서는 매우 중요한 정신적 자각의 계기가 되었다. 물론 기존의 질서에 순응하며 현실에 안주했던 수동적 자세를 반성하고 교사의 주체적 삶과 자주적 활동에 참여하기란 쉽지 않았다. 깨달음의 깊이를 더해가는 것과 함께 그것을 행동으로 옮기는 데는 강한 신념과 의지, 용기가 필요했기 때문이다.

이후 나는 '대전교사협의회' 창립 추진을 위한 발기인모임에 두 분의 학교 선생님과 함께 참여하면서 대전 지역의 교사운동과 교육운동에 발을 들여놓게 되었다. 곧이어 대전시민회관에서 많은 교사가 함께한 가운데 대전교사협의회 창립대회가 개최되었다. 거듭된 자체 사업 논의와 연수 등을 통해 올바른 교육과 학교 내 민주주의를 실천하기 위한 배움이 이어졌다. 그런 가운데 핵심 사업 중 하나인 단위 학교 교사협의회 창립을 이끌게 되었다. 나는 '신탄중앙중학교 교사협의회' 창립을 주도해 20여 명의 동참을 이끌어냈다. 하지만 이에 두려움을 느낀 학교장 등 관리자들의 회유와 압력으로 창립이 막판에 무산되는 우여곡절을 겪어야 했다. 충분한 준비 없이 창립을 서두른 미숙함이 부른 아픈 경험이었다.

지금 생각해보면 그때 처음 소식지를 만들어 보내준 김○○, 가○○, 권○○, 김○○ 등 한발 앞서 걸음을 내디딘 선생님들은 나의 또 다른 스승으로, 참된 교사의 길을 밝혀준 등불이었다. 그 등불이 교사로서의 내 인생에 코페르니쿠스적 전환을 가져온 계기가 되었던 것이다. 굳건하게 자리하고 있던 성직자로서의 나의 교사관에 균열이 생기면서 교사의 정체성에 대한 새로운 자각을 통해 그동안의 허물을 벗고 올곧은 교사로 성장해갈 수 있었다.

2막

노동은 신성하다

전문직 노동자로의 성장기

교사는 노동자다!

교사관의 변화

1989년 3월 1일, 나는 6년 반의 신탄중앙중학교 근무를 마무리하고 신설되는 대전중리중학교로 자리를 옮겼다. 1989년 1월 1일부로 대전시가 대전직할시로 승격되면서 대덕군 전체가 편입되는 바람에 뜻하지 않게 대전시의 시민이 되었고, 통근 거리가 짧은 학교로 옮기게 되었다.

변두리 지역에서 시내로 들어오면서 담당 과목을 지리에서 도덕으로 바꾸었다. 나는 1980년대 초에 충남대 교육대학원을 다니면서 평소 관심이 있었던 철학과 윤리 분야를 공부해서 국민윤리 교사 자격을 취득해둔 바가 있었다. 당시에는 도덕 담당 교사가 부족해 사회 교사가 자격증 없이 타 과목을 가르치는 상치 교사로 수업을 진행하는 경우도 많았다.

나는 새로운 과목인 도덕을 지도하며 사회 과목을 지도할 때보다 더 큰 보람과 재미를 느꼈다. 더욱이 교사협의회 활동을 통해 교사의 정체성에 대한 새로운 자각이 이루어지던 시기이기도 해서 수업의 중심을 교사에서 학생으로 옮겨보려는 나의 생각을 구현하기에 도덕 교과가 좀 더 나을 것이라는 판단도 있었다.

신설 학교라서 1학년밖에 없었던 작은 학교인 대전중리중에서의 생활은 한마디로 가족적이었다. 아이들과 선생님 모두 새 학교의 기틀을 잘 가꾸고자 즐거운 마음으로 최선을 다했다. 신축된 교실과 복도 바닥에 기름칠을 하고 톱밥을 이용해 윤기를 내기 위해 교직원 모두가 아이들과 함께 땀을 흘렸다. 장마철 폭우로 운동장의 흙담이 무너지는 사태에도 전 교직원이 비상 소집되어 빗속에서 온 힘을 모아 대처했던 기억이 생생하다.

학교장은 상대하기가 어려웠지만 대화가 되는 분이었다. 무엇보다 김○○ 교감 선생님은 전체 교직생활 중에서 내가 만난 가장 존경할 만한 분으로 기억된다. 교사운동의 취지를 이해하고 교육계의 왜곡된 비민주적 관행에 대해 적극적 개선 의지를 보이고 실천했다. 완장을 찬 엄한 학생부의 복장 검열과 처벌 등 타율적 강제가 일상화된 교문 지도와 주번교사 제도를 없애고, 학생자치 활동과 학급 운영의 자율성을 지지하고 지원했다.

전교조 가입 그리고 탈퇴

그러던 중 1990년 5월 28일, 전국교직원노동조합(전교조)이 결성되었다. 그간 정부의 어용단체로 제 구실을 못하던 관리자 중심의 교원단체인 한국교원단체총연합회(교총)에 대항해 만든 자주적 교사단체였다. 나는 당연히 전교조에 가입했다.

교사들은 첫 교사 발령을 받자마자 가입 의사 여부에 대한 확인 절차도 없이 거의 자동으로 교총 회원이 되었다. 나는 봉급에서 빠져나가는 교총 회비를 보며 교사라면 응당 가입해야 하는 단체인 줄로만 알았다. 가입 선택의 자유가 있는 임의 단체라는 사실을 뒤늦게야 알고 바로 탈퇴했다.

하지만 전교조는 출발부터 순조롭지 않았다. 출범을 조직적으로 탄압하고 저지하기 위한 정부의 비민주적 만행은 말로 표현할 수 없을 정도였다. 교총 회원 탈퇴에 대한 관리자의 회유와 압력도 수없이 뒤따랐다. 일선 교사들이 승진 점수의 칼날을 쥐고 있는 학교장의 권유를 물리치기란 쉽지 않은 일이었다. 결국 정부는 전교조를 불법화하고 탈퇴를 거부한 소신과 용기를 지닌 교사 1,527명을 교단에서 내쫓았다. 그때 나는 탈퇴서를 내고 현장에 남았다. 생계 걱정만이 아니라 교사로서 아이들 곁에 있어야 한다는 나름의 소신이 이유였지만, '교사는 노동자다'라는 관점이나 참교육운동에 대한 의식이 미숙했던 탓이 크다.

대전교사협의회가 출범 6개월 만에 전교조 대전지부로 전환되는 가운데 나는 교사에 대한 나의 관점을 성직자관이나 촛불관에서 '노동자관'으로 바꾸지 못했다. 시간적으로도 너무 촉박했고 의식을 성숙시키기에도 배움이 부족했던 것이다. 한편으로 대중의 이해와 요구 수준을 넘어선 중앙 집행부의 조급한 정책 결정에 아쉬운 마음이 들기도 했다. 그러면서도 해직을 감수한 동료 교사들의 정의에 대한 신념과 참교육 실천 의지 앞에서 한없는 번민과 갈등이 소용돌이쳤다. 함께하지 못한 나약함을 탓하며 평생 지고 갈 마음의 빚으로 남겨야 했다.

우리의 현대사는 일제강점기에 민족을 배반하고 일본에 부역했던 친일파와 식민문화의 적폐를 제대로 청산하지 못했고, 박정희의 군부 쿠데타를 맞아 18년간의 독재를 감내해야 했다. 그 뒤를 이은 전두환, 노태우 군사정권도 마찬가지였다. 정경유착의 굴레 속에서 노동은 천시되었고 노동조합은 반공유신 시대나 다름없는 탄압 대상일 뿐이었다. 그와 함께 노동과 노동자에 대한 나의 관점도 왜곡되고 협소해졌다. 교사는 성직자이지 노동자일 수 없다고 생각했다. 한마디로 노동의 신성함을 인식하지 못했다. 인류의 삶과 역사를 이끈 노동의 가치에 대한 이해가 부족했던 것이다.

알고 보면 내가 가르치는 아이들의 부모 대부분은 노동자였다. 나 역시 매달 일정한 임금을 받는 교육 노동자였다. 그런데도 나는 헌법에 보장된 노동의 가치와 노동조합의 기본 권리를 이해하고 아이들에게 가르쳐 노동자인 부모를 자랑스럽게 여기도록 해야 하는 일에 무관심했다.

나의 교사관을 바꾸다

국가권력의 부당한 압력에 굴복해 탈퇴서를 내고 현장에 남긴 했지만 활동은 그대로 이어갔다. 해직 교사들과 함께 참교육과 교육민주화 실현을 위해 국민의 지지를 확보하고 학부모들을 비롯한 시민단체와 함께 법 개정 투쟁을 벌이는 공동전선을 형성했다. 생계에 어려움을 겪고 있는 해직 교사들을 돕기 위한 후원회 조직과 운영에도 적극 가담했다.

이후 나는 불법단체가 아닌 비합법단체인 전교조 활동에 힘껏 참여하면서 부족한 역사 인식에 새로운 전환점을 맞게 되었다. 특히 그전에 접하지 못했던 사회과학 서적들과 역사서들을 탐독하면서 자성과 자각을 통해 세상을 바라보는 관점을 바꿀 수 있었다. 송건호의 《해방 전후사의 인식》, 박세길의 《다시 쓰는 한국현대사》, 리영희 교수의 책과 논문 등이 나를 매료시킨 대표적인 책들이다.

또한 나는 1987년 민주항쟁 이후 전반적인 사회 변혁의 흐름 속에서 국민 주주의 힘으로 탄생시킨 진보 신문 〈한겨레신문〉의 창간 주주로도 참여했다. 〈한겨레신문〉과 자매지인 〈한겨레 21〉은 '조중동'으로 일컬어지는 수구보수 언론의 편향적 시각에 균형을 잡아주는 매체였다. 여기에 그치지 않고 전교조 해직 교사들이 주축이 되어 창간한 최초의 교육월간지 〈우리교육〉의 창간 독자로도 참여했다. 참교육과 교육민주화 실현을 위한 논제를 제기해 심층 취재 보도한 기사와 학교 현장의 생생한 교육 실천 사례, 교단일기 등은 내가 교사로 성장하는 데 훌륭한 촉매제가 되었다.

전교조 활동은 또 다른 측면에서 나의 교사관에 특별한 전환점을 가져다주었다. 바로 성직자관의 근거가 되었던 특별권력관계의 허상을 깨뜨린 일반권력관계로서의 노동자관이었다. 특별권력관계는 공무원인 교사는 국민의 공복으로 국가와 특별한 권력관계를 맺고 있어 법률이 정하는 기본 권리를 제한할 수 있다는 법 해석이다. 따라서 상명하복, 노동권과 집단행위 및 정치활동의 자유 제한 등을 규정한 국가 공무원법이 우선한다고 본다. 일반권력관계는 공무원도 일반 국민의 한 사람으로서 헌법과 법률이 정한 기본 권리를 동등하게 누릴 권리가 있다는 법 해석이다. 교사도 헌법이 보장한 노동조합의 기본권인 단결권, 단체교섭권, 단체행동권이 있고, 정치활동의 자유를 보장받아야 한다는 것이다. 나는 대학교수에게 보장되는 정치활동과 노동조합 활동의 자유가 초·중·고 교사에게는 불허되는 이유를 납득할 수 없었다. 대학 총장의 피선거권은 모든 교수에게 있고, 총장의 자리는 일정한 임기가 끝나면 다시 교수로 돌아가는 보직제다. 그런데 왜 초·중·고 학교장에게만 특별한 자격증을 요구하고 왜곡된 점수에 기반한 승진제를 고수하는지 이해할 수 없었다. 교감 승진부터 자격증을 요구하고 승진하면 바로 교단을 떠나 수업 아닌 행정만을 담당하게 만드는 교원제도에 강한 의문을 품게 되었다.

이후 나는 참교육과 교육민주화 실현을 위한 전교조 합법화 투쟁의 논리적 법적 타당성에 전적으로 동의하게 되었고, 교육운동과 교사운동의 당위성을 새삼 인식하며 나의 교사관을 새로이 하게 되었다. '교사는 노동자다'라는 인식이 보다 심화되면서 교사로서의 성장에 새로운 지평이 열리는 것 같았다.

우리는 한 조각 헝겊이 되었다
학생관과 수업관의 전환

이 시기에 나를 더욱 매료시킨 일이 있었다. 아이들을 바라보는 학생관과 수업 및 학급 운영 등의 교육 실천에 관한 수업관의 변화였다. 전교조에서 펼치는 다양한 연수활동 등을 통한 배움과 실천 노력이 여러 면에서 인식의 전환과 즐거움을 안겨주었던 것이다.

'준비론적 학생관'에서 '민주적 학생관'으로

그동안 내가 갖고 있던 학생관은 '준비론적 학생관'이었다. 청소년기는 아동기에서 성인기로 넘어가는 과도기다. 성년을 준비하는 시기이지만 아직은 미성숙한 단계이므로 어른의 보호와 지도가 우선되어야 한다는 인식을 가지고 있었다. 이와 달리 '민주적 학생관'은 청소년도 독립된 인격체요, 자율적·주체적 존재임을 인정한다. 자신의 선택을 존중받으며 책임 있게 성장할 수 있는 능력이 있으므로 어른은 이를 믿고 적극 지원하고 격려해야 한다는 인식이다. 나는 갈피를 잡지 못하고 기존의 관행에 수동적으로 순응했던 태도를 버리고 민주적 학생관을 수용했다.

교육을 체제 유지의 도구로 이용하고 교사 역시 상명하복의 질서에 따라야 하는 대상으로 취급하던 시기에 전교조가 목표로 하는 참교육의 핵심은 민족·민주·인간화 교육이었다. 한 인간의 자주적·주체적 삶의 선택을 중시한다는 것은 입시경쟁 교육 속에서 공부하는 기계로 전락하고 있는 아이들의 삶에 더없이 소중한 가치 기준이다. 나는 이러한 교육 가치에 부합하는 관점이 민주적 학생관이라 확신했다. 그리고 민주적 학생관을 학급 운영과 수업에 적극 반영하고 신장할 수 있는 구체적인 계획을 수립하고 차근차근 실행에 옮겼다.

민주적 학생관으로 만든 첫 학급문집 《다솜》

1990년 대전중리중학교에서 아이들과 함께 학급 운영의 원칙을 세우고, 급훈을 만들고, 반가를 제정했다. 학급 조직을 만들어 아이들

이 직접 행사들을 기획하고 실천하도록 지원하는 가운데 나의 민주적 학생관을 가꾸어나가고자 노력했다. 그때의 기록이 첫 학급문집인 《다솜(사랑)》에 생생히 담겨 있다. 다음은 편집부원들의 편집후기 중에서 오○○가 쓴 것이다.

첫 학급문집 《다솜》

호기심 그리고 좋은 경험이 될 것 같아서 편집 일을 시작했는데, 그리 쉬운 일만은 아니었습니다. 나의 작은 힘이 학급문집 만드는 데 작게나 마 도움이 돼서 기쁘고 정말 좋은 추억으로 남을 것 같습니다. 그리고 이 경험이 정말 가치 있는 것이라고 다시 한 번 느꼈습니다.

반장인 길○○는 발간사에서 한 해의 학급생활을 이렇게 표현했다.

항상 소란한 학급으로 유명한 2학년 4반이지만 '최고보다 최선을'이 란 급훈 아래 실시되었던 생일축하잔치, 노가바(노래가사 바꿔 부르기) 경연대회, 여름방학 학급수련회로 단결과 우정을 다지며 생활했고, 이 런 정성 어린 글로 중2를 마무리 짓는 것이 퍽도 자랑스러운 일이 아닐 수 없습니다.

나는 담임으로서 아이들에게 보내는 편지글에서 학급 운영의 원칙 을 이렇게 전했다.

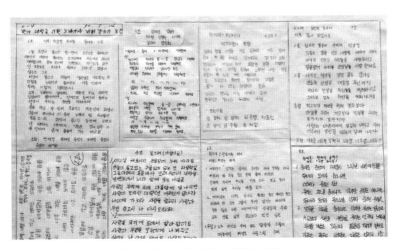

'반가 모둠 노가바 경연대회' 응모 작품

학급 운영에서 학급원 모두가 주인이 되어 능동적이고 주체적으로 생활하도록 민주적 소양을 기르는 곳이어야 한다는 민주적 학급의 원칙, 스스로 자신의 생활을 계획하고 실천하며 절제하고 책임질 수 있는 자율적 학급의 원칙, 더불어 사는 삶의 소중함과 의미를 일깨우고 개인적 이기주의를 극복해가는 공동체로서의 학급 운영에 대한 원칙들이 더욱 새롭게 자리하게 되었습니다.

그러면서 문집의 제일 앞에 안도현의 시 '우리는 깃발이 되어간다'를 실어 진정한 의미를 전달하고자 했다. 그 시의 첫 부분이다.

처음에 우리는 한 올의 실이었다.
당기면 힘없이 뚝 끊어지고
입으로 불면 금세 날아가버리던
감출 수 없는 부끄러움이었다.
나뉜 것들을 단단하게 엮지도 못하고
옷에 단추 하나를 달 줄을 몰랐다.
이어졌다가 끊어지고 끊어졌다가는 이어지면서
사랑은 매듭을 갖는 것임을
손과 손을 맞잡고 내가 날줄이 되고
네가 씨줄이 되는 것임을 알기 시작했다.
그때부터 우리는 한 조각 헝겊이 되었다.

여름방학을 앞두고는 아이들과 함께하면 좋을 특별한 행사를 고민하다가 '학급수련회'를 제안했다. 전에 근무했던 학교에서 보이스카

우트와 누리단 지도교사로 체험했던 야영활동의 즐거움과 가치를 학급 운영에 반영하고 싶었다. 아이들과 학부모의 동의를 구하는 데는 별 어려움이 없었는데, 안전사고를 우려한 학교장의 완강한 반대에 부딪혔다. 다행히 교감 선생님의 중재로 참가를 희망한 또 다른 학급과 함께 학교 내에서 실시한다는 조건으로 1박 2일의 수련회를 추진할 수 있었다. 가정의 사정으로 2학기에 전학을 가게 된 최○○가 남기고 간 글에 학급수련회에 대한 추억의 한 자락이 담겨 있다.

여름방학 때 3반, 4반만 특별히 모여서 하룻밤을 지새운 적이 있었다. 그때는 우리가 가져온 쌀로 밥을 짓고 반찬을 만들다가 태우고 싸우면서도 밤에 2층에 올라보는 둥…. 그때 2층에는 4명이 올라갔다. 제일 구석까지 갔을 때 내가 불을 끄고 귀신 소리를 내어 4명이 다 뛰어 내려와서 굉장히 소란했다. 나중에 그 아이들에게 꿀밤을 맞고 눈물을 찔끔 흘리던 일들이 모두 다 생각난다. 이제는 이 정든 중리중학교를 떠나지만 내 기억 속에서 절대로 잊지 않을 것이다.

이처럼 53명 학급원 모두의 이야기를 아이들의 글로 담아낸 문집에는 학급 소개와 함께 시, 수필, 수업시간의 3분 발표와 조별 발표, 일기, 편지, 콩트, 특집(우리 반이 뽑은 10대 뉴스 등)이 들어 있었다. 지금까지도 소중히 간직하고 있는 첫 학급문집을 펼쳐보며 나에게도 잊을 수 없는 추억의 시간이었음을 느낀다.

잊을 수 없는 선생님을 찾아

수업에서도 강의 중심의 진행 방식을 바꾸어 아이들의 참여로 이루어지는 조별활동(모둠수업)을 도입했다. 교사가 가르칠 내용을 칠판에 쓰고 설명하면 아이들은 열심히 받아 적는 수동적 학습이 아니라 주제에 대한 탐구 과제를 제시해 아이들이 질의와 조별 토론, 발표 등에 주체적으로 참여하는 능동적 학습을 실천했다. 수업에 대한 나의 관점이 교사의 가르침에서 학생의 배움으로 그 무게중심이 전환되어 가던 시기의 의미 있는 시도였다고 생각한다. 이때 처음으로 수업운영 평가서를 만들어 자신을 되돌아보는 성찰의 계기로 삼기도 했다.

훗날 라디오 프로그램인 '잊을 수 없는 선생님을 찾아 인터뷰하는 시간'에 초대되어 한 제자와 지난날을 되돌아보는 기회를 가진 적이 있다. 그 제자가 대전중리중 시절의 학생이었는데, 과거의 기억을 되살리는 데 문집이 큰 도움이 되었다. 아이들에게도 그때의 만남과 활동이 주체적 삶을 가꾸어가는 계기가 되었으리라 믿고 싶다.

대전중리중에서의 생활은 교사로서의 나의 정체성에 일대 전환과 혁신을 가져온 시간이었다. 올바른 교사로 성장하기 위한 교육관과 교사관의 재정립을 위한 산고의 시간으로 기억된다. 그리고 나는 대전의 서부 지역 8년 근무순환제의 인사전보 원칙에 따라 2년간의 중리중 생활을 마치고, 집 근처인 대전중학교로 자리를 옮기게 되었다.

'벌떡 교사'로 낙인찍히다

첫 교사 소모임 '아름드리'

1991년 3월부터 대전중학교의 생활이 시작되었다. 당시에 대전중은 오랜 역사를 지닌 명문 학교라는 인식이 있었다. 한 학년 16학급에 이르는 대규모 학교였다. 그런데 둔산의 신시가지 아파트 입주와 함께 학생 수가 점차 줄어들고 있었다. 게다가 오래된 낡은 건물이 많고 야구, 농구, 테니스 등 운동부의 재정 지원을 위해 매점을 운영하고 있어 학교 곳곳이 무질서와 쓰레기로 몸살을 앓았다. 남자중학교라서 남녀공학인 학교에서 온 내가 적응하는 데도 시간이 필요했다.

당시는 1970년대 중반에 시작된 학교별 입시제도에 따른 과열 경쟁과 사교육의 폐해를 막고자 도입된 고교평준화제도에 따라 연합고사 후 무작위 배정으로 고교 진학이 이루어지던 시기였다. 그래도 여전히 학부모들은 성적과 진학에 대한 관심이 뜨거웠고, 명문 대전고 진학을 위해 대전중 학구 내로 위장 전입하는 사례도 많았다.

육성회비 폐지와 촌지거부 운동

한편 학부모들은 수업료와 함께 별도의 육성회비를 내고 있었다. 국가의 교육 재정 지출이 부족한 상태에서 학교 시설비나 교원 연구비 등의 지원을 위해 학부모에게 별도의 짐을 지웠던 것이다. 하지만 육성회는 임의 단체였다. 학부모가 원하지 않으면 가입하지 않을 수 있고, 회비를 납부하지 않아도 되었다. 그러나 현실은 그렇지 않았다. 학교는 육성회비를 학부모의 당연한 의무 경비로 여겨 수업료 고지서에 함께 부과했다. 또한 해마다 조직되는 육성회의 반별 대표 임원 수를 할당하고 담임교사에게 기한 내에 명단을 제출하도록 요구했다. 이에 대해 전교조와 학부모 단체들이 육성회비 폐지와 촌지근절 운동을 벌였고, 나도 이 움직임에 동참했다.

육성회는 민주적 선출 과정 없이 간선제 형식으로 대표를 뽑았고, 학교장의 독단적인 학교 운영의 들러리 기구에 불과했다. 임원들은 별도의 찬조금을 거두어 학교 행사나 교육 기자재 구입, 교사 촌지 등에 지출하는 등 부조리의 온상 역할을 했다. 경제적 여유가 없는 학부모들은 육성회 임원으로 활동하기가 쉽지 않았다. 아이들의 선거로 선출된 반장, 부반장의 부모가 당연직 임원이 되는 경우도 많았다. 때로는 학급의 모든 부모에게 불법 찬조금을 거출하는 일까지 있었다.

나는 교무회의에서 육성회비 폐지와 촌지근절 운동의 취지를 설명하며 육성회 임원의 민주적 선출을 요구하고, 임원 추천 등의 담임교사 역할을 거부하겠다고 선언했다. 당연히 학교 관리자의 회유와 압박이 뒤따랐지만 개의치 않았다.

지금도 크게 달라지지 않았지만, 당시의 교무회의는 회의라고 할 수도 없었다. 주임들의 지시 사항 전달과 교장, 교감의 훈시가 전부였다. 평교사가 학교의 주요 사안에 대해 의견을 내거나 이의를 제기하고 토론을 요구한다는 것은 대단히 힘든 현실이어서 상당한 용기가 필요했다. 교육 관료들은 교무회의에서 이의를 제기하거나 대안을 제시하는 교사들의 발언에 부담을 느낀 나머지 그들을 비아냥대는 의미로 '벌떡 교사'라 부르기도 했다. 나는 어느새 벌떡 교사로 낙인이 찍히고 말았다. 민주주의의 기본 정신을 가르치고 실천해야 하는 학교의 현실은 그렇게 비민주적 관료제도 속에서 권위주의에 젖은 관행으로 숨 막히는 곳이었다.

교감 선생님은 공개 사과하라

한번은 이런 경우도 있었다. 아침 자율학습 시간이었는데, 내가 행정 업무 처리 등으로 잠시 교실을 비웠을 때였다. 얼마 후 교실에 들어갔는데 분위기가 이상했다. 평소답지 않게 반 아이들이 쥐죽은 듯 조용했다. 눈치를 챈 내가 거듭 이유를 캐묻자, 아이들 입에서 불만 섞인 말들이 쏟아져 나왔다. 교감 선생님이 갑자기 들어와 큰소리로 이렇게 야단쳤단다.

"야, 이놈들아! 왜 이렇게 자습 분위기가 시끄럽냐. 돌아다니지 말고 가만히 앉아 조용히 공부하지 않으면 혼날 줄 알아라. 이 반이 대전중학교에서 가장 형편없는 반이다."

내심 화가 났다. 전교조 교사로 눈 밖에 난 담임 때문에 아이들이

미움을 당했나 싶었기 때문이다. 바로 교무실로 가서 교감 선생님을 찾았다. 교장실에서 간부회의 중이라고 해서 교장실로 들어가 상황을 전하고 이렇게 말했다.

"아이들에게 가한 교감 선생님의 비교육적 언행으로 큰 상처를 입었다. 더욱이 존경받는 관리자로서 아이들에게 격려와 칭찬을 보내도 모자란 상황인데, 사소한 일로 모든 것을 판단하고 비교해 가장 형편 없는 아이들과 교사로 만들었다. 학급과 교무실에서 공개 사과를 요구한다."

공식 사과를 받아내지는 못했지만 이후 교감 선생님의 언행이 좀 더 신중해진 것에 만족해야 했다. 약자에게 강하고 강자에게 약한 모습을 보이는 것이 인격적 권위가 아닌 제도적 권위에 안주하는 관리자들이다. 그들은 전교조 교사를 '의식화 교사', '빨갱이 교사'로 매도하거나 호도하고 분리하려는 정부의 비교육적 정책에 마름처럼 부화뇌동하기 일쑤였다. 하지만 전교조 출현과 함께 해직 교사들의 헌신적 투쟁에 동참하는 현장 교사와 참교육학부모회 등 시민단체의 민주화 요구로 단위 학교의 관료적 체제와 경직된 분위기에도 변화가 찾아오고 있었다. 참교육과 교육민주화 실현이라는 대의를 거스르기 어려웠던 것이다.

교육민주화를 위한 나의 소중한 첫 역사

학교마다 전교조 분회가 만들어졌다. 조직된 다수의 힘으로 법적 논리적 대응력을 키워 교장의 독단적 전횡에 이의를 제기하고 시정을 요구했고, 대안을 제시했다. 나 역시 대전중학교에서 처음으로 전교조 분회를 만들었다. 이○○, 박○○ 선생님과 함께였는데, 우리는 이름을 '아름드리'로 정했다. 두 팔로 나무를 껴안듯이 서로 함께해 굳건한 교사로 바로 서자는 마음을 담은 이름이었다.

우리는 바쁜 학교 업무 속에서도 2주에 한 번씩 정기적인 분회모임을 갖고, 전교조 사업을 공유하며 서로를 격려했다. 학교 운영의 비민주적 요소를 개선하고 민주적인 학교문화를 만들기 위한 지혜를 모았다. 그와 동시에 아이들 이야기, 수업 이야기로 교사 전문성을 채워나갔다. 그렇게 아름드리는 단위 학교 교사의 소모임으로, 연구동아리로, 학습공동체로서 교육민주화를 위한 나의 소중한 첫 역사가 되었다.

형편없는 학급의 즐거운 반란

첫 학급신문 〈푸른 교실〉

나는 대전중학교에서 1학년 5반 50명의 학급 아이들과 첫해를 함께했다. 민주성, 자율성, 공동체성 등 나름의 학급 운영 원칙을 유지하며 남학생들의 특성에 맞게 새로운 계획을 추가해 추진했다. 학생들에게는 공부를 잘하는 것도 중요하지만 안전하고 즐거운 학교생활이 기초가 되어야 한다고 강조했다.

또한 더불어 함께하는 공동체 속에서 친구들과의 원만한 교우관계를 가꾸기 위한 학급 행사를 기획했다. 학교에서 공식적으로 요구하는 학급 부서 형식은 학습부, 총무부, 도서부, 체육부, 미화부 등이었지만 여기에 문화부와 편집부를 추가하고 아이들의 희망을 참고해 부서를 재구성했다. 학급을 8개의 모둠으로 조직하고 서로 돕고 생활하며 모둠일기도 쓰고 학급 행사에 함께 참여하도록 했다.

누구나 할 수 있지만 아무나 할 수 없는 것

첫해의 기록은 학급문집《푸른 교실》과 학기 말에 두 번 발간한 학급신문 〈푸른 교실〉에 잘 담겨 있다. 2학기 때 반장이었던 박○○는 자필로 쓴 문집 발간사에서 한 해의 학급생활을 이렇게 전했다. 그 글의 일부를 소개한다.

떠들고 말썽만 피운다는 1학년 5반 학급원들이 우정과 사랑을 다지며 실시했던 학급신문 제작, 등반대회, 생일축하잔치, 학급수련회 등은 누구나 할 수 있지만 아무나 할 수 없는 것들입니다. 이렇게 개성 있고 활기찬 학급에서 제작된 이 조그만 책. 물론 모자람도 있겠지만 학급원 개인마다 소중한 의미가 부여되어 있습니다. 또 얌전하고 공부 잘하는 모범 학급에서는 만들지 않는 우리 반만의 이 책이 자랑스럽기까지 합니다.

학급문집 《푸른 교실》

학급신문 〈푸른 교실〉

편집부를 이끌어준 편집부장 심○○는 아래와 같이 학급문집 발간의 소감을 밝혔다.

특히 조별 조사 연구를 해준 친구들, 우리들을 위해 글을 보내주신 신○○ 어머님, 그리고 학급원들의 시와 산문 등 많은 글을 대신 써준 김○○, 홍○○, 박○○에게 특별히 고마움을 전하고 싶습니다. 또한 표지 제목 글씨를 써준 송○○ 선생님과 문집 발간에 협조해준 학부모님께 감사드립니다.

다음 해에는 1학년 3반을 맡게 되었다. 그리고 53명의 아이들과 함께 세 번째 학급문집을 발간했다. '가장 형편없는 학급'이라는 감정 섞인 말을 들어가면서도 우리는 공부에서도 소홀함이 없는 즐거운 학교생활을 스스로 가꿔나가기 위해 노력했다. 반장인 권○와 부반장인 이○○는 공부도 잘했지만 착한 성격으로 학급원들을 잘 이끌었다. 편집부가 정리한 학급문집의 특집인 '우리 반의 지난 한 해를 돌아보며'에는 반 분위기가 좋아 새로 전학을 온 송○○ 등이 "친구를 금방 사귀고 친하게 지내게 되었다"는 내용이 담겼다.

학급 행사도 지난해와 같이 계속해서 이어졌고, 학급별 소풍 때에는 보문산 시루봉을 함께 오르기도 했다. 학급이 많아 오전에 전체 행사만으로 끝나버리는 교내 체육대회 때에는 오후에 따로 학급운동회를 열어 모둠 대항으로 즐겁게 놀기도 했다. 원자력연구원에 있는 친구의 도움으로 우리 학급만 연구소 견학을 다녀온 일도 있었다. 1월 초에 새해맞이 등반으로 17명의 아이들과 계룡산을 다녀왔던 것이 특히 기억에 남는다.

아름다운 추억, 변화하는 학교

대전중학교를 마지막으로 근무하게 된 해인 1993년에는 생각지도 못한 3학년 담임을 맡게 되었다. 국영수사과 등 입시의 주요 과목 담당이 아니면 3학년 담임을 맡기지 않았던 대전중의 전통을 새로 부임한 체육과 출신 교감 선생님이 허문 것이다. 그렇게 학교는 조금씩 변화되고 있었다.

내게는 다시 한 번 맡게 된 3학년 담임이었다. 과거의 경험 덕분인지 긴장하는 아이들을 이끌며 쉽지 않은 진학지도를 큰 탈 없이 무사히 마쳤다. 입시에 주력하게 되는 3학년 생활이라지만 나름 기존의 학급 운영의 원칙을 살려가려고 노력했다.

조금 번거로운 일도 있었다. 촌지 때문이었다. 학기 초에 담임교사로서 학급 운영에 대한 개인적 소신을 편지에 담아 학부모들에게 보냈다. 촌지거부운동에 동참해왔던 터라 따로 취지를 설명하는 내용도 포함했다. 그럼에도 불구하고 그간의 관행 탓인지 학부모들이 촌지를 보내왔다. 할 수 없이 정중하게 편지를 써서 되돌려 드렸다. 학부모들은 나의 취지를 이해하고 죄송한 마음과 함께 감사의 뜻을 전해오곤 했다. 부모의 심정을 모르지 않는다. 촌지는 자식의 교육을 위해 애써준 선생님에 대한 작은 성의 표시였으리라. 하지만 받을 수 없었다. 교육의 세 주체가 떳떳한 신뢰를 기초로 새롭고 건강한 민주적 관계를 쌓아가자는 교사의 마음을 학부모들이 공감했으리라 믿는다.

대전중에서의 3년은 사춘기의 싱그러움과 성장통이 넘쳐났던 중3 남학생들과 한창 젊음의 열정이 무르익어가던 30대 후반의 교사가

함께한, 《푸른 교실》과 '아름드리'라는 소모임의 추억이 한 아름 가득
했던 기간이었다.

나는 개인적인 주거지 변동에 따른 단순내신(5년 근무 기간을 채우
기 전, 빈자리가 있는 경우 학교를 옮길 수 있는 제도) 신청이 받아들
여져 3년 만에 신설 학교인 대전전민중학교로 발령을 받아 또다시 근
무지를 옮기게 되었다.

성적은 꼴찌, 단합은 최고

첫 학년문집 《우추소》와 《작향우이》

1994년 2월 말, 대전전민중학교로 발령을 받았다. 전민중은 1993년 8월 개최된 국제박람회(대전엑스포)의 행사 운영 요원과 도우미 등의 숙소로 사용한 후 분양한 엑스포아파트단지 내 학교였다. 1994년 개교 당시 인가 학급 수가 9학급이었다가 1996년 말 30학급 인가를 받았다. 그런데 나는 전교조 교사로 소문이 났기 때문인지 담임에서 배제되었다. 첫 교직원 소집일에 개인사로 불참한 일을 두고 학교장이 불성실하다고 생각했을 수도 있다.

학기가 시작되고 얼마 후, 담임을 맡고 있던 한 선생님이 개인적인 문제로 그만두는 바람에 그 자리를 내가 대신 채우게 되었다. 1학년 5반 여학생 반이었다. 3년간 남학생들을 상대해서 그런지 한결 부드럽다고 할까, 사뭇 다른 느낌이었다. 아이들은 학업뿐만 아니라 모든 생활에서 적극적인 열의를 보였다. 대덕연구단지에 근무하는 석·박사 연구원의 자녀들이 많아서일 수도 있고, 고급 아파트단지에 사는 부모들의 가정교육에 영향을 받아서일 수도 있을 것이다. 특히 반장, 부반장으로 선출된 장○○와 이○○는 공부도 잘하고 마음씨도 착해 아이들로부터 신뢰받는 임원이 되었다. 그해 봄에 치른 모의고사에서 근소한 점수 차로 학년 꼴찌를 해 충격을 받은 아이들이었지만, 봄가을 체육대회에서 두 번 다 응원상을 타고 전교 종합 2위를 했을 정도로 단합을 잘 이루었다.

최고의 학급문집 《야들아! 어깨동무하고 가자잉》

내가 아이들과 함께 만든 네 번째 학급문집인 《야들아! 어깨동무하고 가자잉》은 내용과 형식 면에서 그동안 만든 문집들 중에서 가장 충실했다. 맨 앞에 실은 초대시 두 편부터 모두를 감동시켰고, 다채로운 내용 속에 학급원들의 이야기가 살아 있었다. 특히 신○○는 예쁜 표지화와 삽화로 문집을 더욱 빛내주었다. 아래에 초대시 한 편을 소개한다.

독재자
  ─ 이○○

우리 어머니는 독재자입니다.
모든 일은 당신 혼자 결정하지요.

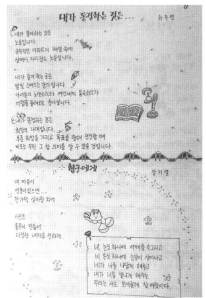

네 번째 학급문집
《아들아! 어깨동무하고 가자잉》

문집에 실린 감동의 시들

집안일도, 바깥일도 모두 당신 혼자 결정하십니다.

우리를 사랑하는 마음도 독재입니다.

우리만을 사랑하시는 마음

우리를 걱정하는 마음도 독재입니다.

우리만을 걱정하시는 마음

우리 어머님은 독재자입니다.

학급에서 학교로 확대된 교육활동

1995년부터는 학급문집에서 학년문집으로 발간 형태를 전환했다.

도덕 수업을 통해 실기평가로 '나의 주장 발표'를 실시하고, 도덕교육의 목표인 바람직한 삶을 가꾸기 위해 아이들의 생각하는 힘과 글쓰기, 말하기와 공감 능력을 신장하고자 했는데, 여기서 나온 학년 전체의 글들을 모아 한 해 수업의 결실로 남겨주고 싶어서였다.

1995학년도에는 참여를 희망한 1, 5, 6반 아이들의 글로 《우추소(우리들만의 추억을 소중히)》라는 제목의 학년문집을 펴냈다. 마침 컴퓨터가 보급되어 편집위원들이 워드로 글을 옮겨 담았다. 편집위원들을 대표해 편집후기를 쓴 송○○는 이런 감상을 남겼다.

우리의 꿈이 담긴 문집이 완성되는 순간의 그 짜릿함이란!
혼자 밤을 새워가며 원고를 고치고 있으면 쓸쓸하기도 했지만, 나의 손을 거쳐 우리들의 추억이 되살아난다는 생각에 정말 즐겁고 보람 있었습니다. 아이들의 추억을 한 장 한 장 넘길 때마다 그 아이의 얼굴과 그 순간의 장면이 떠올라 웃기도 하고 슬프기도 했습니다.

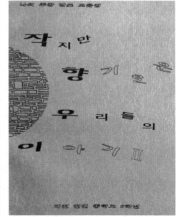

첫 학년문집 《우추소》와 《작향우이》

1996년도에는 3학년 8개 반 전체 학생을 대상으로 글을 모아 《작향우이(작지만 향기로운 우리들의 이야기)》라는 제목으로 '나의 주장 발표 모음집'을 발간했다. 귀한 겨울방학임에도 나와 함께 학교와 집에서, 때로는 밤늦게까지 워드로 글을 옮기고 편집을 하며 2주일 가까이 힘든 수고를 아끼지 않았던 《우추소》의 송○○와 《작향우이》의 박○○는 특별히 고마운 존재였다. 편집위원들을 대표해 편집후기를 남긴 박○○의 글은 갖은 어려움 속에서도 이 문집이 학창 시절의 추억으로 남기를 바란다며 지도교사인 나를 격려하는 속 깊은 모습을 보였다.

　　그리 많지 않은 수업시간을 쪼개 우리들의 생각을 발표할 수 있는 시간을 할애해주셨고, 또 방학 중인데도 불구하고 출근하셔서 문집 편집으로 우리들이 힘들어할 때 위로를 해주신 선생님께 진심으로 감사의 말씀을 드리고 싶다.

　　이렇게 문집을 매개로 아이들과 함께한 나의 교육활동은 점차 학급 운영에서 학교 및 교과 운영으로 그 관심사가 옮겨가기 시작했다.

학교에 불어온 새바람

첫 학교운영위원회 신문과 소식지 〈목련〉

대전전민중학교 시절은 내가 학부모들과 함께 민주적 학교 운영을 위해 열정적으로 활동한 기간이었다. 교직의 연륜이 쌓여가는 것과 함께 새로 도입되는 학교운영위원회(학운위)라는 제도가 큰 계기로 작용했다.

1996학년도부터 학교 운영에 새로운 변화의 바람이 일기 시작했다. 학운위 제도가 모든 학교에 도입된 것이다. 당시 김영삼 문민정부는 단위 학교의 교육자치를 활성화하고 지역의 실정과 특성에 맞는 다양한 교육을 창의적으로 실시하여 학교 교육의 효과를 극대화할 목적으로 1995년 '5·31 교육개혁안'을 발표했는데, 그 개혁안 중의 하나가 학운위였다. 교육민주화에 대한 국민적 요구가 수용된 결과였다. 학운위에 대해 두산백과는 이렇게 설명하고 있다.

1995년 12월 지방교육자치에 관한 법률의 개정에 따라 설치 근거가 마련된 뒤, 이듬해 각 시·도 의회에서 학교운영위원회에 관한 조례가 제정되면서 국립 초·중등학교에서 전면적으로 실시되었다. 학교 운영과 관련된 의사결정 단계에 학부모·교원 및 지역 인사가 참여함으로써 학교 정책 결정의 민주성·합리성·효율성을 확보해 학교 교육의 목표 달성에 이바지하기 위한 집단의사결정(심의·자문) 기구이다.

학교의 교원 대표, 학부모 대표 및 지역사회 인사로 구성되며, 위원 정수는 5인 이상 15인 이내이다. 주요 기능은 ① 학교헌장 및 학칙의 제정·개정 ② 학교 예산·결산 ③ 교육과정 운영 방법 ④ 교과용 도서 및 교육 자료 선정 ⑤ 정규 학습 종료 후 또는 방학 기간의 교육활동 및 수련활동 ⑥ 초빙 교원의 추천 ⑦ 학교 운영지원비의 조성·운용·사용 ⑧ 학교 급식 ⑨ 대학 입학 특별전형 중 학교장 추천 ⑩ 학교운동부의 구성·운영 ⑪ 학교 운영에 대한 제안 및 건의 등에 관한 사항이다.

그 밖에 학교발전기금의 조성·운용·사용에 관한 사항을 심의·의결한다.

그동안 학교장의 독단적 권한 행사에 의한 비민주적 학교 운영으로 한계에 부딪히고 절망했던 적이 한 두 번이 아니었다. 지나친 수구 보수적 인식, 인사와 재정 권한의 남용, 공과 사를 구분하지 못하는 처신으로 비교육적 행태를 보이는 교장들을 수없이 만났다. 이런 상황에서 도입된 학운위는 의결기구가 아닌 심의·자문기구라는 한계가 있었지만, 주요 안건을 실행하려면 반드시 심의를 받도록 되어 있어 잘만 활용하면 민주적 학교 운영과 참교육 실현에 큰 도움이 되리라 판단했다.

흥분되는 특별한 경험

나는 학운위의 민주적 운영을 위한 전교조의 연수와 홍보에 적극 참여했다. 관련 법규와 조례를 숙지하는 한편, 단위 학교의 교사위원, 학부모위원, 지역위원의 선출에 대비했다. 직접 무기명 투표로 진행되는 위원 선출이기에 분회모임을 갖고 적당한 후보를 물색했다. 나는 교사위원으로 출마했고, 학운위와 학교 운영의 민주적 운영을 약속하는 내용의 글을 써서 전 교직원에게 보냈다. 처음으로 교사위원 후보들이 정견 발표를 하고 비밀 투표를 통해 위원을 선출하는 일은 흥분되고 특별한 경험이었다. 학교장은 자신의 측근을 내세워 학운위를 장악하고 싶어 했지만, 우리가 내세운 후보 모두가 당선되었다.

첫 학운위 신문 〈목련〉

하지만 학운위 활동의 첫해는 새로 도입된 제도에 대한 이해 부족과 운영 경험의 미숙, 위원 구성의 한계와 학교장의 기득권 안주 태도 등으로 활발한 심의에 한계가 있었다. 연말까지 7회에 걸쳐 학운위에 올라온 수십 건의 심의 안건이 모두 원안 가결로 통과되었다. 그런 가운데에서도 예산 결산안을 검토하고, 새해 예산안을 심의하면서 학교 뒤 운동장에 깔 보도블록의 구입 예산을 삭감하여 학생교육비와 환경개선비로 돌리도록 하는 성과를 올리기도 했다. 학부모위원이 유성구청의 협조를 이끌어내 폐기된 보도블록을 무상으로 기증받아 해결한 것이었다.

나는 첫 학운위 소식지인 〈목련〉을 제작하여 전민중 가족들에게 한 해의 활동을 정리해 보고하고, 학운위 제도의 이해를 높이기 위해 노력했다. 그러면서 운영의 시행착오를 돌아보고 다음 학년도의 내실을 기약했다.

더욱 성숙해진 학운위 운영

1997학년도에는 한층 더 성숙한 학운위 운영이 가능해졌다. 새로 부임한 학교장이 학운위를 존중하는 민주적 리더십을 발휘한 것도 큰 힘이 되었다. 또한 학운위원 선출을 위한 민주적 절차의 정당성으로 그 대표성을 인정받을 수 있었다. 학교장 측근을 배제하고 학부모위원이나 지역위원의 사전 내정 없이 구성원들의 자발적 참여로 학운위원을 선출하도록 지원했던 것이다. 이 같은 요소들이 조화를 이루어 학교 운영에 새바람이 불어왔다.

학기 말에는 젊은 선생님들의 도움을 받아 연말에 한 번 발간하는 소식지와 함께 분기마다 학운위 신문 〈목련〉을 처음으로 발간했다. 신문에는 학운위의 바람직한 변화를 이끌어낸 활동들이 실렸다. 민주적 위원 선출, 각종 예결산 등 소위원회 활동, 학운위 운영 실태 등이 주요 내용이었다.

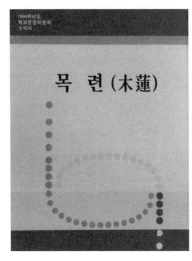

첫 학운위 소식지 〈목련〉

　　교육 주체들의 적극적인 참여와 학교장의 이해와 협조로 성취해낸 우리의 사례가 지역사회 언론을 통해 보도되기도 했다. 그에 힘입어 나는 전교조 대전지부 학운위지원단장의 자격으로 각종 방송사 토론 프로그램에 출연하여 학운위 제도와 운영 내용을 소개하고 개선점을 제안하는 등의 활동을 펼쳤다.

　　1996~1997년 2년간의 전민중 시절은 학운위 활동을 통해 민주적 학교 운영이 얼마나 아이들 교육에 도움이 되는지를 생생하게 경험할 수 있었던 시간이었다. 나아가 교직의 연륜이 쌓여가면서 참교육을 위한 민주적 학교 운영과 학교 개혁에 대한 인식이 심화되었고, 대안 모색을 위한 노력에 좀 더 힘을 기울이게 되었다. 이 시기는 한마디로 다양한 교육의 주체들과 지속적으로 함께하며 변화를 모색했던 전문직 노동자관에 근거한 교사로의 성장기였다고 할 수 있다.

3막

도덕은 외롭지 않다

동료성에 기초한 교과 전문가로의 성장기

〈열린도덕교육〉을 창간하다

대전도덕교사모임 활동 01

1995년 말, 몇 분의 선생님들과 함께 뜻깊은 모임을 갖고 대전 지역 최초로 '도덕·윤리교과 연구모임 준비위원회'를 발족했다. 이어서 1996년 3월 말에는 준비위원회의 이름으로 도덕·윤리 교과 자료 모음집인 〈열린도덕교육〉 창간호를 발간했다. 당시는 전교조 내 전국교과모임으로 국어, 영어, 역사 등의 교사모임이 활발히 활동하면서 교사의 전문성 신장을 위해 공동 노력을 경주하고 있었는데, 대전 지역은 이제 시작이었던 셈이다.

그때 우리가 만든 〈열린도덕교육〉 창간호를 보면 모임 제안의 글에서 그 당위성과 목적을 이렇게 밝히고 있다.

오늘날 도덕교육이 학교 현장에서 차지하고 있는 위치는 참으로 이중적이라 하겠습니다. 전인교육, 인성교육의 강조와 함께 도덕교육의 중요성이 강조되면서도 입시 위주의 교육 속에서 늘 뒷전으로 밀리는 것이 도덕 시간입니다. 학생들에게도 도덕 교과는 그저 지루하고 따분한 과목, 어렵지는 않으면서도 재미없는 과목으로 인정받기 일쑤입니다. 교사들 역시 제한된 시간과 자료 속에서 개별화된 노력에 의해 다양한 수업 방법들이 개발되고 적용되고 있지만 늘 한계에 부딪히는 느낌을 지울 수가 없는 것이 현실입니다.

그러면서도 도덕 교과만큼 일상생활과 밀접하게 연관된 교과도 없을 것입니다. 국가 시책이나 사회적 변화와 함께 늘 강조되는 것이 도덕교육입니다. 아이들의 삶의 과정에서도 가장 기본적이고 근본적인 물음과 문제들에 가장 깊이 관련되는 것이 도덕 교과일 것입니다.

이러한 현실 속에서 도덕교육에 대한 다양한 문제 제기와 그의 해결을 위한 노력에 현장 도덕 교사들이 동참해야 하는 것은 당연한 일이 아닐는지요. 그동안 개별화된 현장 도덕 교사들이 나름대로 애써 가꾸어온 교육적 성과물, 즉 교과교육 연구 사례나 다양한 수업지도 자료를 공유하고, 그 지도 방법을 소개하고 토의하면서 신선한 자극과 문제 해결의 실마리를 풀어가는 일은 참으로 의미 있고 중요한 일이라 하겠습니다.

〈열린도덕교육〉창간호~제3호

이와 함께 전시 수업, 낱말 맞추기 수업, 통일퀴즈대회, 토론 및 의사결정표 작성, 우화를 이용한 가치 내면화 수업, 설문조사 수업, 재판식 수업, 발표 수업, 부모님과 함께하는 숙제, 다양한 예화를 이용한 수업, 칠판에 적고 발표하기, 토론 수업과 발표를 주제로 한 다양한 수업 사례들을 소개했다. 또한 집단상담의 실제와 학급 경영의 실천 사례, 학생들과 교사들을 위한 추천도서 목록 등을 담아 도덕 교사의 전문성 신장에 도움을 주고자 애쓴 흔적들이 가득하다.

　이후 나를 포함한 30여 명의 도덕 교사들은 도덕·윤리 교과의 정체성을 성찰하고, 교과교육의 이론적 탐구와 학생 중심의 수업 사례 연구를 수행하며 그 결과를 〈열린도덕교육〉을 통해 공유하면서 활동을 확산하기 위한 노력을 경주했다. 1주 또는 2주에 한 번씩 방과 후 회원 학교에 모여 연구모임을 계속해나갔다. 각자의 수업 실천 사례를 발표, 토론하고 회지를 통해 대전 지역 도덕·윤리 교사들에게 전파했다.

시선은 학생에게, 수업 방법의 개선

　1997년 2월, '대전도덕·윤리교사모임'(2001년 '대전도덕교사모임'으로 개명)의 이름으로 발간된 〈열린도덕교육〉 제2호에는 도덕과 학습지도 사례, 도덕 교과 문제와 실기평가 방안, 체벌 없는 지도 방안 등의 내용을 담았다. 나는 '체벌에 의하지 않는 학생지도 방법 모색'이라는 글을 썼는데, 교육관과 학생관의 올바른 정립과 함께 수업 방법의 개선을 제안했다.

흥미를 유발할 수 있는 예화 소개하기, 모둠활동 등 학생활동 중심의 수업 준비, 탐구·토의식 수업하기, 시청각 매체 활용하기, 판서하며 설명하기로 수업의 끊김을 없애고 가능한 한 교사의 등을 보이지 않게 하고, 시선을 학생에게 준다. 수업의 생명은 시선에 있다. 아이들의 말과 행동, 숨결을 향한 교사의 따뜻한 시선은 배움의 바탕이다.

초대 회장인 권○○ 선생님은 대전도덕·윤리교사모임의 회지 〈열린도덕교육〉을 들고 시교육청 교육국장을 면담하고 교과교육 연구활동 지원사업의 필요성을 역설하여 소기의 성과를 거두었다. 이후 1997학년도부터 시교육청 교과교육 연구활동 지원이 시작되었고, 우리 모임도 3월 시교육청에 교과모임으로 등록하여 사업에 적극 참여했다. 대전 지역 교육운동의 새로운 역사를 만들어가기 시작한 것이다. 8월에는 전국도덕교사모임과 연합해 여름연수회를 개최(이후 대전에서 몇 차례 전국연수를 주관함)하는 등 활동 영역을 넓혀나갔다.

11월에 발간된 제3호는 탐구 수업과 NIE(조○○), 대안교육운동(고○○)을 주제로 한 특별 기고와 함께 도덕과 지도 사례로 인터넷 활용 수업(윤○○), 비디오 활용 수업(승광은), 집단상담 활용 수업(이○○), 사이코드라마 활용 수업(민○○), 마인드맵 활용 수업(김○○) 등을 실었다.

교사운동의 새로운 시작

이렇듯 대전도덕·윤리교사모임은 교사들이 주인의식을 갖고 자율적인 교과연구를 통해 수업의 전문성을 신장하기 위한 교사운동의 새로운 시작을 알리는 선도적 역할을 담당했다.

이 모임의 창립과 활동이 나의 교사 인생에 미친 영향도 각별했다. 나는 이 모임을 통해 개별적 교과 연구·실천의 영역을 동료성에 기초한 공동 연구와 실천의 영역으로 확장시킬 수 있었다. 또한 좋은 교사로 성장하기 위한 관점과 방향을 노동자관에서 교과와 수업 전문성을 중심으로 하는 전문직관으로 변화시켜나가게 되었다.

최고의 보람, 전교조 참교육실천대회

1998년 11월에 발간된 〈열린도덕교육〉 제4호는 중학교 도덕과 인물학습지도 사례를 중점 연구한 내용을 담았는데, 나는 직업 인터뷰 활동을 통한 인물학습 수업 사례를 소개했다. 8월에는 전국도덕교사모임과 연합해 여름연수회를 개최하고, 교육부 연구 사업으로 '역할극과 만화를 결합한 도덕·윤리과 수업모형 개발'을 함께 추진했다.

국민의 정부 출범, 더욱 활발해진 활동

1999년 4월 국민의 정부가 들어서면서 우리 모임은 교육부가 주관하는 교과교육연구회 연수 사업에 선정되어 '두레활동 중심의 도덕과 수업모형과 수행평가 방안'을 주제로 더욱 활발한 연구활동을 전개했다. 8월에는 전국도덕교사모임과 연합해서 여름연수회를 개최하고,

9월 대내 공개수업(윤○○), 11월 회지 제5호 발간, 대외 공개수업(김○○) 및 연구활동 보고회를 개최했다.

회지 제5호에는 연구 주제인 두레활동 수업모형과 관련해 청소년 잡지 만들기, 창작시 짓기(박○○), 협동화 그리기, 역할놀이(민○○), 집단의사결정, 공동 상상화 그리기(김○○), OX 퀴즈 및 낱말 맞추기 대회, 공익광고 및 노래극 만들기(승광은), 만화와 소리극을 결합한 작품 만들기, 라디오방송 작품 만들기(이○○), 시사뉴스 학습, 설문조사 활동하기(류○○), 설문조사 발표 수업(윤○○), 신문 만들기 학습(안○○), 장애 체험 학습(김○○), 학습자 선택 두레활동(윤○○, 정○○) 등 풍부한 사례들이 수행평가 계획서와 함께 담겼다.

2000년에는 우리 모임이 대전시교육청 지원 학술연구회로 선정되어 'N세대를 위한 도덕과 예화 개발 및 예화를 활용한 도덕과 수업모형 연구'를 주제로 활발한 활동을 이어갔다. 8월에는 다시 전국도덕교사모임과 연합해 여름연수회를 개최하고, 10월에는 중간발표회 세미나를 실시하고, 11월에는 회지 제6호를 발간했다. 이때 나는 여러 회원들과 함께 예화를 활용한 도덕과 수업 사례를 소개했다.

〈열린도덕교육〉 제4호~제8호

1,000여 명의 교사들이 뿜어내는 열기와 자극

2001년에는 모임 이름을 '전국도덕교사모임'과 연계해 '대전도덕교사모임'으로 변경했다. 우리 모임은 2000년에 이어 대전시교육청 지원 교과교육연구회에 선정되어 '사회극 활용을 통한 도덕과 수업'을 주제로 활발한 연구활동을 펼쳤다. 8월에는 전국도덕교사모임과 연합해 여름연수회를 개최하고, 9월부터는 전국도덕교사모임의 교육부 지정 연구 과제인 '반부패 교육 교수·학습자료' 연구활동에도 참여했다. 10월에는 중간발표회 세미나를 갖고, 11월에는 회지 제7호를 발간했다. 나는 회지에 사회극 활용 수업과 예화·공익광고·노래극 활용 수업 사례를 소개했다.

2002년에도 대전시교육청 지원 교과교육연구회에 선정되어 '교실 수업 개선을 위한 제7차 교육과정 도덕과 교수·학습지도안 연구 개발'을 주제로 연구활동을 벌였다. 8월에는 전국도덕교사모임과 연합해 여름연수회를 개최하고, 12월에는 회지 제8호를 발간했다. 방학 때에는 2박 3일의 전교조 참교육실천대회에 참가하여 전국도덕교사모임이 주관하는 교과 연수를 통해 전국의 상황과 교과연구 사례를 통해 연구 역량을 신장할 수 있었다.

전교조 참교육실천대회는 2002년부터 지금까지 매년 1월 개최되고 있다. 교육 실천 사례를 교과별, 주제별로 공유하고 연구 역량을 가꾸기 위한 이 행사에는 전국에서 1,000여 명의 교사들이 자발적으로 참여해 열기가 뜨겁다. 나는 초·중반기에는 도덕교과분과에 참여하다가 2000년대 후반부터는 학교개혁분과에 참여해 교사로서의 성장에 큰 자극과 도움을 받았다.

다음은 내가 2006년 1월, 참교육실천대회에 참가하고 나서 카페에 올린 소감문이다.

17일부터 19일까지 춘천의 강원대에서 열린 도덕과연수에는 대전에서 저와 이○○ 선생님이 함께했고, 전국적으로 약 50여 분의 선생님들이 같이했지요. 지난 2년여 동안 '도덕과 정체성 찾기'라는 화두를 가지고, 뜻있는 선생님들이 많은 노력을 기울여왔습니다. 덕목 중심의 관성화된 생활 영역 교과 구성 틀 깨기, 국가주의 도덕이 갖는 한계 극복하기, 주제 중심의 도덕과 내용 구성해보기, 생각함(철학함, 사유함)을 키우는 도덕 수업하기, 새로운 도덕과 교육과정 짜기, 대안교과서(검인정 교과서) 고민하기 등 여러 현안에 대한 구체적 연구 과정과 그 결과에 대한 보고와 논의가 있었습니다.

대전도덕교사모임 활동과 더불어 2002년부터 함께했던 전교조 참교육실천대회는 내가 전교조 활동에 참여하면서 가장 보람을 느꼈던 행사다. 전국의 선생님들과 함께 아이들을 위한 교사로서의 전문 역량을 가꾸고 공유하는 소중한 기회였기 때문이다.

인권과 평화 교육을 위한 발걸음,
역사 기행
대전도덕교사모임 활동 03

2003년과 2004년은 내가 전교조 대전지부장으로 노조전임 휴직에 들어가면서 교과모임 활동에 적극적으로 참여하지 못했던 기간이다. 하지만 대전도덕교사모임은 2003년에도 대전시교육청 지원 교과교육연구회에 선정되어 '교실수업 개선을 위한 도덕과 교수·학습 방법 연구'를 주제로 연구활동을 펼쳤고, 8월에는 전국도덕교사모임과 연합해 여름연수회를 개최하고, 12월에는 회지 제9호를 발간했다. 2004년에는 대전시교육청 지원 교과교육연구회 사업에 참여하지 않고 자체 연구활동에 주력했으며, 회지도 발간하지 않았다.

히로시마에서 발견한 미래

2005년에는 다시 대전시교육청 지원 교과교육연구회에 선정되어

〈열린도덕교육〉 제9호~제12호

'중학교 도덕과에서 인권·평화 교육의 실천'을 주제로 연구활동을 벌였다. 8월에는 전국도덕교사모임이 주최한 '히로시마 평화·인권 역사 기행'에 나를 포함해 5명의 회원이 참가했고, 12월에 회지 제10호를 발간했다. 나는 회지에 도덕과 인권·평화 교육의 실천 사례와 히로시마 인권·평화 기행문을 소개했다.

전국도덕교사모임과 전교조 대구지부가 일본 히로시마 교원노조와 협력해 주관한 평화와 인권을 위한 역사 기행은 2005년 8월 2일부터 8월 10일까지 9간 진행되었다. 내게는 첫 일본 여행으로 특별한 경험이 되었다. 오랜만의 해외연수여서 그랬는지 부산여객터미널 출국 심사대에서 구여권 소지로 나만 홀로 남겨지는 예기치 못한 일이 발생했다. 다음 날 항공편을 이용해 히로시마에 도착했는데, 입국 심사대에서 돌아가는 비행기표가 왜 없느냐며 의심하는 바람에 한참 애를 먹어야 했다. 귀국은 일행과 함께 배편을 이용하기로 되어 있었던 것이다. 우여곡절 끝에 호텔에 도착하고 보니 일행은 거친 파도 속에서 12시간이나 배를 타고 오느라 뱃멀미로 극심한 고생을 했다며 오히려 나를 위로했다.

우리는 부산에서부터 히로시마까지 조선통신사가 거쳐 간 옛 길을 따라 왕래했다. 히로시마를 중심으로 조선통신사의 유적을 답사하며 고대 한·일 간의 다양한 문화 교류의 흔적을 살펴보았다. 또 원폭 유적지를 답사하고, 핵무기로 인한 끔찍한 참상을 목격하며 인권과 평화의 의미를 되새겼다. 대구와 히로시마 학생들을 대상으로 역사적 사실에 기초한 한·일 공동수업을 실시하고 세미나도 개최했다. 일본의 교포 학생들이 다니는 조선학교를 방문해 수업을 참관하고 학생과 교사와의 대담을 통해 조선학교 운영의 역사와 의의, 실상을 경청하기도 했다. 일본인의 차별과 냉대 속에서 민족의 역사와 문화를 지켜나가고 있는 모습에 가슴이 뭉클했다.

히로시마 평화·인권 기행은 교과모임의 활동 영역을 국내에서 국외까지 넓혀 이루어진 첫 사례였다. 또한 시대의 아픔을 직접 체험하고 그것을 바탕으로 보다 바람직한 미래를 지향하기 위한 지혜를 모으는 시발점이 되었다. 개인적으로도 더 나은 교사로 성장하는 데 도움이 된 좋은 기회였다.

이어지는 연구와 탐방

대전도덕교사모임은 2006년에도 시교육청 지원 교과교육연구회로 선정되어 '중학교 도덕과에서 인권·평화 교육의 실천 연구'를 주제로 2005년의 연구 주제와 연계된 후속 활동을 전개했다. 12월에는 회지 제11호를 발간했다. 나는 인권·평화 교육의 실천을 위한 학습과 정안으로 미디어 활용 토론 수업, 지식채널 활용 수업 사례를 소개했다. 또한 우리는 합천과 소록도를 중심으로 한 인권·평화 기행 일정과 자료를 개발해 직접 답사하는 특별 연구활동도 전개했다. 여름과 겨울방학 때는 1박 2일 또는 2박 3일 일정의 연수 계획을 세워 교과서에 소개된 인물이나 역사적 장소를 탐방했다.

2007년에는 마지막 시교육청 지원 교과교육연구회 활동으로 '중학교 도덕과에서의 논술지도 프로그램의 개발 적용'을 주제로 연구활동을 했다. 12월에 회지 제12호를 발간했는데, 나는 회지에 중학교 논술지도 수업 사례와 교과서 인물학습에 소개된 단종과 김삿갓의 숨결을 찾아가는 영월 중심의 여름 연수 겸 답사 결과 보고와 소감문 내용을 소개했다.

〈열린도덕교육〉 폐간, 대전도덕교사모임 해체

〈열린도덕교육〉은 4대 회장인 윤○○ 선생님이 편집한 제12호를 끝으로 발간이 중단되었다. 젊은 교사들을 중심으로 새로운 도덕교사 모임이 생기고, 인터넷 정보화 시대에 따른 넘치는 교육 자료와 연수 등을 활용한 개인적 연구 성향 등으로 그 필요성이 감소했기 때문이다. 개인적으로도 관심사가 학교 개혁 분야로 확대되어 모임을 갖게 되고, 단위 학교 내 교사연구모임에 집중하는 변화의 시점이었다. 자연스럽게 대전도덕교사모임은 해체되었다.

대전도덕교사모임은 내게 교사의 수업 전문성 신장과 함께 주제별 공동연구와 현장답사로 맺어진 인간관계의 돈독함으로 또 다른 면에서 교직생활의 활력소가 되었다. 나뿐만 아니라 회원들 모두에게 그러했을 것이다. 나와 몇몇 선생님은 대전도덕교사모임으로 맺어진 끈끈한 인연을 지금까지 이어오고 있다.

　어찌 보면 창립 회원이요, 3대 회장으로 모임을 이끌기도 했던 그 시간과 연구 열정은 참된 교사로 성장하는 데 중요한 밑거름이 되었다. 또한 동료성을 기초로 한 교사 소모임, 학습공동체로서의 교사연구회가 얼마나 중요한 역할을 할 수 있는지 확인할 수 있게 해주었다. 그 과정에서 성직자관에서 전문직 노동자관으로 이어진 나의 교사관은 다시 교과 전문성을 중심으로 하는 전문직관으로 변화되어갔다.

　한편 대전도덕교사모임의 2대 회장으로 활발한 연구활동 능력을 보여준 민○○ 선생님이 주도해 2004년 초에 개설한 온라인카페 '대전도덕교사모임'은 교사연구모임의 새로운 터전으로 자리 잡았고, 나 역시 자료 공유에 적극 동참했다. 현재는 대전도덕교사모임의 해체와 사회관계망서비스(SNS)의 활성화에 따라 공식 활동이 중단된 상태이지만 아직도 1,000명이 넘는 회원들이 수업 자료를 공유하고 있다.

아이들의 작품을
아이들에게로

첫 교과문집 《얘들아! 교과문집 만들자》

2000년은 세상 사람들에게 새 천년을 알리는 역사적인 해였다. 개인적으로는 교사의 수업 전문성을 신장하기 위한 의미 있는 결실이 맺어진 해이기도 하다. 바로 《얘들아! 교과문집 만들자》라는 이름으로 첫 교과문집을 발간한 것이다.

나는 왜 교과문집을 만들었는가

그동안 나는 참교육과 민주적 학교공동체를 위한 활동의 일환으로 아이들과 함께 학년 말 학급문집과 학년문집을 제작해왔고, 학운위 소식지와 신문, 학생회 신문을 제작하는 데도 힘을 쏟아왔다. 이뿐만 아니라 매년 도덕교사모임의 회지 발간에도 참여했다. 그런 가운데서도 한 가지 아쉬운 부분이 있었다. 수업시간에 아이들과 함께했던 다양한 활동들에서 나온 결과물들을 정리해보고 싶었다. 주옥같은 아이들의 작품을 그냥 혼자만 보고 지나치기가 너무 아까웠던 것이다. 한편으로는 도덕교사모임의 활동을 통해 수업지도안을 개발하고 적용해본 사례들을 정리하여 기록으로 남기고 싶은 바람도 있었다.

나는 처음으로 교과문집을 제작하면서 첫머리에 아래와 같이 그 배경을 설명했다.

걱정과 고민 속에서도 새로운 수업모형을 적용할 수 있는 용기를 가질 수 있게 해준 것은 새로움에 힘들어하면서도 반가워하며 즐거운 마음으로 함께 멋진 작품을 창작해내는 아이들의 놀라운 능력이었다.

그동안의 도덕 교과 수업 자료를 체계적으로 정리하고 그와 함께 아이들의 공동 창작을 통해 만들어진 작품과 개인별 노트에 담겨 있는 과제 해결의 소중한 성과물들을 그냥 묻혀두기가 너무 아까워 함께 정리해보고 싶었다. 특히 아이들의 삶이 생생하게 묻어 있는 작품들을 해마다 좀 더 충실하게 정리하고 다시 아이들에게 되돌려주는 교과문집 발간을 통해 도덕교육의 의미를 새롭게 가꾸고 싶었다. 시험과 점수보다 소중한 삶의 의미들을, 평생 공부의 작은 의미들을, 더불어 함께하는 우리의 소중함을, 자신과 자신의 근원을 진정 사랑해야 하는 의미들을 말이다.

이 같은 기획 의도로 겨울방학을 앞두고 아이들에게 교과문집 제작을 위한 과제를 제시했다. 개교와 함께 3년을 같이했던 아이들뿐만 아니라 1, 2학년 모두에게 '얘들아! 교과문집 만들어보자'라는 제목으로 아래와 같이 제안했다.

애들아, 자신의 지난 시간도 되돌아보고 미래도 내다보며 오늘의 삶을 소중히 가꾸는 데 도움을 줄 수 있는 작은 실천 하나를 방학 때 해보지 않으련? 부담 갖지 말고 희망하는 사람들끼리 하고 싶은 것 하나씩 골라서 한번 해보자. 지난 1년 동안의 도덕 수업 내용을 정리하는 의미에서 우리 함께 도덕교과문집을 만들어보지 않을래?

'성장 소설 읽고 독후감이나 자서전 쓰기'

청소년기의 성장 과정 속에 담긴 아름답고 슬픈 이야기들은 언제나 우리를 긴장시키고 진한 감동을 준다. 소설 속에 나타난 작가의 성장 과정을 보며 소설의 재미와 함께 조금이나마 바람직한 삶의 의미를 느끼고 깨달을 수 있다면 일석이조겠지. 한 걸음 더 나아가 독후감이나 자서전의 형식으로 발전시킬 수 있다면 금상첨화이겠고. 안도현의《연어》, 위기철의《아홉 살 인생》, 은희경의《새의 선물》, 신경숙의《외딴 방》, 스콧 오델의《푸른 돌고래 섬》,《달빛 노래》등을 추천하고 싶다.

그 외 '만화나 공익광고 및 대본 만들기', '직업 인터뷰하기', '주제가 있는 OX 퀴즈 및 낱말 맞추기 게임 만들기', '인물 탐구하기', '좋은 비디오, TV 프로그램 보고 토론 주제 만들기', '집단의사결정 훈련 프로그램 만들기', '자연의 소리 녹음해 연출하기', '켄트지를 활용한 벽신문, 가족신문, 청소년 잡지 만들기'도 좋겠다.

어쩌면 한 교사의 개인적인 욕심으로 시작한 것이나 다름없는 교과문집 제작에 고맙게도 아이들은 싫은 기색 없이 적극적으로 참여해 빛나는 작품들을 안겨주었다. 쉽지 않은 과제였을 텐데도 불구하고 즐거운 마음으로 소중한 배움과 나눔의 기회를 만들어주었다.

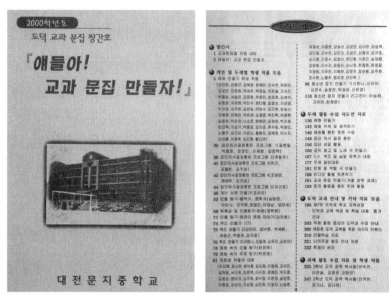

첫 교과문집 《얘들아! 교과문집 만들자!》

'전 그렇게 하지 않았어요'

교과문집 차례는 발간사, 개인 및 두레별 학생 작품(겨울방학 과제), 두레활동 수업지도안 자료, 도덕 교과 안내 및 기타 자료 모음, 과제활동 수업 자료 및 학생 작품 등으로 구성했고, 분량은 265쪽에 달했다.

교과문집을 열면 예화 만들기(시 작품)가 나오는데, 학생 자신의 체험에서 우러나오는 진실한 성찰이 담겨 있다. 다음에 나오는 두레별 학생 작품도 아이들의 솔직한 고백이 오롯이 드러난다. 그중에는 내가 아이들을 데리고 간 소풍에서 일어난 가슴 철렁했던 일의 숨은 진실을 밝힌 내용(뒤에 소개)도 있다.

개인 신문 만들기 작품을 낸 기자 조○○은 '도리도리 DAEGAL PACK'이라는 이름으로 6쪽에 걸쳐 다양하고도 유쾌한 내용으로 제작했다. 아마도 좋아하고 하고 싶어서 만든 것이기에 가능했을 것이다. 이러한 몰입의 체험이야말로 배움의 즐거움과 공부의 방법을 깨닫게 해준다.

이와 유사한 또 다른 예는 조원들이 함께 22쪽에 달하는 멋진 청소년 잡지를 만들어 제출한 '미야자키 하야오' 주제탐구 활동이다. 현재 웹툰 작가로 활동하고 있는 나의 둘째 딸이 함께했던 활동이기도 하다. 그 밖에도 집단의사결정 훈련 프로그램, 역할극 대본 만들기, 인물 탐구, 퀴즈 만들기 등 친구들과 함께 열심히 노력한 흔적이 묻어나는 작품이 많았다. 그 가운데 첫 작품으로 담은 예화 만들기의 시 한 편을 소개한다.

전 그렇게 하지 않았어요
3-4 : 김○○, 김○○, 김○○, 장○○

아빠는 저를 보시며 미소를 지으셨어요.
아빠는 제가 아빠를 바라보기를 원하셨지만
전 그렇게 하지 않았어요.

아빠는 저에게 '사랑한다. 아들아…'라고 말씀하셨어요.
아빠는 제가 대답하기를 바라셨지만

전 그렇게 하지 않았어요.

아빠는 저에게 장난감을 만들어주셨어요.
아빠는 제가 그것을 소중히 간직하기를 기대하셨지만
전 그렇게 하지 않았어요.

아빠는 저에게 맛있게 먹으라고
정성껏 음식을 만들어주셨지만
전 그렇게 하지 않았어요.

아빠는 저와 같이 시간을 보내려 하셨지만
저는 친구와 놀러 나갔어요.
아빠는 몹시 실망하셨지만 전 별로 신경 쓰지 않았어요.

아빠는 저와 같이 산책을 하려 하셨지만
전 너무 멀리 간다는 핑계로 거절했어요.
아빠는 저와 대화를 나누고 싶어 하셨지만
전 그렇게 하지 않았어요.

어느 날, 아빠가 많이 아프셔서 병원에 입원하셨어요.
전 아빠에게 꼭 나으시라고 말씀드렸어요.
하지만 아빠는 그렇게 하지 못했어요.

이젠 미소를 지어도, 사랑한다는 말도, 대화를 하고 싶어도,
아무리 애를 써도
더 이상 전 그렇게 할 수 없어요.

*생각해봅시다 : 다 지난 뒤에 하는 후회는 소용없는 것이다. 해야 한다고 느끼는 일은 지금 당장 해야 한다. 내가 지금 해야 할 일은 무엇인가? 더 늦기 전에 행동으로 옮겨야 하지 않을까?

나는 교과문집을 만들면서 아이들을 믿고 그들이 탐구하고 싶어 할 미지의 영역에 실마리만 제공하면 언제나 놀라운 능력을 보여준다는 것을 새삼 깨달았다. 이는 교과지도 전문가 교사로 성장하는 길에서 내가 얻은 아주 특별한 즐거움이었다.

〈토끼와 거북이〉를 활용한 두레활동

되돌아본 나의 수업

내가 아이들과 만든 교과문집에는 그동안 도덕 수업에서 적용했던 수업 실천 사례와 도덕과 교육과정 관련 자료, 그리고 학생의 도덕 공책에 담긴 과제활동 작품 등이 주로 담겨 있다. 그 가운데에서도 핵심은 예화를 활용한 다양한 수업지도안, 집단의사결정 훈련과 집단상담 활동, 공익광고와 만화를 활용한 노래극과 역할극 만들기, 비디오 자료 활용 토론활동 등 두레활동 수업지도안 자료라고 할 수 있다. 이는 그간의 도덕 수업에 대한 나의 관점과 방향에 따른 결과이기도 하다. 그중에서 몇 가지를 소개한다.

'토끼와 거북이의 경주'를 다시 써볼까?

우리는 학기 초에 두레(모둠이라는 용어 사용 전에 조 이름으로 사용)경연대회를 통해 두레활동의 의미와 전개 방식, 즐거움과 가치를 학습했다. 여기서 나는 두레활동의 목적과 도입 이유를 아래와 같이 설명했다.

두레활동은 교과 지식 위주의 강의식 수업, 교사 주도의 단선적 수업 방식을 탈피하고 학생 중심의 자기주도적 학습활동을 통해 수업의 질과 재미를 동시에 추구하는 데 있다. 이를 통해 학생들에게 문제해결 능력과 협력성·창의성을 신장시켜 바람직한 삶을 가꾸는 도덕 수업의 목표를 달성하기 위한 토대를 마련하는 데 있다.

두레활동을 수업에 도입하고자 하는 이유는 좀 더 다양한 학생 중심의 수업모형을 개발하여 도덕 수업은 딱딱하다는 선입견을 없애고, 즐겁고 재미있는 수업으로 만들려는 것이다.

위와 같은 사전 활동을 거쳐 두레활동을 통한 도덕과 수업 사례로 먼저 개발한 것이 예화 각색 및 창작하기였다. 이는 두레별로 미리 준비된 예화를 참고하여 학생들이 직접 예화를 각색하거나 창작하는 과정에서 학생들 스스로 교과 주제에 대한 감동과 흥미를 깨우쳐가는 수업 방식이다. 교사는 그 의의와 방법을 학생들에게 설명하고, 모든 과제는 두레별로 학생들 스스로 해결해나간다. 적극적이고 창의적으로 문제를 해결해가는 가운데 인본적 삶의 자세와 의미를 스스로 터득하여 두레활동 중심의 도덕과 수업에 자신감을 얻을 수 있으리라 기대했다.

나는 동화 〈토끼와 거북이〉를 통해 아이들에게 도덕 수업에서 '예화 각색하기' 활동의 필요성을 설명하고 과제를 제시했다.

동화 〈토끼와 거북이〉의 문제점은 너무 경쟁심을 부추기는 내용이라는 것이다. 더 나아가 자본주의사회의 모순을 은폐하고, 성실한 삶에 대해 왜곡된 가치관을 심어주는 동화라는 점이다. 이처럼 '협동심이 없다', '사회 모순을 은폐하고 개인의 성실성을 왜곡한다' 등과 함께 이 동화가 갖고 있는 근본적인 모순은 불평등한 경쟁을 평등한 경쟁인 것처럼 왜곡하는 것이라고 생각할 수 있다.

토끼와 거북이는 서로 삶의 조건이 다르고, 자신의 처지에 맞는 능력을 지니고 있다. 그런데 물에 사는 거북이가 땅에서 느리게 간다고 느림보라 놀림을 받고, 땅에서 억지 경쟁을 하도록 강요당한다. 반대로 물에서 경쟁을 한다면 토끼는 느림보가 아니라 아예 빠져 죽을 수밖에 없다. 따라서 거북이는 바다에서, 토끼는 산에서 살기에 알맞은 능력을 갖고 있듯이 아이들도 각자 삶을 살아가는 데 필요한 능력을 모두 다르게 갖고 있다. 이 각각의 능력을 최대한 계발하는 일이 교육이고 우리 모두가 할 일이라고 생각된다.

우리는 두레활동을 통해 〈토끼와 거북이〉의 내용을 현실에 맞게 각색해보고, 생활 속에서 이와 비슷한 일이 있었을 경우 그것을 글감으로 이야기 전체를 재구성(창작)해보자. 그리고 각색한 이야기 상황을 전지를 이용하여 몇 부분으로 나누어 만화로 그린 다음 그림을 보며 두레별로 발표하고 자유롭게 감상한다. 그밖에 재판극 하기, 라디오극 만들기 등의 형식을 활용할 수도 있다.

*참고문헌 :《토끼와 거북이 거북이와 토끼》(어린이도서연구회 엮음, 우리교육, 1992)

아이들은 '개인주의적'이지 않다!

이어서 아이들이 직접 자신의 체험 속에서 예화의 소재를 발견해 글로 옮기고 그 속에서 삶의 의미와 가치를 찾도록 했다. 그리고 그림, 만화, 노래, 역할극 등을 통해 발표하게 했다.

'사회적 도덕 문제의 등장과 해결' 단원에서 사고력과 창의력, 문제해결 능력을 키우며 스스로 그 실천 의미를 가꿀 수 있도록 하기 위해 두레활동으로 개발한 '공익광고 및 노래극 만들기'도 아이들이 즐겁게 참여했던 수업이었다. 4시간에 걸쳐 진행되는 작은 프로젝트 활동

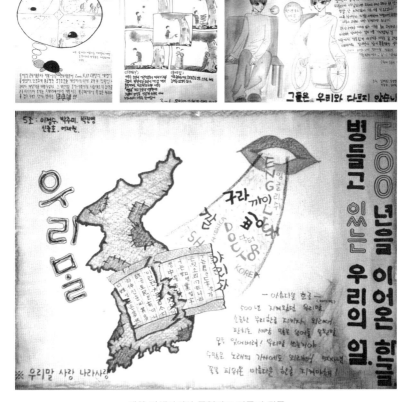

예화 각색하기와 공익광고 만들기 작품

이었는데, 아이들이 만들어낸 멋진 작품들이 수업시간에서뿐만 아니라 축제, 전국도덕교사모임 등에 전시되어 호평을 받았다. 나는 두레별 공동 작품을 사진에 담아 수업 자료로도 사용했다.

'가치 선택과 도덕 판단' 단원 수업에서는 올바른 가치 선택과 도덕 판단 과정의 중요성을 이해하고, 위기 상황에서 집단의 협력을 통해 의사결정 능력을 키우는 프로그램을 진행했는데, 이 역시 아이들의 뜨거운 호응을 받았다. 나는 누리단 연수에서 소개받은 자료를 활용해 4차시 수업지도안을 개발했다. 1차시는 수업 방식의 의의와 방법 설명과 교과 내용 토의 학습, 2·3차시는 '위기 극복을 위한 집단의 사결정 훈련' 활동 진행, 4차시는 활동평가 시간으로 구성했다. 개인주의에 익숙해져 있을 법한 학생들이었지만 위기 극복을 위한 집단의 사결정 훈련에 큰 흥미를 보였고 교과문집 과제활동으로 창의적 작품들을 제출했다.

어찌 보면 도덕교과문집은 20년에 걸친 나의 교사생활을 되돌아보고 새로운 성장을 모색하고 싶은 개인적인 바람을 이루기 위한 작업이기도 했다. 교과 전문가로서 나름의 한계와 문제가 없지 않았는데도 불구하고 말이다.

4막

새로운 학교를 꿈꾸다

학교 혁신 전문가로의 성장기

학교 개혁은 어떻게 가능한가

민주적 학교공동체 만들기

1998학년도는 문지중학교에서 맞게 되었다. 세 번째 신설 학교 근무였다. 개교 첫해는 1학년 6학급으로 시작하여 수업시수가 적은 만큼 교재를 연구할 시간이 생겨 수업에 더 충실할 수 있었다. 하지만 교사 수에 비해 행정 업무가 많아 바쁜 나날이기도 했다.

아이들의 만족도가 높은 학교의 숨은 공로자

나는 첫해 학교운영위원회 교사위원으로 민주적 학교 운영의 기틀을 마련하는 일에 힘을 기울였다. 때마침 국민의 정부가 들어서면서 교육부는 무시험전형 확대 등 2002학년도부터 시행될 새 대입제도에 따라 학교 교육을 크게 바꾸기 위한 '교육 비전 2002-새 학교문화 창조' 방안을 발표했다. '교육 비전 2002'는 교사 중심 교육에서 학생 중심의 학습활동으로, 판에 박힌 교육에서 스스로 하는 다양한 교육으로, 지식 위주의 교육에서 지·덕·체가 어우러지는 전인교육으로 바꾸기 위한 것이었다. 이에 따라 일선 학교는 다음 해 3월까지 해당되는 과제를 골라 실정에 맞게 실천 계획을 세워 시행해야 했다.

나는 그동안의 경험을 기초로 학부모·교사·학생이 함께 열어가는 민주적 학교공동체를 위한 교육계획서를 주도적으로 마련하고 민주적인 학교와 학운위, 학부모회 운영 등 학교 개혁에 앞장섰다. 다행히 관리자들의 관심과 지원이 큰 힘이 되었다. 특히 류○○ 교감 선생님은 기존의 교육 관료들이 보이는 사고의 경직성과 직무 수행에서의 제한된 역할을 넘어 새로운 학교문화 창조를 위한 창의적 학교 운영으로 민주적 학교공동체를 건설하고 신설 학교의 기반을 조성하는 데크게 기여했다. 개성과 창의성을 바탕으로 하는 교육과정 수립, 남녀 혼성반 운영, 수준별 이동 수업의 효율화를 위해 노력하고, 특별활동과 방과 후 교육활동, 민마루 축제와 학내 수련회 등을 적극 추진함으로써 교사들의 신뢰와 열의를 이끌어냈다.

그는 학운위의 필요성과 가치를 누구보다 앞서 인지하고 민주적 구성과 운영을 위해 모든 노력을 기울였다. 한편 민주적 학생회의 운영을 위해 학생회장 직선제 도입, 자발적인 학생회

1999학년도
교사·학부모·학생이 함께 열어 가는 민주적 학교 공동체
『교육비전 2002, 새 학교문화 창조』를 위한

교 육 계 획 서

대 전 문 지 중 학 교

새로운 학교문화 창조를 위한 교육계획서

사업 추진 지원 등 학생들의 요구도 적극 반영하도록 애씀으로써 학생들의 신뢰를 받았다. 한편 열린수업 공개, 교육부 지원 교과연구 공개 수업 개최, 교원정보화 자체 연수 등을 통해 학생지도를 위한 교사들의 근무 여건 개선과 연구 의욕을 고취하는 데 지원을 아끼지 않았다.

이에 문지중은 신설 학교였음에도 아이들의 만족도가 높았고, 1998학년도 대전광역시 학력평가에서 2위를 차지하는 등 학력에서도 뒤처지지 않았다.

사교육비를 절감한 최초의 사례

1998학년도 문지중의 학교 개혁을 추동하는 또 다른 역할을 해내는 데 큰 힘이 된 분이 있다. 학운위 조○○ 위원장이다. 조 위원장은 학부모 총회에서 민주적인 선출 과정을 통해 회장과 위원장이 되면서 학교 발전을 위한 많은 창조적 사업을 추진하여 큰 성과를 거두었다. 특히 학생들의 교복을 학부모의 희망을 바탕으로 입찰을 통해 공동 구매함으로써 학생 1인당 10만 원 정도의 경제적 부담을 절감했다. 어려운 경제 현실에서 전교생 240명이 약 2,400만 원의 학부모 사교육비를 절감하는 최초의 사례를 창출해 학부모의 지지와 환영을 이끌어냈다. 대전시 최초로 이루어진 문지중의 학생 교복 입찰 사례는 지역 및 전국 언론에 보도되고, 이후 점점 확산되는 계기를 만들어냈다. 또한 1998년 9월 학교발전기금 조성에 관한 교육부 시행지침이 발효되자 기존의 잘못된 학부모 기부금 관행을 개선하고 진정한 학교 발전을 위한 학부모들의 건강하고 자발적인 학교발전기금 조성을 위해 '학교 도서관 조성 사업과 운영을 위한 학교발전기금 운영 계획'을 마련해 추진했다.

학년 초에는 학부모 대의원회를 중심으로 '학부모회 운영기금 마련을 위한 일일 찻집'을 열어 그동안 특정 학부모들의 이익 집단화로 파행적으로 운영되어온 학부모회의 재정과 사업을 실질적으로 개선했다. 매월 초에는 학부모 대의원회를 열어 학부모들의 의견을 수렴해 학교 운영에 반영하고 협조하게 하는 등 건강하고 투명한 학부모 역할과 활동 사례를 만들어냈다. 또 월 1회 학부모회 및 학운위 신문인 〈민마루〉를 발간하여 학부모들에게 학교 운영과 학부모회의 사업 추진 내용을 상세히 알리고, 연 3회에 걸쳐 학부모 교육 강좌를 개최해 민주적인 학교공동체 발전을 위해 헌신했다.

나는 교사위원으로 이를 실현하기 위한 실무를 맡아 적극 지원했다. 또한 학생부를 맡아 지나치게 제한된 학생 용모 및 복장 규정을 완화하고, 민주적 학생회 구성을 위한 학생회 회장, 부회장 선출 행사

학운위 신문 〈민마루〉

계획을 마련해 시행했다. 동반 입후보자 선출 방식, 입후보자 자격 제한 완화(성적 50% 이내인 자로 근신 이상의 처벌을 받지 않은 자), 선출관리위원회 구성, 후보자 소견 발표, 기표소와 투표함 활용(선거관리위원회의 협조) 등이 주요 실천 내용이었다.

무엇보다 신설 학교의 첫해 학교 교육 계획을 평가·반성하고, 다음 해의 교육 계획 수립을 위한 토론회를 개최한 일이 뜻깊었다. 교사·학생·학부모가 함께 새로운 학교문화를 창조하기 위해 지혜를 모은 첫 사례였다. 우리는 토론 과정에서 아래의 내용들을 합의해 추진했다.

1999학년도 중점 추진 계획 및 실시 내용

① 학교운영위원회의 민주적 운영
• 월 1회 정기회의 개최 및 학교운영위원회 회의실 마련
• 학생회 대표의 학교운영위원회 참여 기회 제공

② 교원의 의사결정력 강화
• 교무부서 체제 개편안 마련 : 교과 전문·사무 행정부서 이원체제 도입
• 회의 체계 조정 : 부장회의 주 2회(월, 목), 전체 교직원회의 주 2회(월, 목), 교과협의회 주 1회(수), 학년협의회 주 2회(화, 금)로 회의 체계를 조정하여 교과 전문성, 학생 생활지도, 토론문화 강화
• 교안 검열, 주번교사제 폐지 : 교원 잡무 개선과 자율성, 전문성 강화
• 학급 환경미화심사제 폐지. 각종 잡부금 은행지로제 도입 잡무 경감
• 자율적 학급 경영권 보장(가정통신문 발송, 학급학부모회 소집권 등)

- 교사 업무 행정실 이관 : 학운위와 학부모회 관련 사무, 전·입학 관련 사무, 재학증명서 발급, 폐품 수집, 분리수거 등의 업무를 행정실로 이관

③ 학부모의 의사결정력 강화
- 학급 및 학년 학부모회 활성화
- 학부모회장과 학운위원장을 중심으로 한 이원 체제로 활동력 강화

④ 학생의 의사결정력 강화
- 유성구 선거관리위원회 지원으로 민주적 학생회 임원 선출 행사 실시
- 학생동아리 활동의 활성화 및 학생 자율규범 제정 실천

⑤ 학교 예산의 적극적 지원을 통한 토론문화 형성 노력
- 학운위와 학부모회 운영을 위한 예산 배정(실질적인 활동비 지원)
- 교원 전문성 신장 위한 예산 배정(학년협의회비, 교과 사무추진비 등)
- 학생자치 활동(학생회, 동아리 활동)의 실질적 운영을 위한 예산 배정(민마루 축제 지원비, 학년문집 제작비 등 포함)

⑥ 학교 축제문화 육성
- 학생동아리 활동 발표회, 클럽활동 발표회, 학급 전시관 운영
- 학예발표회

⑦ 학교 행사를 통한 토론문화 육성
- 반별 테마 중심의 수학여행 실시

- 학급별 전자앨범(CD) 제작
- 각종 행사에 학생과 학부모 참여 적극 지원

새로운 학교문화 창조를 위한 이 같은 노력들은 아이들을 위한 질 높은 교육으로 자연스럽게 연결되었다. 교과수업이 즐겁고 충실해지고, 학생회가 활성화되면서 동아리 활동도 풍성해졌다. 체육대회나 축제의 형식과 내용도 학생 참여 중심으로 변화되면서 아이들의 만족도가 높아졌다. 교사들의 연구활동도 활발해지고, 교사동아리도 활성화되었다. 나는 4년간 방과 후 교사 배드민턴동아리 활동을 통해 친목과 건강 증진과 함께 배드민턴 지도 능력을 배양할 수 있었다.

돌아보면 문지중 시절은 내 교직생활 중 가장 즐겁고 행복한 시절이었다. 그만큼 교육 주체들과 함께 학교 혁신 전문가인 교사로 성장할 수 있었기 때문이다.

독일 교육의 힘

21세기 교사탐색대 활동 보고

1998년 가을, 생각지 못한 즐거운 일이 찾아왔다. 해외 교사탐색대 공모에 당선되어 12월 초, 독일로 2주간 특별한 주제탐사 기행을 다녀오게 된 것이다.

한겨레신문사가 주최하고, 교육부와 LG그룹의 후원으로 이루어진 '21세기 교육 발전 모델을 위한 교사탐색대'의 모집 공문을 보는 순간 신선한 충격과 도전 욕구가 생겼다. 어려운 국가 경제 여건 속에서도 미래의 교육 투자라는 의미에서 새로운 교사 해외연수의 모델을 창출한다는 취지도 마음에 들었다. 더욱이 일선 학교 교육 현장에서 선생님들이 그동안 절실하게 피부로 느껴왔던 문제들을 선진국들의 교육 현장을 직접 탐색하며 그 해결책과 대안을 모색해본다는 것이 참 매력적으로 다가왔다.

'변법자강'이 공모에 당선된 비결

나는 짧은 준비 기간 속에서 어렵게 계획서를 마련해 공모에 참여했다. 21세기를 맞는 우리들이 현재 준비해야 할 일이 많지만 교육의 주체들인 교사, 학부모, 학생이 서로의 이해관계와 요구를 조화시켜 나가는 일이 무엇보다 시급하다는 생각에 '학교자치의 핵심, 학교운영위원회의 발전 모델 탐색'을 주제로 설정했다. 다른 나라의 발전된 제도와 내용을 받아들여 스스로 힘을 키워나간다는 뜻으로 조선 말의 실학자였던 연암 박지원 선생이 중국을 다녀와 쓴《열하일기》에서 강조한 '변법자강'을 우리 팀의 이름으로 정했다.

나의 계획서가 차별성과 충실성을 갖출 수 있었던 데는 신탄중앙중에서 함께 근무하다 교직을 그만두고 독일에서 미술 공부의 꿈을 안고 유학 중이던 이○○ 선생님의 역할이 컸다. 그의 도움으로 방문 일정과 방문 기관, 인터뷰 대상(학생, 교사, 교장, 학부모, 교원노조 책임자 등)을 미리 섭외해 구체적으로 계획서에 담을 수 있었다. 이 점이 당선의 비결이었다고 생각한다.

처음 경험하는 해외 교육탐색대 활동은 여행 경험이 많은 팀원과 이 선생님의 세심한 배려로 별 어려움 없이 소화할 수 있었다. 베를린의 학교와 교원노조 방문 시 인터뷰와 통역을 담당하고 자료까지 정리해준 김○○ 유학생의 도움도 컸다.

부족했던 사전 준비로 학교자치 활동의 구체적 운영에 대한 더 많은 사례를 구하지 못한 점은 아쉬웠다. 그런 가운데에서도 이틀간의 학교 방문을 통해 학교장·교사와 인터뷰 기회를 가졌고, 무엇보다 다양한 학년과 과목의 수업 참관을 통해 학교 교육을 탐색할 수 있었던 점은 다행이었다. 또한 교원노조 책임자와 이틀에 걸친 인터뷰를 통해 독일의 학교 교육과 교사제도 등에 관해 폭넓은 대화를 나눈 것은 특별한 의미가 있었다. 짧은 여행이었지만 그 어떤 제도나 체제에 대한 이론적 연구보다 현장의 실제 분위기를 있는 그대로 느껴보고 그 속에서 미래의 교육적 애정과 대안에 대한 느낌을 갖고 오면 좋겠다는 교사탐색대의 취지를 살릴 수 있어 좋았다.

주말을 이용해 체코의 프라하로 2박 3일간의 여행을 다녀올 수 있었던 것은 의외의 보너스였다. 체코의 학교를 방문하지 못한 것이 아쉬웠지만 독일과는 또 다른 동구권 국가의 분위기를 느낄 수 있었다.

독일 학교에서 가장 중시하는 것

독일의 학교자치와 통일 이후의 모습을 탐색하고 돌아와 내가 작성한 보고서가 〈한겨레신문〉(1999. 4. 28)에 '21세기 교사탐색대 보고서 10'이라는 제목으로 실렸는데, 아래는 그 내용의 일부다.

우리가 방문한 독일의 학교들은 교문도 없고, 운동장도 없다. 첨단 교육기자재도 없다. 교장실과 교무실이 다 합쳐야 교실 한 칸 조금 더 될 뿐이다. 이런 독일의 학교에서 가장 중시하는 것은 '사람'이다. 11학년(고2)만 되면 교사는 학생들에게 '당신(Sie)'이라는 존칭을 붙여 주고, 성인 대접을 한다. 그리고 지각을 하든 수업을 빼먹든 자율적 판단과 책임에 맡긴다. 그렇다고 공부를 소홀히 하는 학생들은 없다. 대학 입학 자격

시험인 아비투어에 합격해야 독일 사회의 기본적인 교양과 지식을 갖춘 사람으로 인정을 받고, 대학 진학은 물론 취직도 훨씬 쉽기 때문이다.

사람을 다루는 교사가 되기 위해서는 아비투어를 거쳐 6년의 대학 과정과 1차 국가고시 후 2년의 수습교사를 거친다. 다시 2차 국가고시를 거쳐 정식 교사가 되려면 일러도 나이 서른이 돼야 한다. 이 때문에 김나지움 교사와 대학교수가 서로 교환해서 학생을 가르치는 것이 보통일 정도로 교사의 전문성이 인정된다. 모든 교사들은 보통 2개 이상의 교과 자격증을 갖고 있고, 수업 이외의 잡무가 없다. 교장과 교감도 주당 10~15시간의 수업을 담당하는 것이 보통이다. 교육자는 가르치는 것이 본업이라는 평범한 명제가 통용되는 것이다.

학교 내의 갈등은 '학교자치'의 활성화로 풀어간다. 학부모회, 교사회, 학생회의 민주적 선거를 통해 각각 4인의 대표로 구성된 학교협의회에서 학교 운영의 일반적인 사항들을 협의하고 결정한다. 학생자치위원회에서 학생들의 투표를 통해 두 교사 중 한 명을 상담 교사로 선정할 수 있다. 상담은 쉬는 시간을 이용해 약속하고 방과 후 상담한다. 학생이 상담을 신청한다는 것은 교사를 신뢰한다는 것이다.

오전 8시에 시작되는 수업은 늦어도 오후 2시에는 끝난다. 이후부터 자율적인 시간을 보장받는 독일의 학생들이지만 다양한 동아리 활동과 자기주도적 학습, 그리고 다양한 체험학습을 통해 기본적인 교양과 지식을 배워 나간다. 언제나 이용할 수 있는 사회체육시설과 공공도서관, 교실수업을 내면화할 수 있는 많은 현장 학습장이 모두 교실로 제공되는 사회 체제가 독일 교육의 또 다른 힘이었다.

학생과 교사를 존중하는 독일의 사람 중심 교육은 자율성과 전문성을 중시하는 학교문화를 만들고, 학교 운영의 민주적 협의가 이루어져 학교자치를 실천하고 있었다. 한편 분단을 경험한 독일의 통일교육 사례도 깊은 인상을 주었는데, 이에 대한 나의 보고서 내용은 같은 신문에 박스 기사로 실렸다.

'부끄러운 역사도 배우고 가르쳐야 한다.' 이런 정신으로 통일 뒤의 사회통합을 가속화시켜온 독일 통일교육의 철학은 '평화'와 '공존'이다. 우리가 베를린시 교외 오라니엔부르크에 자리 잡은 '전쟁기념유적지'(2차대전 때 독일군 게슈타포 사령부 주둔지)를 방문했을 때다. 현장수업의

〈한겨레신문〉에 소개된 '21세기 교사탐색대 보고서'

하나로 학생들을 인솔하고 온 단데스키 교사는 "잘못된 역사에 대한 철저한 현장 보존과 반성을 통해 미래의 더욱 성숙한 인간을 길러내는 것이 우리 교사들의 몫이다."라고 말해 우리를 숙연하게 만들었다.

이런 현장수업은 교실로 그대로 이어진다. 베를린시 베딩구의 레싱 김나지움에서 사회과를 담당한 라인만 교사의 13학년 수업의 주제는 '히틀러 시대의 위임법에 대한 분석과 고찰'이었다. 교사가 미리 제시한 과제에 대해 학생들이 준비해온 탐구 자료를 바탕으로 치열한 토론수업이 진행되었다. 교과서는 없다. 물론 교사는 위정자에게 국민의 기본권을 위임한 내용인 위임법과 관련된 몇 가지 자료를 학생들에게 제시했다. 학생들이 이를 토대로 자기 의견을 밝힌다.

"헌법에 보장된 국민의 기본권을 침해하는 악법이다.", "나약한 국민대중은 강력한 카리스마를 지닌 히틀러의 요구를 기꺼이 수용했다.", "무지한 대중은 위임법이 가져온 엄청난 재앙을 예견할 수 없었다." 끝없이 이어지는 학생들의 90분에 걸친 토론식 수업에 교사는 히틀러라는 독재자가 독일 역사와 민중에게 끼친 분단과 죄악의 단초로서 위임법의 반민주성을 지적하면서 수업을 끝냈다. 학생들의 리포트와 발표 태도는 당연히 평가 자료가 된다.

새로운 교육의 희망을 보다

2주간의 학교자치와 통일교육을 주제로 한 교사탐색대 활동은 내게 학교 혁신 전문가로서의 교사의 삶과 성장에 또 하나의 뜻깊은 계기가 되었다. 전교조와 학운위 활동을 통해 교육 주체들이 함께하는 민주적인 학교 운영과 왜곡된 교장승진제의 대안인 교장선출보직제 실현, 교과교육과 수업 방법 개선을 위한 나의 노력에 새로운 희망과 대안을 제시해준 소중한 기회였던 것이다.

특히 독일 교육 현장에서 직접 체험한 교사회·학생회·학부모회의 제도적 장치와 협력, 담임제도가 없는 학생 자율 능력에 대한 믿음, 수업하는 교장상, 행정실이 필요 없는 지방교육과 학교자치, 운동장 없는 작은 학급과 학교, 토론으로 배움이 꽃피는 90분의 질 높은 수업, 이른 하교 후 학생들의 다양한 사회교육 활동, 평화와 공존을 위한 통일교육과 다문화교육 등에서 깊은 인상을 받았다. 그 밖에도 대학 무시험전형, 교사별평가제에 대한 학부모의 신뢰, 질 높은 교사양성제도 등의 장점과 독일이 갖고 있는 다양한 문제와 현안을 인식하고 해결하기 위한 그들의 노력을 엿볼 수 있어 좋은 경험이 되었다.

아직도 입시경쟁 교육 속에 매몰되어 있는 우리의 교육 현실 속에서 독일의 학교 교육 현장은 본받을 점이 많았다(보다 자세한 내용은 블로그 blog.naver.com/ske0419 참조).

작지한 향기로운 아이들의 이야기

첫 학생회 신문 〈선향나무〉와 학년문집 《민마루》

나는 문지중 개교 때부터 학생회 지도교사로 활동했다. 입시경쟁 교육과 경직된 관료 체제, 아이들을 미성숙한 존재로 바라보는 준비론적 학생관 등으로 대부분의 학생회 활동은 유명무실한 수준에 머물러 있었다. 나는 전민중 시절에 처음 도입한 학생임원 직선제의 실시 등 학생회 활동이 실질적으로 이루어지도록 정기적으로 학생대의원회의를 개최하여 학생회장의 공약 이행과 학생 여론의 반영이 가능하도록 지원했다.

학생자치 활동의 일환으로 학생회 신문인 〈선향나무〉를 편집부 아이들과 함께 발간했다. 이 신문을 통해 아이들의 다양한 의견과 글을 담아 학교의 주인으로서 아이들이 건강한 의식을 키울 수 있기를 기대했다. 학생동아리 활동도 적극 지원했는데, 1999학년도에 17개 동아리, 2000학년도에 11개의 동아리가 활동했다. 2001학년도에는 만

만화동아리 '리겔' 회지

화동아리 '리겔'(오리온자리의 1등성 별 이름)이 회원들의 작품을 모아 회지를 발간했다. 이때 나는 학교 예산을 신청해 발간비를 지원했다. 학생회 활동들을 지원하면서 아이들에게 민주 시민으로서의 자치활동 능력을 신장하는 일의 중요성을 인식하고, 동아리 활동이라는 공동 작업을 통해 자신의 흥미와 적성을 찾고 계발해나가는 일이야말로 가장 훌륭한 공부라는 점을 실천으로 깨닫게 해주고 싶었다.

그 아이들은 지금 무엇을 하고 있을까?

2000학년도에는 3학년 복수 담임을 맡았는데, 개교 때부터 정들었던 아이들과 1회 졸업생이라는 의미를 담아 학년문집 《민마루》를 발간했다. 지도교사로 회장(윤○○) 등 편집위원들과 겨울방학 내내 함께 작업했다.

두툼한 학년문집 속에는 문지중 3년을 돌아보는 아이들의 진솔하고 생생한 글들이 가득하다. 시, 수필, 여행기 등에 숨어 있는 보물을 발견하곤 감탄하기도 했다. 그 아이들은 어떻게 성장해 지금은 무엇을 하고 있을까?

여기에 당시 나의 반이었던 이○○가 일찍 세상을 떠난 친구를 생각하며 쓴 시를 싣는다.

그해 겨울, 죽은 친구를 생각하며

바람이 불지 않았다.
왜 불지 않느냐 이유도 없이
그저 불지 않았다.

미성년에서 성년으로 넘어가는 길목
언젠가 우리 가슴을 적시는 것은
추위가 아닌 바람이었다.
왜 내리지 않느냐 이유도 없이
그저 내리지 않았다.

지지는 않겠구나.
한겨울 모진 추위에 꽁꽁 얼어붙어
문드러지지는 않겠구나.
어느 하나 대수롭지 않은 것이 없었던
그해 겨울, 죽어 비로소 내 가슴에
정직하게 살아오는 사람이여.

나는 아직 숨 쉬고 있다.
악착같이 숨 쉬고 있다.

학년문집 《민마루》

이렇게 아이들의 마음을 담은 문집은 학교 당국의 예산 지원과 좋은 글까지 써준 담임선생님들의 참여로 첫 졸업생들에게 의미 있는 선물이 되었다.

우리들의 심금을 울린 《작향우이》

2002학년도에는 3학년 도덕 수업의 수행평가로 실시했던 예화 만들기의 작품으로 두 번째 교과문집이라 할 수 있는 예화 모음집 《작향우이(작지만 향기로운 우리들의 이야기)》를 발간했다. 나는 발간사에 아래와 같은 생각을 담았다.

우리들에게 주어진 삶을 살아가다 보면 참 많은 것을 경험하고 느끼고 생각하게 된다. 또한 우리들은 자신의 경험뿐만 아니라 다른 사람의 다양한 경험들 속에서 깊은 깨달음의 기회를 맞이하곤 한다.

하지만 자신의 체험 속에서 우러나오는 진실하고 솔직한 이야기에 담겨 있는 삶의 소중한 의미와 가치들은 다른 무엇보다 깊은 감동을 준다. 바로 나의 기쁨과 아픔이 생생하게 담겨 있기 때문인지 모르겠다. 아마도 그 감동이 거듭되는 과정 속에서 우리들은 좀 더 도덕적으로 성숙되어가는 것이 아닐까?

예화 모음집 《작향우이》

대전문지중학교 3학년 학생들의 애환과 실수와 갈등과 감동이 담겨 있는 다양한 체험에 기초한 예화들이 많은 이들에게 잔잔한 감동과 기쁨을 안겨줄 수 있다면 좋겠다.

그런 나의 기대에 부응하듯 감동이 듬뿍 담긴 예화들이 넘쳐났다. 성적표를 보여달라는 부모님에게 거짓말을 한 것이 부끄럽고 탄로 날 것이 두려워 새벽에 아파트 옥상까지 올라갔다 집에 돌아오자 조용히 엄마는 핫케이크를, 아빠는 매를 들어 자신을 감동시켰다는 이○○의 이야기, 술에 찌든 고모부의 모습이 싫어 돌아가셨다는 소식에도 덤덤했는데 자신이 어렸을 때 고모부가 늘 안고 다니면서 두 번째 아들이라며 끔찍이 귀여워해주었다는 것을 뒤늦게 알고는 후회했다는 남○○의 이야기, 두 달 전 태어난 동생의 잦은 울음소리 때문에 짜증을 냈지만 엄마의 품속에서는 이내 잠잠해지는 동생의 모습에서 모성애의 위대함을 느꼈다는 심○○의 이야기 등이 특히 심금을 울렸다(예화들은 블로그 blog.naver.com/ske0419 참조).

우리 학교는 우리가 바꾼다

첫 교내 교사연구회의 조직과 교육활동

1998학년도부터 도입된 교과교육연구회 지원 사업이 2000학년도부터 교육부에서 교육청으로 이관되었다. 물론 사업 예산의 60% 정도는 교육부가 지원했다. 2002년에 시교육청이 주최하고 대전교육과학연구원이 주관한 교과교육연구회 지원 사업은 교실수업 개선 분야에서 44개 팀을 선발 지원하는 것이었다. 그해는 내게 문지중 5년 순환근무제와 서부교육청 10년 근무제의 마지막 해이기도 했다.

학교 혁신에 나선
'대전문지중통합교과교육연구회'

나는 그동안 '대전도덕교사모임'의 학술팀 분야에서 연구활동을 해오다가 2002학년도에 처음으로 문지중 선생님들과 교실수업 개선을 위한 교과교육연구회를 조직해 사업에 참여했다. 같은 학교에서 근무하는 다양한 교과 담당 선생님들이 교실수업의 개선을 공통 주제로 연구·실천 활동을 일상화하는 것이 더 중요하리라 생각했기 때문이다. 나는 관심 있는 선생님들과 교사연구회 활동의 의의를 공유하고, 연구계획서를 작성해서 제출했고, 다행히 지원 대상 연구회로 선정되었다.

시 단위 중등 도덕·윤리 교사들의 참여로 이루어진 대전도덕교사모임과 달리 내가 몸담고 있는 학교의 교사들로 구성된 첫 교내 교사연구회는 대표를 맡은 나를 포함해 12명의 교사가 참여했다. 협의 결과, 연구 주제를 '주제별 통합교과교육을 위한 교수·학습 프로그램 구안 및 적용'으로 정하고 연구회 이름도 '대전문지중통합교과교육연구회'로 붙였다. 다양한 교과별 교사들이 공통의 주제를 각각의 교과에 연구·적용해 공동으로 실천해보자는 취지였다. 학교 운영에서 수동적 존재로 소외되어 있는 교사들의 현실을 극복하고 당당한 교육의 주체로 세우기 위한 학교 혁신의 일환이었다. 개별화되어 있는 교과 연구·실천 사례를 동료 교사들과 공유하며 수업과 아이들, 나아가 학교 운영의 바람직한 개선 방법을 이야기할 수 있다면 그 자체로 큰 의미가 있다고 생각했다.

나는 연구계획서에 통합교과교육이라는 주제에 대한 연구의 필요성을 아래와 같이 제시했다.

7차 교육과정은 통합교과 체제를 더욱 강화하고 있으며, 학교 재량시간 시수도 크게 늘어났다. 전통적인 교과 중심 수업에 젖어온 우리의 학교 교육에서 교과를 통합적으로 가르친다는 것은 큰 변화를 요구하는 일일 것이다. 한 교과만의 지식이나 경험을 가르치는 방식에서 벗어나 여러 분야의 내용을 서로 의미 있게 관련지어 가르치는 일이 그것이다. 이에 통합교육의 프로그램을 구안·적용하는 노력은 시대적 요청이다.

이에 따라 우리 연구회는 통합교과적 성격이 강한 인권과 양성평등 그리고 환경을 주제로 다양한 교과에서 수업지도안을 개발하고 적용했다. 나는 앞서 교과문집 제작에서 소개한 공익광고 및 노래 만들기, 예화 활용 두레활동을 통한 인권교육 사례를 보고서에 담았다. 그 밖에 인권과 양성평등을 주제로 한 장애인의 인권 탐구(국어과 김○○), 여성 수학자를 통해 본 학업 능력에서의 양성평등(수학과 김○), 점자와 암호 이론을 통한 장애인의 인권 체험(수학과 윤○○), 남녀 불평등 사례 탐구(사회과 김○○), 세계 각 지역의 인권 문제(사회과 배○○), 가족생활 주기의 단계별 발달 과업과 샌드위치 만들기(가정과 곽○○) 수업 사례를 담았다. 환경에서는 광합성의 과정과 삼림 파괴에 따른 영향과 대책(과학과 조○○), 협동학습을 통해 환경을 주제로 한 그림 그리기, 폐품을 활용한 조형물 만들기(미술과 정○○), 아마존 개발과 환경 문제의 지구적 확산 조별 탐구학습(사회과 배○○), 신문 자료를 활용한 환경 문제 조별 탐구활동(영어과 윤○○), 자연생태 보고서 만들기(컴퓨터과 전○○) 수업 사례를 실었다.

연구회의 한계와 가능성

우리는 통합교과교육 수업모형 구안 및 적용을 통하여 학습자 주도의 교육환경을 마련하고 학습자의 종합적 사고력, 문제해결 능력, 창의력, 자율성 등을 향상시켜 교실수업 개선의 새로운 계기를 마련하고자 했다. 하지만 통합교육에 대한 전문성 부족과 교육과정에 대한 연구의 어려움 등으로 처음 계획했던 연구 목적을 제대로 이루어내지 못했다. 반면 가르치고 배우는 일의 가치를 중시하고 실천을 즐거워하는 선생님들과 함께했던 시간들은 그 이상으로 좋았다. 교과 전문성 신장을 위한 고민과 구체적 실천 노력을 혼자만이 아닌 여럿이 더불어 해나가는 계기를 마련하고 작지만 소중한 성과물들을 만들어낼 수 있었던 것은 매우 의미 있는 일이었다. 승진을 위한 점수 따기식의 연구가 아닌 자발성에 기초한 연구회 모임의 취지를 공유하고 함께 이룬 것이기에 그렇다.

이후 교내 교사연구회 활동은 내가 퇴임하는 그날까지 지속적으로 이루어졌고, 나의 성장에 큰 힘이 되었다. 대전문지중학교 5년의 생활 또한 많은 영향을 끼친 즐겁고 보람 있는 기간이었다.

쇠퇴해가는 학교에 활기를

학부모와 교사가 함께한 도서관 활용 교육

2005년 1월, 전교조 대전지부장으로 2년간 활동하고 나서 다시 그리던 교단으로 돌아온 나는 새로 시작한 회덕중학교에서 두 번째 교내 교사연구회 활동을 준비했다.

인권을 살리는 교수학습과정안

전교조 조합원인 정○○ 선생님과 연구회 조직·운영과 관련해 호흡을 맞출 수 있었던 것은 내게 커다란 행운이었다. 정 선생님은 학교 여건과 학생들의 특성을 잘 파악하고 있었으며, 학생들뿐만 아니라 후배 교사들과의 원만한 관계로 신뢰를 얻고 있었다. 독서교육에도 남다른 열정을 보였다. 그 덕분에 과거 문지중의 사례를 기초로 '회덕중통합교과교육연구회'의 이름으로 교사연구회를 조직하고, 인권을 중심으로 '주제별 통합교과교육을 위한 교수·학습 프로그램의 구안 및 적용'을 위한 교과교육연구회 활동을 12명의 선생님들과 함께 시작할 수 있었다.

우리는 무엇보다 수업 및 생활지도의 어려움을 겪고 있는 회덕중의 상황을 고려했다. 무너져가는 학생 간, 학생과 교사 간 관계를 회복하고 학교폭력을 예방하고 해결하기 위한 실천적 노력이 시급했던 것이

교실수업 개선 연구활동 보고서(2005)

다. 인간의 기본 권리를 존중하며 인간으로서의 가치를 실현하는 가운데 행복한 삶을 영위하는 것이 무엇보다 중요한 일이기 때문이다.

아래의 글은 회덕중의 현실적 상황에서 왜 인권교육이 필요한지, 어떤 방향을 지향해야 하는지를 잘 담아내고 있다.

첫째, 현재 인권교육의 내용이 독립된 교과목 성립이 어렵다 하더라도, 기존의 교과에서 다루고 있는 내용을 체계화함으로써 독립 교과와 같이 구성할 수 있을 것이다.

둘째, 인권교육의 목적은 지식과 안목을 갖추고 그를 기초로 인간 행위의 양식을 몸소 실행에 옮김으로써 우리 사회의 전반적인 인권적 상황을 개선하는 것이 목적이다.

셋째, 인권이라는 가치는 개인의 권리를 가리키는 말임과 동시에 타인과의 관계 상황에서는 타인에 대한 개인의 의무의 성격을 띤다는 것을 고려해야 할 것이다.

비인권적 학교 교육환경, 특히 학습의 주체인 학생에 대한 비인권적 대우는 체벌에서부터 '입시 지옥'이라는 학교 교육의 구조적 모순에 이르며, 학교 교육환경의 인권적 개선은 인권교육과정을 개발하고 실시하는 일에 앞서 혹은 그와 병행하여 해결되어야 할 것이다.

＊출처 : 〈유 · 초 · 중 · 고 인권교육과정 개발 연구〉(서울대, 2003)

우리 연구회는 이러한 방향에 따라 통합교육의 연구를 진행하고 수업 실천 사례를 구축해 인권이 증진되는 학교 환경을 만들어가기 위한 지혜를 모아나갔다. 월 2회의 정기모임과 임시모임을 진행했고, 인권 관련 서적인 《땅콩 선생, 드디어 인권교육하다》를 읽고 토론하고, 인권운동사랑방에서 제작한 〈교사 인권교육 워크숍 자료집〉을 교재로 발제 및 토론을 하며 회원 자체 인권교육을 실시하고 교육과정을 구안·적용했다.

인권 교수학습과정안 구안 및 적용(승광은), 점자의 수학적 원리 학습 및 점자와 안내 체험(조○○), 인권 관련 영화감상 후 모둠활동(김○○), 외국인노동자·장애인·왕따 문제 등 모둠별 선택 소주제를 '작은 책'으로 만들어보는 활동(김○○), 산림 파괴의 영향과 대책 조사 발표하기, 약물 오·남용에 대한 연극하기(최○○), 가족생활 주기 관련 모둠학습, 샌드위치 만들기(윤○○), 4컷 만화그리기, 신문 만들기(이○○), 외국인노동자 인권의 이해 퀴즈대회(정○○), 법률과 우리 생활 속 양성평등 실천 방법 모둠활동(이○○), 흑인인권운동과 반전운동 등 소수자 인권 관련 팝송 배우기와 토론활동(김○○), 환경을 교과 단원과 연계해 신문 독자투고란 영문 작성하기(박○○), 인권을 연계한 가

즐거운 축제에 의미를 더해준 인권 전시회

락 짓기, 베토벤 일화와 인권선언 조항 찾기(김○○)가 그것이다.

수업 공개 및 강평회, 중간발표회, 축제에서 인권 관련 전시회 개최
도 진행했다. 무엇보다 정기적인 모임과 토론을 통해 학교폭력 등 각
종 생활지도 사안과 지혜로운 해결책을 모색하고 공동 실천하려 노력
할 수 있었다는 점이 의미가 있었다.

이해력이 부족한 학생들을 위한
독서교육 프로그램

2006학년도에는 교사연구회의 이름을 '회덕중도서관활용교육연
구회'로 변경해 11명의 회원 선생님들과 함께 '학교 도서관 활용 수
업을 통한 교과별 및 통합교과교육의 교수·학습 프로그램의 구안 및
적용'을 주제로 활동했다.

회덕중은 쇠퇴해가는 도심형 학교이면서 저소득층과 결손가정 자
녀들의 비중이 높아 학습과 생활지도에 어려움이 많은 특성을 보였
다. 또한 학교의 교사 수급 현황을 살펴보면 초임으로 발령받는 신규

교사들이 전체 교사의 절반을 차지하고 있었다. 이에 학교가 지니고 있는 지역적 특성이나 한계를 지혜롭게 극복하고, 작은 학교의 장점을 살린 바람직한 교수·학습 방법 개선을 위한 공동 실천 연구의 노력이 절실히 요구되고 있었다.

어려운 지역적·경제적 환경 등으로 아이들의 독서 수준은 낮은 편이었다. 자녀들의 독서에 부모들의 관심이 부족하고 체계적인 독서교육이 이루어지지 않아 책을 읽은 경험이 적다 보니 교과수업에서도 학습용어 이해력이 비교적 낮게 나타났다.

이러한 현실 분석을 바탕으로 지역의 교육 분위기를 쇄신하고 학생들의 종합적인 학습능력 향상을 위한 체계적이고 집중적인 독서교육 프로그램 개발의 필요성이 대두되었다. 우리는 교실수업 개선 노력과 함께 학교 운영 혁신을 위한 구체적 실천 방안을 적극 모색했다. 아울러 도서관의 방과 후 및 야간 개방을 통해 좀 더 많은 독서와 교과 학습 기회의 장을 마련해 학생들에게 미래에 대한 꿈과 희망을 갖게 하고, 즐거운 학교생활을 가꾸는 계기를 마련하는 데 주력했다.

회덕중의 도서관은 2004년 교육청의 지원을 받아 별관 3층의 도서 창고 수준인 도서실을 본관 1층에 교실 2개 규모의 도서관으로 확장 이전했다. 도서관의 규모에 비해 적은 양의 장서(2,831권)를 보유하고 있었으나, 한 학급이 조별활동을 할 수 있는 정도의 시설은 갖추고 있어 도서관을 활용한 수업이 가능했다.

우리는 열악한 지역의 교육 여건 개선과 지역적 특성을 고려하여 독서와 연계한 교육 방법을 구안·적용하고자 했다. 월 2회의 모임을 통해 도서관 활용 교육과 관련한 독서토론과 교과별 도서관 활용 수업지도안 및 아이디어를 발표하고 실천 방안을 모색했다. 나는 6월의 중간발표회에서 도덕과 수업을 공개했다.

도서관 활용 수업 교과별 개발 사례는 문헌 조사 및 정보 검색 학습, 도서 추천하기(김○○), 의사소통 관련 CF 제작을 위한 콘티 작성, 사진 촬영, 책 소개 및 사진 발표하기(김○○), 추천도서를 선정해 주제 탐구하기, 우리 문화 및 행복한 가족 여행지 조사하기(민○○), 도서관을 활용한 예화 만들기, 과제 탐구형 논술 학습(승광은), 청소년 실태에 대한 설문지 만들기, 인구 문제 등 주제 탐색하기(정○○), 정보 검색을 통해 소화기관에 관한 그림책 만들기(최○○), 응급처리 자료 탐색 및 실습하기(손○○), 도서 검색의 등장인물 의상 패널 만들기(윤○○), 동·서양 건축물의 특징 조사하기(이○○), 세계의 도시 모둠별 배낭여행 계획 짜기(김○○), 세계 명작 소책자 만들기, 사전 찾기와 책 요약 소개하기(박○○) 등이 있었다.

10월 25일부터는 16시 20분부터 20시 30분까지 방과 후 및 야간 도서관 개방을 실시했다. 연구회 회원과 학부모를 2인 1조로 지도교사를 배치했다. 아이들의 독서 능력과 인성교육, 자기주도적 학습의 장으로 활용해 책과 친해지고 학교생활의 즐거움과 미래의 꿈을 가꿀 수 있도록 했다.

이처럼 우리의 연구회 활동은 현실적으로 큰 성과를 기대하기 어려웠지만, 열악한 지역 여건을 딛고 작은 학교의 장점을 살려 좋은 학교를 만들어가려는 교사와 학부모들의 지혜와 열정이 모아진 것이었다.

나는 엄한 처벌에 반대합니다

생활지도부장의 '좋은 학교 만들기 운동'

회덕중은 계족산 자락에 위치한 유서 깊은 학교다. 2005년 1월 처음으로 찾았을 때부터 정감 어린 포근한 느낌을 받았다. 하지만 대전의 발전 방향이 서부로 이동함에 따라 소규모 학교가 되었고, 낙후된 지역 상황으로 학생들의 생활지도에 어려움이 많아 교사들이 선호하지 않는 학교가 되었다. 학급 수가 적은 상태에서 규정시수를 채워야 하기에 여러 학년의 수업을 지도하고 시험을 출제해야 하는 등 수업 및 행정 업무의 과중 등으로 근무 여건이 열악했다.

엇나가는 아이들을 어떻게?

내가 부임의 일성으로 "어떤 일도 마다하지 않겠다."고 하니 학교장이 "젊은 교사가 많아 생활지도부장을 맡고자 하는 사람이 없으니 어렵지만 부탁한다."고 해서 교직생활 처음으로 담임 없는 부장교사의 역할을 수행하게 되었다. 학교의 부장교사 경력은 승진 점수의 주요 항목이고 교장을 보필해서 행정 업무를 처리해야 하기에 교장의 신임이 없이는 부장교사를 맡을 수 없었다. 승진 줄서기를 거부해온 전교조 교사에게 생활지도부장을 부탁한 것은 그 자리를 원하는 사람이 없을 정도로 어려운 자리요, 역할이었기 때문이다.

회덕중에서는 어려운 환경 탓인지 학업에 집중하지 못하는 아이들이 많았고 교사의 훈육 방식에 반발하는 아이들도 있어 지도에 어려움이 가중되었다. 생활지도부장으로서 엄하게 아이들을 통제하고 질서를 잡아주길 바라는 이들이 많았지만 그럴 수 없었다. 나는 시간을 갖고 아이들을 이해하고 사랑으로 끌어안으려는 노력으로 만들어지는 아이들과의 신뢰관계에 기초한 생활지도 방식을 제안했다. 옛날과 달리 억누르면 더욱 반발하는 요즘 아이들이기에 그들의 이해와 요구를 민주적으로 수용해주면서 스스로 공동의 규칙을 준수하고 서로를 존중하는 생활 태도를 길러가도록 하고 싶었다.

그래서 학생회의 민주적 구성과 운영, 간부수련회 개최, 생활규정의 개정, 좋은 학교 만들기 캠페인, 학생동아리 활동, 교사연구회 활동, 수업 방식의 변화, 담임교사의 민주적 학급 운영, 지속적인 상담 활동 등의 노력을 경주했다. 하지만 쉬운 일이 아니었다. 생활지도 특성상 그 효과를 기대하기까지는 많은 시간을 요구하는 일이었기에 더욱 그러했다. 특히 초등학교 시절부터 이미 엇나가 있는 소수의 아이들 때문에 욕설과 싸움, 왕따, 도난, 성폭행 등 학교폭력 사건이 끊이지 않았다. 내가 생활지도부장을 맡으며 작성하기 시작한 생활지도일

회덕중 간부수련회. 국회의사당(위), 청와대

지에는 그런 사건들이 가득 적혀 있다. 생활지도부로 넘어오지 않고 담임교사 선에서 그친 사건들은 또 얼마나 많았겠는가. 최일선 학급 현장에서 아이들과 씨름했던 담임교사들의 헌신적인 노력은 이루 말할 수 없었을 것이다.

나는 징계를 최소화하고 담임 및 관련 부서의 지속적인 상담을 통한 생활지도로 사회적 현안이기도 한 학교폭력 문제에 지혜롭게 대응해나가고자 노력했다. 그럼에도 불구하고 3학년 몇몇 아이는 졸업 후에도 일탈 행위를 보이며 학교 주변을 맴돌면서 후배들과 흡연, 폭행, 금품 갈취와 절도 등의 문제를 야기했다. 담임교사, 학부모, 경찰 등과 함께 인간적 신뢰에 기초한 설득과 지도로 시간이 가면서 조금씩 나아지긴 했지만, 아이들은 어른들의 더 많은 관심과 책임을 요구하고 있었다. 때로는 교육적 처리 방식과 관련하여 동료나 후배 교사들과의 입장 차이로 어려움을 겪기도 했다. 좀 더 엄한 처벌이 필요하다는 불만 섞인 항의 표시에 나 자신도 한때 정체성의 혼란을 겪어야 했다. 당혹스러운 마음을 추스르고 후배 교사를 찾아가 나의 진심을 전하고 이해를 구했다. 부모의 학대 등 결손가정에서 자라며 깊어진 상처를 보듬어주는 교육적 지도는 오랜 인내와 사랑이 필요한 일임을 말이다.

그런 가운데에서도 처음으로 학생회 간부수련회를 청와대, 국회의 사당, 서울대 견학 일정으로 계획을 세워 추진했다. 아이들에게 민주적 리더십을 고취시켜 학교의 새로운 기풍을 세워나가는 데 자극제가 되기를 기대했다. 학생회를 통해 청소년기의 가장 중요한 생활 공간인 학교를 건강하고 즐거운 학습의 터전으로 가꾸는 데 앞장서고자 '좋은 학교 만들기 운동'도 추진했다. 하지만 큰 효과를 거두지는 못했다. 입시 위주의 교육 풍토 속에서 학생회의 자율적 활동에 대한 학교 당국의 관심과 지원에 한계가 있었기 때문이다. 나는 이에 굴하지 않고 방과 후 다양한 취미·특기·적성을 함께하는 학생들끼리의 자율적 활동을 통해 건강한 학생문화를 활성화하고 즐겁고 보람 있는 학교생활을 고취하기 위한 동아리 활동을 추진했다. 10개 동아리 122명의 학생들이 회원으로 참여했고, 활동 결과를 축제 때 발표하도록 했다.

동아리 활동이 만든
학교폭력 예방지도 우수 사례

아쉬움과 한계를 느끼며 첫 생활지도부장으로서 1년을 정신없이 보내고, 2006학년도에 생활지도부장 2년째를 맞았다. 전년도의 경험을 교훈 삼아 건강한 학생문화를 가꾸기 위한 방과 후 동아리 활동에 더 많은 힘을 기울였다. 이를 통해 학교폭력의 근본 원인을 제거하고 예방하는 실천 사례를 구축하고자 했다. 이를 학교의 '1교 1특색' 사업으로 선정해 '학생동아리 활동 활성화를 통한 즐거운 학교 만들기'를 교육 계획에 반영하고 학교 차원에서 적극 지원하도록 했다. 작은 학교의 부족한 예산 속에서도 100만 원을 동아리활동지원비로 책정하고, 4월부터 11개 동아리에 회원 수 132명(전체 학생 수의 31.96%)으로 본격 활동을 시작했다.

아래의 세 동아리는 교육청에 학교폭력 예방지도 우수 사례로 보고되었는데, 그 내용의 일부를 소개한다.

2학년 남학생 5명으로 구성된 밴드동아리 'REMIND'는 본교의 소위 짱이라는 학생이 실질적 리더로 그를 따르는 아이들이 함께했는데, 아이들이 좋아하는 지도교사와 아침, 점심, 오후 늦게까지 연습에 몰두했다. 2학년 학생들의 생활지도에서 가장 큰 어려움을 해결하는 데 도움이 됨으로써 동아리 활동을 통한 학교폭력 예방지도의 성과를 상징적으로 보여주었다.

아울러 또 다른 밴드동아리인 'B and W(Black and White)'는 2, 3학년 여학생 14명으로 구성된 동아리로, 비슷한 활동을 통해 긍정적 효과를 낳았다.

축구동아리 'Total 90'은 본교 3학년 남학생 22명이 소위 짱이라는 학생을 중심으로 활발히 활동하고 있다. 월드컵의 열기가 식은 후에도 지금까지 방과 후 시간을 활용하여 늦은 시간까지 땀을 흘리며 즐거운 학교 분위기를 이끌고 있다. 3학년 학생들의 학교폭력 관련 문제가 거의 일어나지 않는 등 학생들 스스로 모범적인 생활을 이끌어가는 모습이 돋보이는 동아리다.

　두 밴드동아리는 6개월의 짧은 활동 기간이었음에도 불구하고 자발적인 활동 의지를 발휘하여 최선을 다해 연습했고 학교의 가을 축제인 계족제 공연 무대에 올라 가장 큰 박수와 격려를 받았다.

　나는 학생들의 자발적인 동아리 활동을 활성화함으로써 학생들 스스로 주체적인 노력을 통해 학교폭력 문제의 근본 원인을 사전에 차단하고 예방할 수 있다는 것을 확인할 수 있었다. 다만 아직도 입시 위주의 교육 풍토 속에서 자신의 취미와 특기에 바탕한 자발적 동아리 활동의 근본 취지를 이해하지 못하는 학생과 학부모의 소극적 태도와 통제, 동아리 활동을 위한 장소 제공 및 예산 지원 부족, 교사의 지도 능력의 한계 등은 계속해서 해결해나가야 할 과제라 하겠다.

　나는 생활지도부장으로 2년을 보내며 우리 교육의 총체적 난맥상을 온몸으로 느끼고 한계를 절감하며 교사로서의 성장에 중요한 전환점을 맞이했다. 한마디로 정치·사회의 민주화와 함께 학교 개혁의 당위성을 더욱 절감하게 되었고, '학교를 어떻게 변화시킬 것인가'를 놓고 그 현실적 대안 마련을 갈망하게 되었던 것이다.

신선하고 치열한 개혁성의 현장

대안교육의 발견, 학교교육개혁연구회 연수

2006년 12월, 교사로서 나의 성장에 새로운 전환점을 맞게 되는 일이 있었다. 바로 학교와 교육 현장의 한계를 넘어서기 위한 국내외의 다양한 대안교육 사례들을 접하며 우물 밖의 세상을 만나는 신선한 충격을 경험한 것이다.

학교의 변화란 무엇인가

어느 날, '생명을 살리는 통전교육'을 주제로 학교교육개혁연구회가 주관하는 여섯 번째 이야기 마당이 열린다는 소식을 접했다. 통전교육은 인간의 정신과 물질을 조화롭게 가꾸는 교육을 뜻한다. 이 행사는 '대화와 실천을 위한 교육사랑방', '대안학교연대' 등이 함께 준비했다. 그 초대의 글에 이런 내용이 담겨 있었다.

학교교육개혁연구회는 우리 교육의 '아름다운 변화'를 위해서 지난 2002년 만들어진 모임으로, '학교를 단위로 한 변화란 무엇인가?'라는 물음하에 다음 7가지 지향성을 가지고 일해오고 있습니다.

- 학교와 학교 간의 대화와 교류, 협력을 촉진하기
- 교사 하나하나의 철학과 삶, 방법을 닦아나가기
- 이론과 현장 사이의 교류와 협동을 촉진하기
- 서로 간의 관점과 입장의 차이를 생산적인 것으로 만들어내기
- 작은 변화를 진지하게 받아들이기
- 통전적 시야를 확보하기
- 교육을 일종의 예술적 행위로 이해하기

3박 4일간 진행된 행사의 주요 내용은 내 가슴을 뛰게 했다. 행사는 아래의 강연을 비롯하여 학교별 대안교육 사례 발표와 전시회, 공연과 대안학교 방문 등으로 구성되었다.

- 최영란(이화여대 강사): 오토포이에시스와 자기주도적 학습
- 김세희(대안학교 '별'의 교사): 프랑스 생나제르 자주고등학교와 성장학교
- 고제순(흙처럼 아쉬람 대표): 흙집 짓기와 생태교육 공간
- 임세바스티안(성 베네딕도 신부): 영성적 메시지를 지닌 예술영화
- 이순용(이화여고 교사): 지리교육연구회 중남미 교육기행 프로젝트
- 조한규(자연농업연구소 소장): 자연농업과 생명교육

나는 이 같은 학교 개혁 연수에 참여하면서 내용의 신선함과 개혁

성, 치열함에 감동했다. '학교를 어떻게 변화시킬 것인가?'라는 과제를 해결하기 위한 대안을 모색하고 실천해온 이들의 선구자적 열정과 노력에 뜨거운 감정이 일었다. 또한 교육과 예술을 접목한 연수 형식에서 행복한 교육을 경험했다. 나는 연수에 다녀와서 대전도덕교사모임 카페에 이런 소감을 올렸다.

전국에서 모인 230여 분의 유아교육, 초 · 중 · 고 교육, 대안학교 교육에 관계하고 있는 선생님과 학생이 한자리에 모여 '학교를 어떻게 변화시킬 것인가? : 생명을 살리는 통전교육'을 주제로 다양하고 구체적인 실천 사례들을 발표하고, 고민과 대안을 함께 모색했습니다. 오늘날의 공교육에 절망하면서도 더욱 절실하게 희망을 꿈꾸고, 참으로 어렵게 실천을 모색해가고 있는 대안학교와 선생님들의 모습 속에서 너무도 편안하게 현실에 안주하며 변화를 주저하고 있는 자신을 발견하곤 한없이 미안한 생각이 들었지요.

위대한 교육혼과의 만남

연수의 또 다른 수확은 우리나라 교육의 아름다운 변화를 꿈꾸는 '대화와실천을위한 교육사랑방'이 그동안 대안교육과 개혁교육사상을 공부하고 펴낸 〈대안교육과 개혁교육사상 자료집〉을 얻게 된 것이었다. 자료집에 아래와 같은 안내 글이 실려 있었다.

'대화와실천을위한 교육사랑방'은 2005년 9월부터 2006년 12월까지 매월 첫 주 토요일 오후에 모여 '대안교육과 개혁교육사상'을 공부했고, 그 공부한 내용을 묶어 자료집을 냅니다.

1강 우리나라 대안교육, 2강 덴마크의 자유교육, 3강 러시아의 대안교육(톨스토이 자유교육), 4강 독일의 교육 개혁과 발도르프 교육학, 5강 프랑스의 프레네교육, 6강 영국 서머힐스쿨, 7강 이탈리아의 몬테소리교육, 8강 중남미의 개혁교육사상(프레이리 민중교육), 9강 미국의 대안교육(메트 스쿨과 알바니스쿨), 10강 인도의 비노바 바베의 교육 실천과 사상 1, 11강 인도의 비노바 바베의 교육 실천과 사상 2, 12강 태국의 어린이 마을학교 무반덱, 13강 일본의 대안교육(자유학원과 배움의공동체) 순입니다.

제천 간디학교, 꽃피는학교, 산마을학교, 마리학교, 풀무학교로 소풍도 갔고, '예술적 학교란 무엇인가? : 생명을 살리는 통전교육'을 주제로 워크숍도 열었습니다. 2007년에는 실천에 한 걸음 더 나아가기 위해 한 명의 사상가를 깊게 파고들기로 했습니다. 야누쉬 코르착을 읽을 것입니다. 그의 주저 《어떻게 아이들을 사랑해야 하는가》를 중심으로 위대한 교육혼을 만나볼 것입니다.

학교 혁신에 목표를 두고 입시경쟁 교육의 대안을 고민하며 교과연구와 민주적 학교공동체 실현을 위한 교사의 역할을 고민하던 나로서는 새로운 세상을 접한 신선한 충격과 감동을 받았다. 대화와실천을위한 교육사랑방이 그동안 대안교육과 개혁교육사상을 공부하고 펴낸 자료집은 매우 유용한 지침이 되어 입시경쟁 교육의 대안을 모색하는 학교 혁신 전문가로서의 교사로 성장하는 데 큰 자극제가 되었다.

〈대안교육과 개혁교육사상 자료집〉

아이들에게 행복한 배움을 선사하려면

학교 혁신을 위한 '새로운 학교 모임'

2006년부터 참여정부는 교육 혁신을 위한 자율학교의 제도적 도입을 예고했다. 경직된 학교 체제와 획일적 교육 내용으로 공교육에 대한 불신이 컸기에 학교의 자율성 확보로 다양하고 창의적인 교육활동을 지원할 필요가 있었던 것이다. 초중등교육법 제61조를 개정해 교육과정 운영 특례가 자율학교의 본질임을 명확하게 하고, 공교육 혁신 모델로서 현행의 자율학교 제도 개선 및 확산을 위한 2007~2010년 선도학교 지정 운영을 제도화했다. 학교장 공모, 교사 초빙으로 교원이 주도하는 학교 혁신 사례 창출, 학교헌장 공모를 통해 다양한 학교 혁신 아이디어의 현실화, 현행 자율학교 운영의 한계를 극복할 새로운 교육과정 운영과 자율학교 지원 체제를 구축하고자 했다. 이러한 자율학교의 모델로 프랑스의 교사 주도 공교육 내 대안교육운동인 '프레네학교', 독일의 현장 교원 주도의 공교육 개혁과 직업교육 쇄신을 위한 실험학교 '헬레네 랑에', 일본의 수업 중심 학교 개혁운동인 '배움의 공동체운동'을 소개했다.

더욱이 참여정부는 2005년 교육공무원법 개정을 통해 2007년 처음으로 시범 실시된 내부형 교장공모제에 교장 자격증이 없는 교사의 참여가 가능하도록 했다. 왜곡된 승진 경쟁에 따른 과열을 방지하고, 구성원들이 민주적 방식으로 뽑은 학교장을 통해 학교 개혁을 선도하고자 했다.

학교 교육의 대안을 찾는 '달팽이학교 프로젝트'

나는 2006년부터 기존의 전교조를 중심으로 한 교사·교육 운동의 발전적 방안을 모색하고, 대전 지역의 학교 개혁에 관심 있는 초·중·고 교사들과 함께 공교육의 새로운 희망을 모색하기 위한 '새로운 학교 모임'을 준비했다. 아이들의 행복한 배움을 책임지고 있는 교사로서 우리가 꿈꾸는 학교상과 그를 뒷받침할 교육철학과 교육과정을 공부하면서 대안을 제시하고 구체적 실천 역량을 키울 수 있어야 한다고 생각했다. 새로운 학교 모임이 꿈꾸는 학교 혁신의 방향 및 내용을 '달팽이학교 프로젝트'로 이름 붙이고 제안한 내용은 국내외 대안교육의 철학과 실천 사례를 공부하면서 현재 우리가 안고 있는 학교 교육의 문제를 해결해나가기 위한 현실적 대안들을 모색하는 것이었다. 교사의 정체성을 확립하여 아이들에게 행복한 배움을 안겨주기 위한

깊은 배움을 준 책 《학습의 자유》

노력의 일환이었다.

이후 정례적인 모임을 통해 국내외의 학교 개혁과 대안교육 사례들이 담긴 책을 접하며 새로운 학교상을 적극 모색했다. 이때 나에게 깊은 배움을 준 책은 《학습의 자유》(칼 로저스 저, 연문희 역), 《학교를 넘어선 학교》(엘리엇 레빈 저, 서울시대안교육센터 역), 《살아 있는 학교 어떻게 만들까》(크리스 메르코글리아노 저, 조응주 역), 《두려움과 배움은 함께 춤출 수 없다》(크리스 메르코글리아노 저, 공양희 역), 《가르칠 수 있는 용기》(파커 파머 저, 이종인·이은정 역), 《키노쿠니 어린이 마을》(호리 신이치로 저, 김은산 역), 《핀란드 교육혁명》(한국 교육네트워크 편) 등이었다. 특히 《학습의 자유》에서는 초등학교 교사가 아이들 스스로 자신이 하고 싶은 일을 중심으로 일주일간의 학습계획서를 작성하고 스스로 공부하고 평가하게 하며, 자신은 이를 믿고 간섭하지 않고 도움을 요청할 때를 기다리며 지원하는 모습을 담았는데, 일부 학부모와 교육 당국의 우려와 비난을 아이들의 행복한 배움으로 극복해가는 교육에 대한 교사의 본질적 가치 추구가 감동적이었다.

학교 혁신 전문가로서의
성장을 위한 실질적 모델

나는 이러한 대안교육의 실천 사례들을 학습하면서 새로운 학교 운영을 위한 학교 혁신 전문가로서의 교사 성장이라는 또 다른 길을 걸을 수 있는 철학적 기초와 실질적 모델을 확인할 수 있었다. 또한 입시 경쟁 교육과 행정 중심 관료 체제로 상징되는 현재의 왜곡된 학교 구조를 혁신하고 교육 주체들의 민주적 참여로 이루어지는 새로운 학교를 현실에서 구현하기 위한 다양한 방안을 모색해나갈 수 있었다.

죽어가는 학교 교육에
생명을 불어넣자!

우리의 꿈 '교장공모제' 도전과 실패

2007학년도부터는 대전동화중학교에서의 근무가 시작되었다. 회덕중의 학생 수 감소에 따른 학급 축소로 도덕과 교사 정원이 1명 줄어들었고, 먼저 온 내가 학교를 옮기게 된 것이다.

바뀌지 않는 학교장의 교육관

대전동화중학교는 2006학년도에 개교한 신설 학교로 새로 조성된 테크노밸리아파트 안에 위치했다. 중산층 가정의 자녀들이 대부분인 학생들은 학력도 높고 생활 태도도 비교적 순종적이었다. 학교에 부임하니 여교장 선생님이 나에게 "어렵지만 생활지도부장을 맡고자 하는 사람이 없으니 부탁드린다."며 간청했다. 나는 "전임교에서 그런 사정으로 2년간 생활지도부장을 했으나 엄한 훈육이 아닌 민주적 학생관에 따른 생활지도로 학교장과 여러 선생님들의 불만이 있었다."
며 극구 사양했다. 그런데도 "대화로 풀어가면 될 것이다."라는 교장
의 거듭된 요청에 "나의 생활지도 철학을 바꾸기 어려우니 그래도 괜
찮다면 받아들이겠다."고 대답했다. 그렇게 해서 다시 2년간 생활지
도부장으로서의 학교생활이 시작되었다.

하지만 이후 학교장과의 대화는 원만하게 풀리지 못했다. 수십 년
동안 굳어진 교육관이 그리 쉽게 바뀌겠는가. 나와 상의도 없이 체육
선생님들을 앞세워 이루어지는 체벌이 동반된 엄한 훈육 방식의 생활
지도로 새 학기 초부터 마찰이 빚어졌다. 나는 시교육청의 공문까지
들고 가서 체벌 금지, 민주적 생활규정 제정과 이행, 학생자치 활동
지원을 강력히 요구했지만 서로 목소리만 높아질 뿐이었다.

또한 나는 학운위 교사위원으로 학교장의 독단적 비민주적 교육을
견제할 책무가 있었다. 학교 개혁을 위한 교사의 민주적 역량과 수업
전문성을 신장하고, 아이들의 변화된 기대를 충족시키기 위한 역할에
도 앞장서야 했다.

예상했던 우려가 현실로

2007년 1학기에 대전시교육청은 소극적이나마 참여정부의 교육
정책인 교장공모제의 실시에 들어갔다. 신설 학교인 대전용산초에 9
월부터 임기가 시작되는 내부형 교장 공모에 착수한 것이다. 내부형
은 교장 자격증이 없어도 15년 이상의 교사 경력이 있으면 누구나 응

모가 가능했다.

나는 2006년부터 학교 개혁을 위한 '새로운 학교 모임'을 통해 교장공모제에 대한 토론과 연구를 해왔다. 교장공모제 학교로 자동 지정되는 자율학교를 통해 학교 개혁의 점진적 발걸음에 동참할 당위성이 있다고 생각했기 때문이다. 우리 모임의 김○○ 선생님과 함께 만든 대전용산초 학교경영계획서가 서류전형을 통과하고 심층면접을 준비하는 과정에서 나는 교장공모제에 응모한 동기, 자율학교의 상을 아래와 같이 정리해 제안했다.

죽어가고 있는 학교 교육에 새로운 생명을 불어넣고 싶습니다. 그 생명은 아이들에게 진정한 학습의 즐거움을 깨닫게 하는 일입니다. 더불어 함께하는 참삶을 가꿀 수 있도록 돕는 일입니다. 그 중심에 교사들의 신명과 자발성이 있습니다. 저는 그를 위해 왜곡된 승진제도를 거부하고 일선 교사로서 교육운동의 중심에서 학교 개혁을 위한 큰 그림을 그려왔습니다. 준비된 21세기 공교육 혁신 선도학교의 상을 당당히 펼쳐 보이겠습니다.

자율학교는 초중등교육법 제61조에 의해 학교 교육제도의 개선과 발전을 위해 필요하다고 인정되는 경우 학교 및 교육과정 운영의 특례를 인정하는 학교입니다. 따라서 준비된 학교 혁신의 상이 절대적으로 중요합니다. 수업하는 교장상, 교무실과 행정실의 통합 시스템에 기초한 전면적인 교수학습지원 시스템 구축, 협동학습과 프로젝트학습을 중심으로 하는 교육과정의 혁신, 학교자치의 실현 등으로 학교 혁신의 차별성을 준비했습니다.

그런데 시교육청에서 실시한 심층면접에서 예상했던 우려가 현실로 나타났다. 신설 학교는 기존 학교와 달리 학교운영위원을 중심으로 심사위원회를 구성하는 대상이 아니었다. 교육청이 선정한 관료와 보수적 지역 인사 등으로 심사위원회가 구성되었던 것이다. 그들에게는 교장 자격증이 중요했고, 현행 승진 구조가 편안했으며, 수업하는 교장상은 불온한 도전이었고, 교수·학습 중심의 교단문화는 행정 중심 문화의 기존 질서를 깨뜨리는 것이었다. 그들의 입맛에 우리의 학교경영계획이 맞을 리 없었다. 결국 용산초 교장공모에서 탈락하고 말았다.

이듬해 나는 신설 학교인 대전관평중학교에 학교경영계획서를 제출했다. 하지만 서류면접에서 탈락해 심층면접 자리에는 나설 기회조차 얻지 못했다. 물론 우리의 학교경영계획이 미흡하고 실현 가능성이 약한 측면도 있었을지 모른다. 하지만 그보다는 높고 단단한 현실의 벽이 더 큰 원인이었다. 어쨌든 우리에게는 우리가 꿈꾸는 새로운 학교의 모습을 보다 구체적으로 논의하고 제안할 수 있었다는 면에서 학교 혁신 전문가로서 교사의 성장에 소중한 경험이 되었다.

2008년 이명박 실용정부가 들어서고 보수 회귀 교육 정책이 실시되면서 교장공모제 등 학교 개혁 정책들이 다시 원점으로 돌아가게 되었다. 대전 지역의 보수적 교육감에게는 더더욱 기대할 것이 없었다. 나는 학교 개혁을 위한 새로운 학교 모임의 또 다른 발전적 전망을 모색하는 한편, 학교 내 교사연구회의 질적 변화를 도모하기 위한 노력을 통해 교사 성장의 새로운 전환점을 맞이했다.

공립 대안학교를 허하라

아래로부터의 학교개혁운동 '새로운학교대전네트워크'

2009년 6월, 대전에서 전국 단위 조직인 '새로운학교네트워크' 창립 행사가 열렸다. 전국의 각 시도에서 추진되고 있던 자율적인 학교 개혁 실천 사례를 공유하고 이를 전국적인 통일 사업으로 확대 추진할 수 있는 조직이 만들어지는 순간이었다. 교사 중심의 아래로부터의 학교개혁운동이라는 점에서 그 느낌이 새로웠다.

그동안에는 일부 전교조 선생님들이 참교육 실현과 민주적인 학교를 만들기 위한 활동을 전개하고, 학교개혁운동의 성과를 바탕으로 공교육 체제 전반에 걸쳐 참교육의 구체적이고 체계적인 활동 내용을 전파하고 확산시켜나가려는 움직임을 보여왔다. 주로 폐교 위기에 처한 농산어촌의 작은 학교를 중심으로 전개되었는데, 남한산초등학교를 비롯해 학교 개혁의 성공 사례가 속속 등장하면서 정부와 지역 교육청에서도 학교 혁신의 모델로 삼는 데까지 이르게 되었다. 2007년부터는 교장공모제 시범 실시를 지렛대 삼아 실천 활동을 확대하기에 이르렀다.

이 운동의 주체들은 학교개혁운동을 정부에 의해 주도되는 학교 개혁과 구분하기 위해 '새로운 학교운동'이라는 명칭을 붙이게 되었다. 그들은 국내의 대안학교 프로그램들과 프랑스의 프레네학교, 일본의 배움의공동체, 핀란드와 스웨덴을 비롯한 북유럽 국가들의 학교 개혁 사례들을 공부하며 우리의 조건에 맞는 학교 개혁 방안에 대해 연구하고 이를 실천하여 학교 개혁 모델을 창출하고자 노력했다. 그 결과, 경기 지역의 '스쿨디자인 21'을 필두로 각 지역에 새로운 학교를 추구하는 연구와 실천 조직이 생성, 확산되었으며, 이를 바탕으로 네트워크를 구성하여 새로운 학교운동 전체의 소통과 나눔의 구조를 만드는 단계로 발전하게 되었다. 이러한 움직임이 대전 지역에서는 내가 앞서 소개한 '새로운 학교 모임'으로 나타났던 것이다.

혁신학교의 모델 '이우학교'

나는 그동안 뜻을 같이하는 선생님들과 전국 단위의 새로운학교네트워크와 연계하면서 대전 지역의 독자적인 새로운 학교운동의 구심 역할을 할 새로운 조직을 만들기 위한 협의와 연구를 지속했다.

2006년부터 시작된 새로운 학교 모임은 우리가 꿈꾸는 새로운 학교의 운영 철학과 교육과정을 마련하기 위해 수많은 연구와 토론을 거쳤다. 그 가운데 접하게 된 남한산초등학교의 사례와 분당 이우학교의 설립 과정 및 6년의 학교 운영을 담은 《이우학교 이야기》는 우리의 마음을 설레게 하기에 충분했다. 새로운 학교를 꿈꾸는 100명의 설립자들이 힘을 모아 학교법인을 만들고 학교를 세운 것이다. 입시경쟁 교육의 대안을 모색하고 실현하기 위해 이우학교는 사교육 포기 각서를 받았고, 토론과 프로젝트학습, 학습동아리 활동을 통한 협력학습, 부모의 학습 참가 등 배움 중심의 교육과정 운영으로 혁신학교의 모델이 되었다.

우리는 2009년 10월에 개정된 '대안학교 설립 및 운영에 관한 법률' 내용에도 주목했다. 대안교육에 대한 시대적 요청에 따라 이제는 시도 교육청이 공립대안학교를 설립·운영하는 것이 가능해진 것이다. 국어와 사회 과목만 50% 이상 운영하면 자유로운 교육과정 운영이 가능하고, 학생과 교사의 전출입도 문제가 없었다. 자격 있는 단체에 위탁 운영도 가능해졌다. 이에 부응해 대전에서는 뜻있는 학부모와 시민단체가 힘을 모아 비영리사단법인을 설립함으로써 공립대안학교의 운영에 대한 기대가 높아지게 되었다.

거부당한 '대전자유학교(가칭) 설립 운영 제안서'

우리는 타 시도의 혁신학교 사례를 들어 공립대안학교 설립·운영을 시교육청에 요구하는 것이 좋겠다고 판단했다. 폐교 시설 등에 남아 있는 교실을 활용해 초·중·고 통합형 공립대안학교를 만든다면 그리 어려운 일이 아니라고 본 것이다. 새로운 학교의 설립 방향을 공립대안학교, 사립인가형대안학교, 공립자율학교, 특성화학교로 잡고 이를 실현하기 위한 조직으로 '새로운학교대전네트워크' 설립을 추진했다. 이를 위해서는 교사, 학부모, 시민단체 등이 힘을 모아 시교육청을 설득할 필요가 있었고, 그에 따라 새로운 조직을 만들어 활동하기 위한 준비에 박차를 가했다.

2009년 가을 무렵, 가칭 '대전자유학교' 설립을 위한 새로운학교대전네트워크 추진위원 모집에 들어갔다. 리플릿도 4,000부를 제작해 홍보에 적극 나섰다. 마침내 2010년 2월 20일, 대전시립미술관 강당에서 새로운학교대전네트워크 창립 행사를 열고 본격적인 활동을 시작했다. 그리고 1년 후, 6개의 지역 시민단체와 3명의 공동대표, 28명의 운영위원, 7명의 자문위원, 정회원 69명, 카페회원 600명에 이르는 조직으로 발전했다.

나는 창립선언문을 기초하고, '21C 공립대안학교 대전자유학교(가칭) 설립 운영 제안서'를 만들어 대전 지역의 언론과 시민들에게 알리고 시교육청에 정책 제안을 요청했다. 때마침 민선 교육감 선거가 임박해 후보자들에게 우리의 제안 내용을 공약에 반영해줄 것을 요청하는 작업도 했다. 대부분의 후보자들이 교육 개혁과 학교 혁신의 차원에서 적극 검토하고 추진하겠다는 약속을 했지만, 보수 진영의 유력후보자는 아예 만남조차 거부했다.

공립대안학교 설립·운영에 대한 학부모와 지역 언론의 관심은 상당히 높았다. 신문, 방송, 시민단체 등의 관심과 요청에 따른 인터뷰

'새로운학교대전네트워크' 창립

와 취재도 잇달았다. 그런 면에서 우리의 시도와 노력은 대안교육의
공교육 진입이라는 면에서 보수적 지역의 교육 풍토에 균열을 내고,
공립대안학교와 혁신학교를 중심으로 하는 새로운 학교에 대한 공감
대를 조성하는 것과 더불어 정책적 압력을 높이는 긍정적 효과를 발
휘했다고 할 수 있다.

우리는 성급했고
현실은 수동적이었다

새로운 학교운동의 실패에서 얻은 교훈

대전 지역의 공립대안학교 설립·운영을 위한 새로운학교대전네트워크 활동은 뒤에서 이야기할 배움의공동체연구회와 계절학교 활동 등의 소중한 결실에도 불구하고 결국 실패로 돌아갔다. 공동대표의 한 사람이었던 나로서는 참으로 가슴 아픈 일이지만, 분명 실패의 이유는 있었고 몇 가지 교훈을 얻을 수 있었다.

희망이 실망으로 변한 까닭

먼저, 새로운 학교의 비전과 목표 설정에 대한 현실적 조건의 분석과 평가가 미흡했다는 점이다. '초·중·고 통합형 공립대안학교'는 이를 설립할 시교육청(교육감)의 추진 의지가 명확하지 않으면 공허한 주문에 불과할 수 있다. 그런데 현 공교육 체제에 안주하고 있던 보수 교육감에게 이는 관심 밖 사안이었다. 그나마 관심을 갖고 있던 부교육감과의 면담에서 확인했던 공립대안학교 설립 의지도 지역 주민의 반발 등을 이유로 지지부진한 상태가 되었다. 결국 나를 비롯한 운영위원들은 공립대안학교에 대한 현실적 전망의 부재 상태에서 성급한 희망과 기대를 부풀린 셈이었다. 현실을 직시하지 못한 안이한 판단과 준비 부족 등 책임을 통감했다. 이우학교처럼 특성화사립학교의 상을 명확히 해 사업을 추진하는 열정과 헌신도 보여주지 못했다.

다음으로, 새로운학교대전네트워크의 법인화에 대한 현실적 조건의 분석과 평가도 미흡했다. 이우학교의 설립과 운영에 주도적으로 참여했던 이광호 소장은 사립학교법인의 설립과 학교 운영이 대단히 복잡하고 어려운 일임을 충고했다. 이우학교의 경우 100명의 발기인이 1억씩 모두 100억 원을 출연해 새로운 학교의 꿈을 현실화해보고자 했음에도 불구하고 숱한 이해관계의 충돌과 적자로 개교 6년을 맞은 지금까지 어려움을 겪고 있다고 말했다. 그에 비추어 우리의 경우에는 비영리사단법인 설립을 위한 1억 원의 출연금을 마련하는 일조차 쉽지 않았다. 학교법인을 설립하는 문제는 더더욱 어려운 일일 수밖에 없었다. 공립대안학교 위탁 운영의 기본 요건조차 갖추지 못했던 것이다.

그다음으로, 새로운학교대전네트워크의 설립과 사업 추진의 주체로 학부모와 시민을 세우지 못한 점이다. 우리는 입시경쟁 교육을 넘어 참교육을 원하는 시민들의 지지와 참여를 이끌어내지 못했다. 오히려 현직 공무원 신분인 교사들이 주체가 되어 모든 일을 추진하다

보니 활동에서 제약과 한계를 노출하는 경우가 많았다. 시교육청의 공립대안학교 설립에 대한 기대마저 표류하고, 법인 설립조차 난망해지면서 관심 있는 학부모와 시민까지 하나둘 멀어져갔다.

마지막으로, 시민의 기대를 정치적 요구로 모아내고 이를 실현하고자 하는 로드맵도 미흡했다. 그러다 보니 교육감 선거 국면에서도 새로운 학교(공립대안학교, 혁신학교 등)에 대한 정책 공약 제안에 머물렀을 뿐 유력한 후보를 당선시킬 정치적 역량을 발휘할 수 없었다. 결국 보수 교육감의 재선과 함께 우리의 희망도 실망으로 바뀌는 수동적 운동에 머물고 말았다.

협동조합대안학교에 주목하다

2015년 봄, 나는 새로운학교대전네트워크 사무국회의에 현 조직을 발전적으로 해체하고 차후 협동조합대안학교 설립·운영을 모색해보자는 제안서를 냈다. 초·중·고 통합형 공립대안학교에 대한 섣부른 기대에서 비롯된 판단 미숙과 사단법인 설립의 현실적 어려움 속에서 나는 자본주의의 대안인 협동조합 정신과 사례에 주목했고, 도심 속 협동조합대안학교의 실현 가능성에 무게를 두게 된 것이다.

우리는 토론 끝에 활동 중단을 공식화했고, 새로운 학교에 대한 나의 관심은 자연스럽게 협동조합대안학교로 옮겨갔다. 그와 동시에 차기 교육감 선거에서는 대전 지역 진보교육의 토대를 구축하고 이를 실현하기 위한 나름의 적극적인 모색과 역할이 필요함을 더욱 깊이 인식하게 되었다.

행복한 배움의공동체학교를 실현하다

우리가 꿈꾸는 새로운 학교는 어떤 모습인가? 아이들과 교사들, 학부모들은 어떤 배움의공동체를 이루어낼 수 있는가? 우리가 생각하는 새로운 학교는 희망에 불과한 신기루 아닌가?

나는 이러한 질문과 고민에 현실적 해답을 얻고 싶었다. 국가 주도의 교육과정이 지배하는 공교육 내에서 입시경쟁 교육의 대안을 모색하며 행복한 배움을 꿈꾸는 우리의 노력이 현실화될 수 있다는 가능성을 증명하고 싶었다. 이미 타 지역에서 혁신학교 등의 이름으로 현실화되고 있는 새로운 학교를 맞이할 준비가 필요했다. 새로운 제도적 틀을 뒷받침할 철학적 기초와 함께 그것을 구체화할 교육과정의 재구성 노력이 절실했다.

2010년 우리는 '모든 아이들의 행복한 배움을 보장하는 새로운 학교'의 꿈을 실현하기 위한 구체적 노력으로 여름과 겨울 방학을 이용한 계절학교를 구상했다. 새로운학교대전네트워크가 개최하고 대전 배움의공동체연구회 선생님들이 주도하는 계절학교는 일종의 실험학교였다. 2박 3일의 짧은 기간이지만 새로운 학교를 꿈꾸는 교사와 학부모의 철학이 담긴 주제를 정하고, 그것을 펼쳐낼 다채로운 교육과정을 디자인해 아이들과 함께 즐겁고 행복한 배움을 실현해내기 위한 것이었다.

5년간 10회에 걸쳐 진행된 계절학교는 늘 새로운 주제와 프로그램을 구안하며 적용해간 힘든 여정이었지만, 우리가 올바른 교사로 성장해가는 데 값진 밑거름이 되었다. 우리는 계절학교의 교장, 팀장, 기획, 총무 등 핵심 역할을 담당할 일꾼들을 정하고 프로그램을 진행하고 보조할 교사와 학부모 자원봉사자들을 섭외했다. 자원봉사자들은 수차례의 사전협의회를 통해 계절학교의 운영 철학과 방침을 공유하고 구체적인 프로그램 진행안을 마련했다. 또한 대전 지역 인근의 공공시설들을 직접 찾아다니며 계절학교 프로그램을 운영하기에 적합한 장소를 물색했다.

계절학교를 성공으로 이끈 사람들

첫 여름 계절학교는 대전시 동구에 위치한 청소년자연수련관에서 '꿈'을 주제로 열려 큰 관심과 호응을 이끌어냈다. 예정된 인원을 넘는 신청자가 몰렸고, 참가했던 아이들과 학부모들의 만족도도 매우 높았다. 계절학교의 팀장으로 헌신적 열정을 쏟은 윤○○ 선생님, 준비와 진행을 담당했던 자원봉사자들의 땀과 열정이 있었기에 가능했을 것이다.

2010년 가을, 우리는 두 번째 겨울 계절학교를 준비했다. 회원들과 함께 황○○ 선생님이 기획을 맡아 프로그램을 다듬고, 이○○ 선생님이 사무차장으로 구체적인 운영과 예산 등 행정 업무를 맡았다. 현직에 몸담고 있었기에 특별한 사명과 애정이 없으면 결코 감당할 수 없는 크고 작은 일들을 훌륭하게 수행해주었다.

여름과 달리 겨울 계절학교는 추위를 이겨낼 수 있는 불의 사용이 필수적이었다. 우리가 기획한 즐거운 전통 놀이에도 불이 필요했다. 그런데 대부분의 청소년 수련 시설들이 불을 사용하는 것을 극도로 꺼렸다. 우리는 적합한 장소를 물색하다가 대청댐 인근의 찬샘마을에서 운영하는 '찬샘교육농장'을 발견했다.

농장의 대표를 맡고 있는 변○○ 이장님은 마을의 발전을 위해 정부 지원금으로 숙소와 강당 등을 짓고 농촌 체험마을을 운영하고 있었다. 변 대표님은 우리의 계절학교 프로그램과 운영 계획에 적극 호응했고, 저렴한 비용으로 달집놀이와 쥐불놀이에 쓸 땔나무, 밤과 고구마를 굽는 도구, 새끼 꼬기에 필요한 짚, 솟대 만들기를 위한 나무, 인절미 만들기 재료와 진행, 겨울철의 최고 놀이인 눈썰매 준비 등에 적극 협조했다. 새해맞이를 위해 아이들을 직접 인솔하고 뒷산을 오르내리며 산성 터의 역사적 유래까지 설명해주는 등 강사의 역할까지 소화해주었다. 그분 덕분에 아이들은 산 정상에서 펼쳐진 멋진 장관과 대청댐의 수면 위로 떠오르는 아침 해를 바라보며 새해 소원을 빌고 환호할 수 있었다.

즐겁고 행복한 배움을 실천하는 '계절학교' 활동

탄성을 자아낸 체험 프로그램들

2011년 여름 계절학교부터는 김○○ 선생님이 팀장으로 결합해서 큰 역할을 해주었다. 이때는 모집 대상을 초등 35명, 중등 15명으로 제한해 통합교육과정을 적용했다. 아이들의 질 높은 배움을 위해 선후배 아이들로 모둠을 구성하고, 서로 협력해서 과제를 해결하도록 했다. 아이들은 그 과정과 결과를 함께 발표하면서 주제·탐구·표현을 중심으로 한 활동적 배움을 통해 학습의 즐거움과 방법을 스스로 깨우쳐갈 수 있었다. 그렇게 우리는 학생과 교사, 학부모가 함께 교육의 주체가 되어 배움의공동체학교를 만들어갔다.

우리가 사용한 동구청소년수련관은 넓은 운동장과 울창한 숲, 1급수의 물이 흐르는 작은 계곡, 만인산과 산림욕장 등을 갖추고 있어 자연과 함께하는 계절학교 프로그램을 진행하는 데 탁월한 장소였다. 낯선 공간에 적응하지 못하는 일부 아이가 막무가내로 집에 가겠다며 울고 보채는 경우도 있었지만, 우리는 따뜻한 관심과 돌봄으로 아이 스스로 적응하며 극복해갈 수 있게 기다려주고 격려했다.

선생님들은 다양한 매개물을 활용해 아이들의 호기심과 탐구심을 불러일으키고 체험을 통해 배움의 즐거움을 깨닫게 해주었다. 새끼 꼬기, 솟대 만들기, 집 짓기, 설 음식 만들기, 인형극 하기, 합주공연 하기 등의 과제를 무학년제로 구성된 모둠원들이 함께 지혜를 모아 창의적으로 해결할 수 있게 지도했다. 특히 가○○, 권○○, 김○○ 선생님이 진행한 숲속 체험하기, 물속의 생물 관찰하기, 대나무 물총 만들기, 염색하기, 눈·얼음 썰매 타기, 달집놀이, 쥐불놀이 등은 자연과 전통을 살려 교육과정을 재구성한 살아 있는 교육으로 손색이 없었다.

아이들은 자신의 오감을 통해 생생하게 전해오는 감각의 짜릿함에 매료되었다. 실수를 통해, 친구와의 협력을 통해 과제를 해결하며 환하게 웃는 아이들의 모습이 참으로 행복해 보였다. 경쟁에서 벗어나 배움의 본질에 다가갈 수 있게 만드는 체험 프로그램들은 하나같이 아이들의 사랑을 받았지만, 특히 김○○ 선생님의 자녀 김 군의 멋진 마술 공연과 실습이 아이들의 탄성을 자아냈다.

내 힘으로 의식주 해결을!

2012년에는 팀장을 맡은 김○○ 선생님이 여름 계절학교 계획과 관련해 '의식주를 내 힘으로 해결해보자'라는 멋진 주제를 제안했다. 우리는 몇 차례 준비모임과 사전답사를 통해 세부 진행안을 만들었고, 아이들은 한여름의 무더위 속에서도 선생님들이 준비한 새로운 프로그램에 즐거운 마음으로 적극 참여했다. 특히 처음 시도된 '집 짓기'에 아이들은 창의적인 도전으로 최고의 작품을 만들어냈다. 선생님들은 1모둠은 '아기자기 뷰티풀 하우스상', 2모둠은 '허클베리 핀의 모험적 건축상', 3모둠은 '가고 싶은 우리들의 아지트상', 4모둠은 '티격태격 해피 하우스상'을 수여하며 모두를 격려했다. 그 밖에도 소운동회, 봉숭아물 들이기, 밥 짓기, 전통 놀이, 합주공연 하기, 자연 관찰하기, 별 보기, 밤길 걷기, 영화 보기, 우렁이와 붕어 잡기, 마무리 활동 영상 보기까지 모든 과정이 살아 숨 쉬는 즐거운 배움으로 깊은 감동을 주었다.

2012년 겨울 계절학교는 팀장을 자원한 정○○ 선생님의 공정여행 프로젝트 제안으로 새롭게 진행했다. 북촌으로 떠나는 공정여행을 통해 아이들 마음속에 여행에 대한 소중한 배움이 일어날 것으로 기대했다. 공정여행이란 현지의 환경을 해치지 않으면서 현지인들에게 혜택이 돌아가는 여행으로 '착한여행', '책임여행'이라고도 불린다. 우리는 서울 북촌을 중심으로 한 공정여행을 대전 지역의 공정여행사 '공감만세'의 도움을 받아 진행했다.

아이들은 북촌의 역사와 문화를 직접 체험하고, 아름다운 가게와 헌법재판소를 방문하고, 착한식당에서 밥을 먹고 한옥 게스트하우스에서 잠을 잤다. 동화 작가와 함께 체험을 기초로 한 동화를 쓰고 책을 만드는 1박 2일의 멋진 일정에 즐겁게 참여했다. 자신이 쓴 동화가 책으로 만들어져 뜻밖의 선물로 다가왔으니 덤으로 얻는 배움이 오랫동안 기억에 남았을 것이다. 이는 새로운학교대전네트워크의 계절학교가 만들어간 또 하나의 미래였다.

자연과 하나 되어

2013년 여름 계절학교는 초등학생 41명이 참석했다. 특별히 황○○ 선생님의 제안으로 아이들의 '꿈 스토리 만들기'와 '나의 꿈 스토리텔링하기'가 주요 활동으로 진행되었다. 이 기간에는 유난히 비가 많이 와 걱정했는데, 다행히 활동에 큰 지장을 주지는 않았다. 오히려 물속 생물 관찰하기 등을 진행한 작은 계곡이 풍부한 수량으로 아이들을 시원하게 반겨주었다. 체육을 전공한 전○○ 선생님이 지도하는 야외 수영장에서의 수구 경기는 한여름의 무더위를 시원하게 날려주는 즐거운 배움터가 되었다.

오후에는 자신의 꿈 스토리를 작성하고 드림보드판에 글과 그림으로 표현해 꿈 스토리텔링 작품을 만들었다. 저녁과 밤에는 꿈 스토리텔링 작품을 대강당에 전시하고 꿈 배지를 만들고, 이어서 모둠별로 준비한 꿈 공연과 개인 장기자랑을 감상하며 즐거운 시간을 함께했다. 특히 마지막 날의 '자연과 하나 되는 나를 만나기'는 숲과 대화하며 황톳길을 걷는 프로그램으로 진행했는데, 담당 강사인 이○○ 선생님은 '숲과 나'라는 주제로 책자까지 만들어 '숲속에서 자연과 함께 숨쉬고, 자연이 들려주는 소리를 들어보고, 숲의 향기를 맡으면서 자연과 하나 되는 나를 만나자!'는 멋진 제안을 했다.

아이들은 알고 있을까?

2014년 겨울 계절학교는 어느 때보다 추웠던 날씨에 불, 눈, 얼음을 활용하는 프로그램으로 안전사고 예방 등 신경 쓸 일이 많았다. 특히 아이들의 안전을 위한 보험 가입 문제로 이○○ 선생님이 많은 고생을 했다. 새로운학교대전네트워크가 법인이 아니어서 어려움이 있었던 것이다. 하지만 아이들이 누릴 수 있는 즐거움이 많았다. 산비탈을 이용한 눈썰매장은 스릴의 즐거움을 선사했고, 달집놀이와 함께 소원을 빌고 타고 남은 숯불에 구워 먹은 고구마와 밤은 아이들의 입을 기쁘게 했다.

계절학교가 열릴 때마다 제일 수고한 분은 간식 담당 자원봉사자들이다. 땀 흘린 아이들이 가장 좋아하는 것이 간식시간이지만, 담당 선생님들의 수고를 알까 모르겠다. 특히 오○○ 선생님은 '꿈 공책'을 제작해 아이들이 스스로 꿈을 찾고 자신만의 스토리를 만들어 발표할 수 있게 배려했다.

2014년 여름 계절학교는 무주군 무풍면의 농촌체험마을 '휴 무풍승지'에서 열렸다. 김○○·최○○ 선생님의 적극적인 추천과 제안으로 몇 차례 준비모임을 갖고 '반딧불이와 함께'를 주제로 프로그램을 마련했다. 점점 사라져가는 반딧불이를 통해 우리가 사는 지구의 환경 문제를 생각하며 신나게 활동할 수 있는 최적의 장소가 무주였다. 깨끗한 황토방 숙소와 맛있는 친환경 식사, 반딧불이박물관 견학, 수영장에서의 물놀이, 블루베리 따기, 강당에서의 영화 보기 등 다채로운 체험활동으로 즐거운 경험을 할 수 있었다.

무엇보다 휴 무풍승지 대표님과 총무님의 따뜻한 환대와 지원이 감사했다. 대표님이 직접 운영하는 농장과 과수원, 매실농원 견학은 아이들에게 살아 있는 교육장이 되었다. 다만 그 많던 반딧불이가 환경오염 등으로 사라져 볼 수 없었다는 것이 아쉬움으로 남았다. 최○○ 선생님이 준비한 영화 〈반딧불 언덕에서〉의 감동으로 그나마 아쉬움을 달랠 수 있었다.

2015년 1월, 마지막 겨울 계절학교는 김○○ 선생님이 제안한 '천천히 깊게 읽기'를 주제로 찬샘교육농장에서 열렸다. 《넌 누구야?》(황선미)를 읽고 뒷이야기를 만들어 보육원에서 성주를 데려오기 위한 특별공연을 기획하는 활동이 중심이었다. 각본을 만들어 모둠원 모두가 참여한 공연은 아이들에게 특별한 기억으로 남았다. 그 밖에도 겨울 계절학교에서 인기가 많았던 전통 놀이, 인절미 만들기, 눈썰매 타기, 솟대 만들기, 새끼 꼬기, 쥐불놀이, 달집놀이, 영화 보기 등으로 행복한 배움의공동체학교를 실현했다.

두고두고 잊지 못할 협력의 역사

빛나는 도전, 계절학교 활동 02

새로운학교대전네트워크의 계절학교는 2015년 1월, 열 번째 행사를 끝으로 막을 내렸다. 공립대안학교와 혁신학교 등 새로운 학교에 대한 현실적 기대가 멀어지면서 그에 따른 자연스러운 결과였다. 현직에 몸담고 있는 자원봉사자들의 열정과 헌신에 피로감이 누적되어 가고 있었던 점도 작용했다.

앞에서 이야기한 대로 새로운학교대전네트워크의 정체성과 현실적 조건을 직시해 조직의 해체를 제안했던 나는 계절학교 역시 같은 수순을 밟을 수밖에 없다고 판단했다.

새로운 수업디자인 개발

아쉬움과 함께 계절학교는 끝났지만, 우리에게는 두고두고 잊지 못할 역사가 되었다.

프로그램의 진행과 예산 등 전체 운영을 담당했던 이○○ 선생님이 만든 진행 강사 및 보조 교사 배정표에는 계절학교에 쏟은 그들의 정성과 노력이 오롯이 배어 있다. 또 황○○ 선생님의 노력이 빛나는 홍보용 웹포스터와 아이들의 즐거운 모습을 담아낸 사진과 영상 역시 그대로 계절학교의 역사로 남았다.

우리는 매번 계절학교 프로그램을 고민하는 한편으로 새로운 수업디자인을 개발하기 위해 노력했다. 주제·탐구·표현의 과정으로 기획된 수업디자인은 통합교육과정으로, 아이들은 무학년으로 편성되어 다양한 프로젝트 활동을 창의적으로 수행했다. 이는 새로운 학교를 꿈꾸는 대전배움의공동체연구회 선생님들의 공동 창작물이요, 수업의 전문성을 신장하기 위한 협력의 역사였다.

5년간 10회의 계절학교에서 구안·적용했던 세부 진행안(강의안, 수업디자인)은 모두 23개 과정으로, 그것만으로 소책자를 만들어도 될 정도였다(자세한 내용은 블로그 blog.naver.com/ske0419 참조).

계절학교에서 얻은 깨달음

여기에 계절학교를 통해 확인한 소중한 가치와 의미를 몇 가지 덧붙인다.

먼저, 우리가 꿈꾸는 새로운 학교는 어떤 모습으로 무슨 배움을 누가 어떻게 이루어가야 하는가를 깨닫게 해준 소중한 기회였다. 우리는 공공성, 민주주의, 탁월성, 예술성, 자연 친화성 등의 철학을 기초로 교육의 세 주체인 학생, 교사, 학부모의 자발성이 빛을 발하는 배움의공동체학교를 실현하고자 했고, 이를 위한 구체적인 교육과정의 개발에 선생님들은 각자의 최선을 다했다. 그에 힘입어 아이들은 질 높은 프로젝트 활동으로 스스로 물고기를 잡는 학습 방법과 배움의 즐거움을 가질 수 있었다.

우리는 또한 우리의 삶의 근원인 역사와 전통의 뿌리를 찾아 오늘의 어린 세대들에게 조화롭게 이어질 수 있도록 창조적으로 변형했다. 입시경쟁 교육의 철학적 기반인 수월성교육을 넘어 다같이 함께 하는 협력교육으로 최선을 다해 최고를 지향하는 탁월성교육을 실현할 수 있는 구체적 프로그램들을 구안·적용했다. 계절학교 때마다 특별한 프로젝트 활동 주제를 정해 변용양식의 등산형 교육과정(아이들의 능동적 배움을 돕는 주제탐구 학습)을 마련했다. 실질적이고 흥미로운 탐구 과제들을 개발하고 과제 수행활동의 과정과 결과를 함께 발표하고 공유했다. 주제·탐구·표현의 공유에 기초한 활동적 배움을 중심으로 배움의공동체 수업디자인을 새롭게 개발해 교육과정을 완성해갔다.

선생님들은 언제나 아이들 곁에서 배움의 과정을 세심하게 살피고 지원하며 '모든 아이들의 배움을 보장한다'는 교육적 목표를 추구했다. 또한 아이들이 친구를 배려하고, 친구의 말을 경청하며, 친구로부터 더 깊은 배움을 가져갈 수 있게 안내했다. 대화적 실천을 중심으로 배움의 즐거움과 방법을 깨닫게 했다.

계절학교는 또한 학부모들의 학습 참여 방식에서 전에 없던 새로운 사례를 만들었다. 학부모들은 계절학교에 대한 무한 신뢰와 함께 모둠교사로, 간식 담당으로 교육활동에 참여함으로써 구성원들 모두가 배움의공동체학교를 실현할 수 있게 해주었다.

우리는 아이들의 활동과 참여를 통해 공교육 내에서도 얼마든지 배움의 질과 즐거움을 창출할 수 있다는 믿음을 갖게 되었다. 새로운 학교를 위한 열린 공간만 마련된다면, 그리고 아이들에 대한 교사와 학부모의 신뢰만 있다면 얼마든지 현실이 될 수 있다.

한편으로는 우리의 활동을 공교육의 현장으로 확산시켜 입시경쟁 교육의 대안으로 바로 세우지 못한 점이 아쉬움으로 남았다. 계절학교의 교육적 성과들을 현실적인 교육 정책으로 전환시키려는 적극적 노력이 부족했다는 반성이 뒤따를 수밖에 없었다.

그럼에도 불구하고 10회에 걸친 계절학교에 참여했던 수백 명의 아이들과 자원봉사자들에게 스며들었을 행복한 배움, 삶에 대한 깊은 성찰과 경험은 모두에게 평생의 자산으로 남았을 것이다. 그리고 언젠가는 미처 꽃피우지 못한 우리의 소망이 모두의 염원이 되어 현실의 대안으로 서게 되는 놀라운 역사가 펼쳐질 것이다.

5막

교육의 가치를
어떻게 실현할 것인가

반성적 실천가를 지향하는 수업 전문가로의 성장기

나는 어떻게 교사로 살아왔는가
교사 정체성 찾기

1999년 1월, 드디어 전교조가 합법화되었다. 국민의 정부 출범과 함께 전교조 해직 교사들과 현직 조합원들의 합법화 투쟁, 시민사회단체의 성원이 결실을 본 것이다. 이후 전교조는 교사들의 이해와 요구를 대변하고, 참교육과 교육민주화를 실현해갈 교육단체로서 실질적인 역할을 담당하게 되었다. 일선 교사들의 조합원 가입이 크게 증가했고, 자연스럽게 전교조의 정체성과 역사, 일반적인 교육운동과 현안에 대한 이해 등 조합원 교육의 필요성이 대두되었다. 전교조 초창기부터 함께해온 1세대 선배 조합원들이 그 역할을 맡았다.

성직자관과 전문직관의 충돌

40대 후반에 접어든 나에게도 조합원 강좌나 학급 운영 강좌, 학운위 강좌 등에 강사로 나서달라는 요구가 있었다. 나는 교사나 일반 대중을 상대로 강의하거나 글을 써본 일이 없었기에 적잖이 망설였다. 하지만 누군가는 해야 할 일이었다. 그동안의 경험을 기초로 나 자신의 지나온 삶을 되돌아보며 원고를 작성했다. 어찌 보면 이것이 교사로서 나의 정체성을 확인하고 가꾸어나가는 데 소중한 첫걸음이 되었던 것 같다.

1999년 4월, 첫 조합원 강좌였던 '교사로서의 나의 삶, 나의 길'은 공립중등지회 차원의 자체 연수 형식으로 진행되었다. 이어서 강좌 기획팀의 요구에 따라 전교조 10년의 역사를 정리해 함께 소개하기도 했다. 구체적인 강의 내용은 대부분 앞에서 서술한 그대로이지만, 여기서 몇 가지 더 소개할 것이 있다.

2000년 4월 학급 운영 강좌 원고를 보면, '좋은 학급 만들기를 위한 교사의 관점 : 교사·학생관을 중심으로'라는 주제하에 바람직한 교사관으로 전문직 노동자관을 들고, 교사관에 대한 나의 생각을 이렇게 적고 있다.

여기서 교사를 전문직 노동자의 관점에서 바라보고자 함은 교사의 직무 수행에서의 자율성과 주체성, 가르침에서의 즐거움과 헌신, 사회 구성원으로서의 노동의 가치 재인식과 변혁의 의지를 다양한 교육적 행위 속에 중심 가치로 두고 실천하고자 함입니다.

그러면서 개인적인 경험을 소개했는데, 사연은 이러했다.

넥타이로 인한 충돌은 첫 직장이었던 광천중학교에서 교장 선생님과의 첫 갈등이었지요. 편하게 잠바 차림으로 출근한 저에게 교장 선생님은 넥타이를 매고 신사복을 입을 것을 지시했습니다. "공무원인 교사의 복장을 준수하라."는 것입니다. 그러나 나는 "그런 것은 교사의 자율성에 관한 것이라 교장 선생님이 관여할 부분이 아니니 수용할 수 없다."고 말했습니다.

이런 제 말에 교장 선생님이 꺼내든 근거가 '교사는 교장의 명에 의거해 학생을 교육해야 한다.'는 교육법 76조였습니다. 지금 생각하면 교사를 바라보는 성직자관과 전문직관이라는 관점의 차이로 인한 충돌이었다고 생각합니다. 요즘도 여선생님들 복장에 특히 관리자의 관심이 많지요. "바지를 입으면 안 된다."거나 "행사 때는 한복을 입으라."는 등의 말입니다.

노동자 관점에 대해서는 이런 예를 들었다.

오래전 감명 깊게 본 영화 중에 〈닫힌 교문을 열며〉가 있었습니다. 그 영화에서 수업 중에 학생들이 선생님에게 질문을 던집니다. 선생님이 가장 소중하게 생각하는 것이 무엇이냐고요. 선생님은 웃으며 아이들에게 되묻습니다. L자로 시작되는 영어 단어 3가지를 가장 소중하게 생각한다고요. 그리고 사랑(LOVE), 자유(LIBERTY), 그리고 노동(LABOR)이라고 말합니다.

그러면서 아무리 사랑과 자유가 소중하다 하더라도 그것을 가꾸고 지켜주는 노동의 땀 흘림이 없다면 아무런 의미도 가치도 지닐 수 없는 것이라고 말합니다. 이 세상에 진정 가치 있는 것은 일하는 노동의 아름다움이라고요.

가르침의 즐거움을 잊지 말자

이어서 나는 전교조와의 만남이 내게 교사로서의 변화는 물론 교직에 대한 애정과 전망을 심어주었다는 사실을 강조했다. 그리고 평생교사의 자긍심과 보람을 지켜내고 승진이나 보수에 연연하여 신념과 가르침의 즐거움을 잊지 말자는 당부와 함께 다음과 같이 내 생각을 말했다.

진정 자신의 일을 성직이라 생각한다면 현실이 어려우면 어려울수록 더욱더 직분에 충실하고 헌신하려는 모습을 보여야 할 것입니다.

석 · 박사 학위를 취득해 교사의 전문성을 높였다면 왜 그가 학교 현장에 남아 아이들을 잘 가르치는 일에 헌신하지 못하고, 승진의 수단으로 삼고 교단을 떠나 공문이나 작성하는 일에 매달려야 하는지 이해할 수 없습니다. 가르치는 일에 신성한 노동의 가치를 두는 전문직 노동자관의 소중함을 평생 살려가며 당당하게 정년을 마무리하는 선배 교사를 보고 싶고 그런 분들을 존경하고 싶습니다.

나는 마지막으로 민주적 학생관을 중심으로 학생의 기본 권리에 대한 인식의 제고와 관련한 내용으로 강의를 마무리했다.

어찌 보면 다소 미흡하고 어설픈 주장일 수도 있지만, 오히려 그런 부분이 나만의 경험에서 나오는 생생함을 더해주어 조금은 설득력을 갖게 했는지도 모르겠다. 이러한 강의를 통해 나는 교사로서 나의 정체성을 찾고 성장해가는 기회를 갖게 되었고, 이후 교단일기나 신문기고, 텔레비전 토론 등 글쓰기와 말하기를 통해 그 기회를 더욱 늘려나갈 수 있었다.

성장은 성찰을 통해

나의 교단일기

1990년대 말부터 2009년까지 교사로서의 정체성 찾기를 위한 나의 교단일기도 꾸준히 이어졌다. 수업과 교사, 학교와 교육을 중심으로 나의 배움과 성장, 새로운 학교를 꿈꾸는 일상적 이야기이지만, 그 속에는 교사로서 나의 정체성에 대한 치열한 고민과 실천적 대안이 담겨 있다.

나는 교사로서 배움과 성장의 과정에서 순간순간 얻게 된 깨달음의 계기나 절실한 상황에 직면할 때마다 나의 생각을 글로 옮겼다. 좋은 책을 보거나 학교와 수업 등 일상의 체험 속에서 만나게 되는 특별한 사연들을 남기기도 했다. 경험과 생각을 매끄럽게 표현하는 글솜씨는 부족했지만, 나만의 스토리가 갖는 솔직함에서 우러나오는 힘이 큰 만족과 감동으로 다가올 때가 많았다. 교사로서의 성장을 위한 성찰의 과정이기에 남다른 소중함이 느껴지기도 했다.

따스한 미소가 큰 힘을 발휘한다

반성적 실천가를 지향하는 전문가로서의 교사 성장에 큰 도움이 된 교단일기는 대부분 수업, 교사, 학교 혁신, 일상 등을 주제로 써나갔다. 그중 몇 편을 요약해 소개한다.

먼저 교과수업과 관련해 좀 더 편안하게 아이들에게 다가가고자 했던 나의 노력이 엿보이는 '도덕이란 무엇인가?'란 일기의 일부다.

첫 수업의 핵심은 목표와 방향을 제시해주는 일이다. 도덕이라는 과목은 무엇인지, 무엇을 배워야 하는지. 어떻게 하면 도덕적 삶을 가꾸기 위한 구체적 실천 노력을 기울여갈 것인지를 아이들에게 알기 쉽고 재미있게 그러면서도 감동적으로 설명해줄 수 있어야 한다. 하지만 그것 못지않게 중요한 일은 아이들과의 만남이다. 교사로서의 권위와 근엄함을 내세우기보다는 아이들의 마음을 편안하게 해줄 수 있는 따뜻한 미소가 더 큰 힘을 발휘한다. 인간적인 신뢰와 공부에 대한 즐거움이 평생 공부라는 도덕적 의미와 보다 깊은 관계를 맺기 때문이다.

교사로 살아가는 첫 번째 이유

승진을 위한 줄서기와 눈치 보기로 불편해지기 쉬운 학교 현실에서 평생교사의 신념으로 교단에서 아이들과 함께 늘 당당해지는 일은 쉽지 않다. 아래의 일기는 교사의 정체성 찾기의 일환으로 나 자신이 '교사로 살아가는 이유'에 대해 고백한 내용의 일부다.

단위 학교 교육 현장의 최일선에서 우리를 진정 어렵고 힘들게 하는 불편한 일은 무엇인가? 나는 책《강의》속 서경(書經)의 무일(無逸)편에서 개진되고 있는 신영복 선생님의 무일사상(無逸思想)의 의미와 관련해 아래와 같은 주장을 한 적이 있다.

교사를 가장 불편하게 하는 것이 무엇인가를 생각한다. 우선은 교과 전문성을 신장하는 일이요, 그를 재미있고 쉽게 아이들에게 가르치는 일이다. 그렇지만 가만히 생각해보면 무엇보다 '관계'에 있음을 알 수 있다. 아이들과의 좋은 관계를 가꾸는 일은 동료 교사나 학부모와의 관계의 중요성을 넘어 교사로서의 성패를 좌우하는 참 어렵고 힘든 일임을 학교 현장에서 매일매일 느낀다. 방학이 되면 일시 단절된 불편한 관계에서 벗어난 듯한 안일함에 감사할 때가 많다.

나이가 들면 승진의 유혹에서 벗어나기가 점점 더 쉽지 않다. 나는 그것이 인간의 명예욕이나 권력욕, 성취욕과 관련된 당연한 것이라는 데 일정 부분 동의하고 있지만, 보다 근본적인 이유는 끊임없이 교사를 불편하게 하는 아이들과의 관계 속에서 삶의 보람과 의미를 찾고 싶지 않은 마음에서 비롯된 비정상적인 가치관과 교사론, 현실 구조에 있다고 본다. 무엇보다 어렵고 힘든 일에서 하루빨리 벗어나 스스로의 안일함을 찾고자 하는 것이다.

우리를 불편하게 하는 아이들, 아이들을 불편하게 하는 교사들, 서로가 정어리를 긴장하게 하는 메기처럼 서로의 질적 변화와 발전을 가져오게 하는 삶의 동반자로서의 관계를 소중히 가꾸며 당당히 살아가는 교사가 되었으면 좋겠다는 꿈을 갖고 있다. 이것이 교사의 길을 가고자 하는 첫 번째 이유다.

좋은 교사가 되는 비결

나의 교단일기에는 좋은 교사가 되기 위한 실천적 노력 속에 담긴 비결 아닌 비결 이야기도 있다.

그 첫 번째 비결은 '민주적 관계 맺기'다. 이것의 중요성에 대해 쓴 '선생님! 비결이 뭐예요?'에는 내가 아이들에게 한 3가지 약속(큰소리 치지 않기, 기다리기, 비난하지 않기)과 함께 그에 얽힌 사연이 담겨 있다.

좋은 교사가 되기 위한 두 번째 비결은 '교과 전문성에 기초해 수업에 정성을 담아내는 일'이다. 이에 대해서는 '똥 이야기와 교과 전문성'이라는 제목으로 재래식 화장실과 좌식 변기 사용을 소재로 삼아 나의 생각을 서술했다(자세한 내용은 블로그 blog.naver.com/ske0419 참조).

도덕적 삶의 중요성을 일깨운 '나의 손수건'
수업에 생기를 불어넣는 이야기

나는 수업시간에 예화를 자주 들려준다. 구체적인 이야기에 담긴 재미와 감동이 수업 주제에 대한 이해력과 설득력을 높여주기 때문이다.

선생님, 도와주세요!

한번은 아이들에게 더불어 사는 도덕적 삶의 실천이 왜 중요한지를 일깨워주는 예화로 '나의 손수건'을 소개한 적이 있다. 아래는 그 내용이다.

1999년 봄, 내가 대전문지중학교에 근무할 때의 일이다. 비교적 이른 시간에 출근해서 교무실에 아무도 없었다. 새로운 하루를 준비하려는데, 갑자기 출입문이 열리며 한 남자 아이가 피가 범벅이 된 팔을 부여

잡고 얼굴이 하얗게 질린 창백한 모습으로 뛰어 들어왔다.

"선생님, 도와주세요!"

아이가 다급하게 외쳤다. 순간 너무 당황이 된 나머지 내 가슴도 덜컹 내려앉았다. 생각할 겨를이 없었다. 우선 피를 멈추게 해야 했다. 지니고 있던 손수건으로 팔목 윗부분을 묶고 119에 도움을 요청했다. 곧바로 구급차가 왔고, 나는 아이와 함께 병원으로 이동하며 "괜찮아, 잘될 거야!"라는 말을 주문을 걸듯 건넸다. 연락을 받고 황급히 달려온 부모님은 수십 바늘을 꿰맨 아들을 보며 놀란 가슴을 겨우 쓸어내렸다.

귀를 쫑긋 세우고는 자못 심각하게 듣고 있던 아이들이 이내 질문을 던졌다.

"아이는 왜 다쳤나요?"

아이는 평소보다 일찍 등교해서 4층에 위치한 자기 반으로 올라갔다. 하지만 출입문이 잠겨 있었다. 2층 교무실로 열쇠를 가지러 가야 했는데, 귀찮았던 모양이다. 아이는 알루미늄 창틀을 밀고 자를 이용해서 잠금 고리를 제치고 창문을 열기 위해 힘을 주었다. 그러다가 그만 미끄러진 손이 유리창을 깨뜨리면서 손과 팔뚝을 크게 다치고 말았다. 당시에는 모든 학교에서 창문에 강화 유리가 아닌 값싼 일반 유리를 쓰고 있었다. 깨지면 그 자체가 흉기나 다름없었다.

나는 아이들에게 이야기를 하고 나서 "급할수록 돌아가야 한다.", "기본을 지키는 일이 중요하다.", "응급처치 요령을 알아두어야 한다.", "교육환경 개선이 시급하다."는 등의 당부를 하고, 이렇게 권고했다.

도덕적 삶을 실천하는 것은 남을 위하는 일과 관련 있다. 손수건을 지니는 일은 매우 작은 일이지만, 위기의 순간에 생명을 구하는 소중한 도구가 되기도 한다. 때로는 좋아하는 사람을 배려하는 감동의 방석이 되고, 슬픔을 겪고 있는 사람에게 따뜻한 위로를 주는 손수건이 될 수도 있다. 여러분에게 '손수건 지니고 다니기'라는 자율과제를 부여한다. 지금은 손수건을 지니고 있는 친구가 한 명도 없지만, 다음에는 우리가 함께 확인해보자.

소풍 때 발생한 아찔한 사고

손수건과 관련한 또 다른 이야기는 학급 소풍 때 벌어진 일이다.

당시는 학년 전체가 함께 가는 형식에서 벗어나 학급별로 개성과 주제가 있는 소풍으로 체험활동의 교육적 효과를 높여보자는 분위기가 있었다. 나는 아이들이 선호하는 '좋은 영화 보기'와 함께 마침 KBS 대전방송국에서 열고 있는 '야생화 전시회' 참관을 제안해 소풍 일정을 잡았다.

야생화 전시장에는 수백 점의 희귀하면서도 예쁜 자태를 뽐내는 우리의 토종 꽃들이 전시되어 있었다. 학급 아이들과 즐겁게 꽃구경을 하고 있는데, 한 아이가 황급히 뛰어와 소리쳤다.

"선생님, 김ㅇㅇ이가 다쳤어요! 머리에서 피가 많이 나요!"

급히 현장에 달려가 보니 아이가 머리를 감싼 채 앉아 있었다. 이미 얼굴은 피로 범벅이 되었다. 놀란 마음에 경황이 없었다. 지니고 있던 손수건을 꺼내 찢어진 머리 부분을 눌러 지혈하고 119에 도움을 청했다.

다행히 가까운 병원에서 치료를 받아 위기를 넘겼지만, 아이는 다리까지 부러지는 큰 상처를 입었다. 야생화 전시회에 별 관심이 없었던 남자 아이들이 밖으로 나가 공원 벤치를 넘나들며 놀다가 예상치 못한 큰 사고가 난 것이었다. 아이는 시멘트로 만든 벤치 위에서 뛰어 오르다 등나무를 받치는 쇠기둥에 머리를 부딪히고 중심을 잃어 발을 헛딛으며 다친 것이었다.

두 사건은 모두 내가 문지중 시절에 겪은 일이다. 지금 생각해도 아찔한 느낌이 든다. 다친 아이들에게는 평생 잊지 못할 일로 남았겠지만, 자칫 생명을 잃을 수도 있는 참으로 위험한 순간이었다.

나는 이 같은 일들을 겪으면서 아이들과 함께 생활하는 교사의 역할이 더없이 중요함을 절감했다. 그러면서 그때 내게 손수건이 있어 다행이라 생각하며 이후로도 늘 지니고 다니게 되었고, 아이들에게도 권하게 되었던 것이다.

좋은 수업이란 어떤 수업인가
수업 갈등의 해법과 상담

2009년, 나는 50대 중반의 나이에 들어서며 교사로서의 삶을 반성적으로 성찰해보고 삶에 담긴 의미들을 정리해 보고픈 욕구가 생겼다.

교사로 나이가 들어가면 갈수록 그 자리에 서 있기가 더욱더 어려워진다는 느낌이 종종 들게 된다. 그래서 반성적 성찰을 통해 보다 근본적으로 자신의 정체성에 대한 질문을 던지고 나름대로 그에 대한 해답을 구해보려 애쓰게 된다.

- 과연 나는 교사로서의 직업적 본분과 함께 삶의 가치 실현에 얼마나 충실하게 살고 있는가?
- 교사는 수업 전문가여야 하는데, 좋은 수업이란 무엇인가?
- 더욱 어려워지는 수업 갈등들을 어떻게 해결해야 하는가?
- 공부란 무엇인가? 왜 해야 하는가? 어떻게 하면 공부를 잘할 수 있는가?

나는 이처럼 꼬리에 꼬리를 무는 질문들에 나의 생각을 정리해보고 싶었고, 동료 교사들은 물론 아이들과도 함께 터놓고 이야기를 나누고 싶었다.

먼저 글을 써내려갔다. 그동안 경험했던 일들을 반추하면서 내가 던진 질문들에 대한 해답의 실마리를 찾아나갔다. 한편으로 생각하면 그것은 갈수록 힘들어지는 교사로서의 홀로서기, 삶의 보람과 즐거움을 학교에서 실현하기, 좋은 교사로서 언제까지나 당당하기를 위한 작은 제안이기도 했다.

수업에서 버려야 할 것과 가져야 할 것

나는 '좋은 수업이란 어떤 수업인가?'라는 제목의 글에서 이렇게 썼다.

교육은 변화입니다. 고정된 인격체로서의 인간은 존재할 수 없지요. 좋은 수업이라는 수업의 고정관념에서 벗어날 수 있어야 합니다. 과거에 바람직한 관점으로 그 가치를 인정받았기에 고정관념이 나쁘다고 하기는 어렵지만, 변화를 수용하지 못함으로써 나쁘게 된 것이라 봅니다. 고정관념이 갖고 있는 기본적 가치에 새로운 변화를 창조적으로 접목시켜 궁극적 가치를 추구해나가려는 노력 속에서 좋은 수업은 만들어질 수 있습니다.

우리가 지양해야 할 고정관념은 수업에 대한 시장·경쟁의 관점, 교사의 수업수행 능력에 대한 편중된 시각, 교수학습과정안의 형식화,

학습목표에 대한 환상, 조용한 수업에 대한 믿음, 주제학습·통합수업에 대한 불안, 학급에서의 고정된 수업 원칙, 주관식·서술식 평가에 대한 두려움 등이다. 나는 이에 대해 적잖은 비판을 제기했는데, 그중 하나를 아래에 소개한다.

수업에 대한 시장·경쟁의 관점

교육을 경제 논리의 관점으로만 바라봅니다. 학교는 기업이고 수요자(학생, 학부모)를 만족시키기 위한 질 좋은 상품의 공급자는 교사입니다. 따라서 교사는 자신이 담당한 교과수업의 상품적 가치를 높이기 위해 수업을 구조화해 시각적 효과를 높이고 점수화시켜 효율성을 극대화해야 합니다. 수업 행위를 분석하고 점수화해 등위를 매기는 수업경연대회가 열립니다. 교육의 궁극적 가치보다 도구적 가치가 우선합니다.

수업에 대한 새로운 시각은 무엇이고 어떻게 발현되는가? 수업은 예술적·전문적 행위라는 관점, 교사의 수업수행 능력도 중요하지만 교과에 대한 이해와 학습자의 배움 촉진이 더 중요하다는 인식, 학습자의 자율과 창의성 발현, 주제 탐구·문제해결식 수업 진행, 교사별 평가제·교과전용교실제·통합교실·통합교육과정 도입, 일상적 수업 공개 및 수업협의회로 개방적 수업문화 구축, 학부모 수업 참여 확대, 학습동아리 활동 확산 등이다.

예를 들어 수업은 예술적·전문적 행위라는 새로운 시각이란 수업은 인간의 종합적 이해에 기초해 그의 전인적 발달을 도모하는 가치 추구의 과정이기에 고도의 예술적·전문적 행위여야 한다는 것입니다. 돈으로 계산할 수 없는 아이들의 잠재적 가치를 발현하고, 그 순수한 영혼의 숨결을 만나는 일은 참으로 경이롭고 감동적이기 때문입니다.

말을 듣지 않는 아이를 어떻게 해야 할까?

다음은 '수업 갈등, 어떻게 해결할 것인가?'라는 주제의 글에서 다룬 내용의 일부다.

- 소란스러운데 통제가 안 돼 학습 분위기가 엉망인가요?
- 아이들이 선생님의 말을 우습게 여기는 것 같은가요?
- 선생님의 목소리가 자꾸 높아져 늘 목이 잠기고 아픈가요?
- 모둠활동을 하려면 너무 소란스러워져 불안한가요?
- 대놓고 선생님에게 대드는 아이가 있어 마음이 불편한가요?
- 늘 엎드려 자는 아이가 있어 어떻게 지도해야 할지 답답한가요?

'중학교 선생님과 함께하는 상담 이야기'에서는 상담이란 무엇인가, 어떻게 하면 잘할 수 있는가와 같은 질문들을 제시하고 구체적 사례와 함께 도움이 될 만한 해결책을 내놓았다(여기서 제기한 질문과 해법을 정리한 내용은 블로그 blog.naver.com/ske0419 참조).

교사의 정체성 찾기와 관련한 나의 글들에는 당시의 교육과 수업에 대한 나의 성찰 과정이 그대로 담겨 있다. 변해가는 교육환경과 거침없는 아이들의 불편한 행동에 갈수록 무력해지는 교사의 권위 속에서 옛날을 그리워만 할 수는 없다. 교사의 자기 혁신과 대안 모색이 우선적으로 요구되는 시점이다.

통일되면 우리만 손해?

남북교육자대회, 6·15 계기수업, 통일기차여행

반성적 실천가로서의 전문가로 성장하는 과정에서 또 다른 정체성 찾기의 노력이 있었다. 그것은 분단된 조국과 점점 더 이질화되어가고 있는 민족의 현실 때문에 겪게 되는 아픔을 직시하고 이를 극복하는 일이었다. 오랜 세월 같은 역사와 문화를 가꾸며 살아왔던 한 민족이 계속되는 대립과 갈등을 넘어 민족의 동질성을 회복하고 통일로 나아가는 일은 내게 거부할 수 없는 당위처럼 다가왔다.

금강산에서 나눈 북한 선생님들과의 대화

항시적인 전쟁의 위협 속에서 첨예하게 대립하고 있는 남북의 상황을 뉴스로 접하고, 물질만능주의와 입시경쟁 교육으로 개인적 삶에 매몰되어 있는 우리 아이들에게 민족과 통일 문제는 어느덧 남의 일이 되고 있었다. 수업 중 통일의 필요성을 묻는 질문에 공감하는 아이들의 비율은 2분의 1에 훨씬 못 미쳤다. 관심 대상이 아닌 것이다. 나는 도덕 교과서에 담긴 통일 단원의 내용을 시대의 현실에 맞게 재구성하고 새롭게 디자인해 수업에 적용했다.

그러던 중 김대중 정부가 들어서며 남북관계가 호전되기 시작했다. 마침내 2000년 6월 15일 역사적인 남북공동선언이 발표되고 남북 간 화해와 교류 협력의 장이 새롭게 펼쳐지며 통일수업의 변화를 추동했다.

2004년 7월에는 금강산에서 분단 이후 최초로 역사적인 남북교육자대회가 열렸다. 남측의 전교조와 한국교총, 북측의 조선교육문화직업동맹 단체 대표자 수백 명이 함께하는 2박 3일의 뜻깊은 민족 화해와 통일 행사였다. 나는 전교조 대전지부 대표로 몇 분의 선생님들과 함께 참여했고, 북측 선생님들과 함께 남북교육자대회 본 행사와 체육·문예 활동, 만찬, 삼일포 소풍을 통해 많은 대화를 나누었다. 그러면서 통일에 대한 염원, 교육자로서의 자세와 역할 등 공통의 공감대를 형성했다. 북한에는 "아이들을 왕처럼 대하기에 체벌이라는 것이 없다."고 한 누군가의 말이 생각난다. 우리는 먼 훗날 통일이 되면 다시 만나자며 이름과 주소를 교환하고 아쉬운 작별을 했다.

노무현 정부 때에는 통일교육을 담당하는 도덕·사회과 교사를 대상으로 2박 3일간 진행한 금강산 연수를 다녀올 수 있는 기회가 있었다. 눈 덮인 금강산의 절경과 북측 안내원의 이야기는 잊을 수 없는 추억으로 남았다. 안내원은 금강산의 아름다운 자연과 비경 속에 담긴 역사를 열심히 설명했다. 북한의 국화가 진달래가 아니라 목란(함박꽃)이라는 이야기, 하룻밤 사이에 폭설이 내려 기대했던 만물상 등반을 포기하고 입구에서 발길을 되돌려야 했던 아쉬움, 말로만 듣던 평양냉면을 맛보던 동료 교사의 찡그린 표정도 기억에 남는다.

이후 나는 매년 6월 15일을 전후한 한 주를 '통일주간'으로 정하고, 교과 단원을 재구성하여 수업시간에 계기교육(특정 이슈나 사건을 가르치는 교육)을 겸한 통일교육을 실시했다. 교사를 대표해서 6·15남북공동선언을 기념하는 계기교육 수업활동을 지역 언론사에 공개하기도 했다. 통일 관련 영상 시청, 사행시 짓기, 통일 포스터 그리기 등도 진행했다. 우리 아이들이 민족은 하나요, 미래 통일국가의 주인공은 자신들이라는 자부심과 관심을 갖기를 간절히 바라면서 말이다.

기차에 통일의 염원을 싣고

2008년 10월에는 6·15남북공동선언 대전실천연대와 전교조 대전지부 통일위원회가 함께 준비한 '통일기차여행'을 아이들에게 홍보하고 부모의 동의를 받아 다녀왔다. 대전역에서 기차를 타고 마지막 역인 도라산역과 임진각, 도라산전망대를 견학하며 휴전선 너머 북쪽 지역을 바라보던 아이들의 긴장된 모습이 지금도 역력하다.

여행 일정의 하나로 마련된 백일장대회는 통일의 미래 세대인 초·중·고 아이들에게 분단 현실을 체험하고 민족 문제의 해결을 위한 나름의 대안을 모색해보는 매우 중요한 교육의 장이었다.

통일의 염원을 되살린 '통일기차여행'

나는 아이들이 통일을 절실하고 생생한 삶의 문제로 인식하여 해결의 대안을 모색할 수 있도록 수업을 디자인해 실천했다. 연꽃 기법(286쪽 참조)이나 노래를 활용한 수업을 통해 아이들이 좋아할 통일 노래 '이 작은 물방울 모이고 모여', '백두산' 등과 북한 가요 '휘파람', '반갑습니다'를 소개하며 함께 배우고 불렀는데, 아이들의 관심과 참여도가 높았다. 또 6·15남북공동선언을 기념해 서울을 방문했던 평양교예단의 공연 실황을 방송했던 MBC 영상을 녹화해 수업 자료로 활용했는데, 같은 언어와 문화를 가진 한민족으로서의 동질성을 회복하는 데 훌륭한 교육 자료였다. 나는 특히 '북한은 가난한 나라이기에 통일이 되면 우리만 손해'라는 아이들의 편견을 극복하기 위해 노력했다. KBS 등 언론기관의 보도 영상과 자료 등을 보면서 북한의 막대한 지하자원의 가치, 동반 성장과 공동 번영의 미래에 대해 설명하고 토론해보도록 했다.

아이들은 통일교육을 통한 민족 동질성 회복 노력에 긍정적으로 화답했다. 통일의 필요성을 묻는 질문에 반이 훨씬 넘는 아이들이 찬성으로 돌아선 것이다.

새로운 눈 '수업비평'을 만나다

2007년 대전동화중에서 새 학기를 시작하면서 동료 선생님들과 함께할 교내 교사연구회의 필요성과 연구 주제를 제안하고 사전 모임을 주도했다. 이때 교사 수업 전문성 신장을 위한 나의 열쇠 말은 '수업비평'이었다.

수업비평은 반성적 실천가를 지향하는 수업 전문가로 성장하기 위해 노력하던 나의 마음에 인상적으로 다가왔다. 계기는 2006년 9월 교육월간지 〈우리교육〉에 실린 이혁규 청주교대 교수의 글 '수업을 보는 비평가의 눈'을 통해 수업을 보는 새로운 눈을 뜨게 된 것이었다.

교사는 기능인이 아닌 예술가

새롭게 뜨게 된 첫 번째 눈은 교사의 수업 전문성 신장을 위한 수업비평이라는 관점이었다. 이 교수는 자신의 글에서 이렇게 주장했다.

수업비평은 비교적 최근에 사용되기 시작한 개념이다. 다만 수업 영역에서의 수업비평의 부재는 수업활동을 바라보는 전통적 관점 때문일 것으로 보인다. 한 국가 내의 모든 사람들에게 일정한 기간 동안 보편적인 교육 내용을 차별 없이 제공하는 것을 이상으로 하는 근대 공교육 체제에서 수업 활동은 비평적 관점이 아니라 평가적 관점의 대상이 된다.

하지만 자율적이고 창의적인 교수학습과정을 강조하는 7차 교육과정의 근본 취지를 살린다면 이제는 수업을 비평적 관점에서 새롭게 시작할 필요가 있다. 왜냐하면 교사는 주어진 설계도에 따라서 공사를 진행하는 기능인이 아니라 환경의 제약 속에서 나름의 자율성을 발휘하여 수업을 창조해가는 예술가와 같은 존재이기 때문이다.

나는 이 주장에 공감했다. 그리고 동료 교사들과 함께 새롭게 다가온 수업비평에 대한 이론적 공유와 실천적 사례를 축적하는 일이 중요하다고 생각했다. 실제 수업을 어떻게 비평하면 좋은지에 대한 사례가 많지 않았기 때문이다. 이는 새로운 도전이었다. 수업비평을 통해 수업 하나하나가 작품으로서의 예술적 가치를 찾는다면 수업 전문성의 신장에 보다 큰 즐거움을 주는 도전이 되리라 본 것이다.

'잘 가르치는 것'보다 중요한 '잘 배우는 것'

두 번째 눈은 수업 전문성을 신장하기 위한 수업관찰의 새로운 관점이었다. 이 교수는 또 이렇게 주장했다.

좋은 수업관찰자는 수많은 관찰 초점이 존재함을 아는 사람이다.

수업관찰의 일반적인 초점은 교사의 일반적인 수업수행 능력이다. 이는 학습 분위기 조성, 학생 통제 능력, 질문 제시 능력, 판서 능력, 시간관리 능력, 학습 집단 조직 능력, 교수 방법의 다양성 등이 해당된다.

또 다른 초점은 수업을 하나의 '교과'가 교수되는 현상으로 이해하는 방식이다. 교실수업을 나름의 고유한 세계 이해 방식을 가지는 교과를 배우는 장이라면 교사가 그런 교과를 잘 이해하고 가르치고 있는가 하는 점이다.

교실수업을 관찰하는 또 다른 초점은 학습자의 학습과 배움을 중심에 두는 것이다. '아동 중심' 혹은 '학습자 중심' 교육이 강조되면서 학습자의 학습활동을 살피는 것이 수업관찰의 중요한 영역으로 부상했다. 이제 '교사가 교과를 어떻게 가르치는지' 대신에 '학생이 교과를 어떻게 학습하는지 혹은 교과를 학습하는 방법을 어떻게 학습하는지'를 살펴보는 일이 점점 더 중요해지고 있다.

수업을 비평적 관점으로 분석하고 그 가치를 발견하기 위해서는 좀 더 다양한 수업관찰의 관점에 대한 이해가 필요하다. 특히 중요한 것은 '교사가 얼마나 잘 가르치느냐'가 아니라 '아이들이 얼마나 잘 배우느냐'라고 할 수 있다.

'학습자의 학습과 배움에 중점을 둔 수업관찰의 초점'은 나에게 신선한 충격으로 다가왔다. 다만 이를 수업에서 어떻게 관찰하고 비평할 것인지, 그 관찰과 비평 속에서 어떻게 수업 전문성을 신장하기 위한 배움을 찾아낼 것인지가 나와 우리 연구회의 과제로 떠올랐다.

'따뜻한 비평'을 나누는 연구회 활동

나는 선생님들에게 위의 인식에 기초해 수업비평연구회 조직과 활동에의 참여를 제안했다. 나를 비롯해 7명의 선생님이 함께 '새 수업 패러다임 구축을 위한 수업비평 프로그램의 구안 및 적용'이라는 주제로 시교육청 교실수업 개선을 위한 교과연구팀 공모에 참여해 즐거운 연구회 활동을 진행했다. 한 달에 두 번 정기모임을 갖고, 일상적인 수업을 공개하고, 학생 활동 중심의 수업을 기획하고, 학습자의 배움에 중점을 둔 수업비평과 수업협의회를 실천하고자 했다. 때마침 발간된《수업, 비평을 만나다》(이혁규 외 7인)는 우리에게 좋은 연구 자료가 되었다. 대전동화중 수업비평연구회 카페도 개설해 활동 상황과 연구 자료를 올려 공유했다. 카페지기 역할을 담당했던 김〇〇 선생님은 아래와 같이 멋진 여는 글을 남겼다.

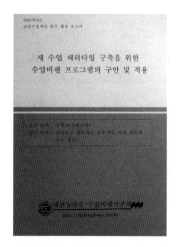

수업비평 프로그램 활동 보고서(2007)

가르치는 자의 최대 위협은 만족입니다. 자신의 눈으로만 보는 것은 더 이상의 발전에 한계가 있습니다. 때로는 내 수업의 장점을 믿지 못하는 경우도 있을 것입니다. 그래서 저희는 모였습니다. '대전동화중 수업비평연구회'입니다. 카페는 연구회 목적에 따라 동료 교사 수업 참관 후 비평에 대한 글이 주를 이루고 있습니다. 회원들 서로가 수업 참관에 대한 감사함과 장점, 개선점 등을 쓴 글입니다. 그 글을 보면 비평이라는 말에서 따뜻함을 느끼게 됩니다. 그래서 감히 '따뜻한 비평'이라는 말을 붙여봅니다.

우리 회원들은 이렇게 동료 교사와 함께 폐쇄되고 고립되어 있던 교실과 수업을 열고 그 안을 들여다보며 '따뜻한 비평'의 글을 작성하고 함께 나누었다. 우리는 보여주기식의 일회성 연구수업, 지적과 충고로 수업자(참관자와 구분하기 위한 표현)의 마음에 상처만 안겨주는 형식적 강평회의 대안을 제시했다. 홍○○ 선생님은 그동안 왜곡된 연구수업 공개 준비와 형식적 강평회에 대해 정곡을 찌르는 예리한 풍자로 우리의 공감을 이끌어냈다.

저는 공개수업은 교사와 학생들이 함께 노력한 결과물을 보여주는 거라고 생각했는데, 강평회를 보니 그게 아니더군요. 그리하여 연구수업의 7가지 원칙에 대해서 한번 이야기해봅니다. 이것은 일종의 풍자입니다.

1. 노트는 필히 준비시키세요. 노트 필기하면 정해진 양을 다 나갈 수 없어서 많은 선생님들이 프린트물을 열심히 나눠주셨을 텐데, 평가 시 프린트물은 별로 환영을 못 받습니다.
2. 지나치게 들뜬 분위기는 자제해주세요. 작년의 '개판'에 이어 올해에는 '약장사 같다'는 사적인 강평이 있었습니다.
3. 적어도 3분의 1은 차분히 강의해주세요. 교장과 교감 샘 모두 진지하고 차분한 강의를 좋아하십니다.
4. 짜고 치는 고스톱마냥 사전에 필히 한 번 정도는 아이들과 연습하

고 수업하세요. 저는 자연스러움을 강조하려다 이 부분에서 완전 망했답니다.

5. 학부모들은 선생님이 수업을 얼마나 잘하는지 안 봅니다. 자기 아이가 관심사이지요. 오시는 학부모들을 미리 파악해서 해당 자녀를 꼭 활동시켜주세요.

6. 수업도 중요하지만 교실 상태를 꼭 점검하세요. 수업을 잘했어도 책걸상 실명제, 낙서 등 수업과 관련되지 않은 것을 지적당하면 기분 나쁘지요.

7. 평상시 잘 보이세요. 아무리 수업 잘해도 찍히면 좋은 평가 없지요.

가슴 아프지만 그것이 현실이었다. 그럼에도 우리는 스스로의 성찰 과정으로 수용하고 그 속에서 바람직한 해결 방안을 모색하고 실천했다. 그때 나는 믿었다. '정성을 다한 수업에 망친 수업은 없다. 우리가 배울 수 있는 수업만 있을 뿐'이라는 것을.

나의 첫 수업비평문
'현실과 이상의 조화'
수업비평연구회 활동 02

나는 이때부터 동료 교사들의 일상적 수업을 관찰하며 수업비평문을 작성하기 시작했다. 교과를 초월해 동료 교사의 교실을 열고 들어가 수업을 관찰하며 수업의 전문성을 신장하는 기회로 삼고자 했다. 하지만 교내 공개수업은 여전히 신규 교사 등 젊은 교사들의 몫이었고, 어쩔 수 없이 어느 정도 사전 준비된 수업으로 진행될 수밖에 없는 한계가 존재했다. 이런 현실 속에서 처음 시도하는 수업비평 활동이기에 부족하더라도 정성을 다해 배우려는 자세를 견지했다.

교사는 수업으로 말한다

나의 첫 수업비평문은 가정과 김○○ 선생님의 수업에 대한 것이었다. '현실과 이상, 그 영원한 미완의 조화'라는 제목으로 나의 수업비평 관점을 제시하는 것으로 시작했다.

수업비평의 목적은 첫째, 수업에 대한 근본적 물음들, 즉 수업이란 무엇인지, 왜 수업을 하는지, 어떻게 수업을 해야 하는지 등에 대한 반성적 성찰의 계기를 마련하고, 둘째, 진리의 상대성에 기초하여 수업에 대한 각자의 생각과 방식을 되돌아보고, 그 성찰의 폭과 깊이를 인간의 삶과 교육 등으로 확대해가는 계기로 삼고, 셋째, 폐쇄적인 수업·학교 문화의 닫힌 문을 열고 일상적·개방적·협력적 수업과 학교문화로 가는 계기를 마련하는 데 있다.

이어서 수업 진행과 내용에 대해 아래와 같이 기술했다.

신규 교사임에도 그의 넘치는 신선함과 친근함과 함께 흐트러짐이 없는 듯한 몸가짐과 언어 구사력이 돋보였다. 도입과 전개의 과정에서 지난 시간과 본시 유도를 위한 다양한 질문과 답변을 중심으로 진행한 15분 정도의 교사 중심 수업 방식도 적절했다. 빔 프로젝트의 대형 화면을 화려하고 세련되게 채운 프레젠테이션의 디자인과 내용 구성, 활용성도 뛰어났다. 사전 수업 준비에 많은 정성과 노력이 깃들어 있음을 실감하게 했다.

그리고 점심시간에 교장실에서 가졌던 잠깐의 강평회에 대한 나의 소감을 정리했다. 강평회에서 세심한 준비, 차분하고 침착한 수업 진행, 사전 교과협의 과정 등에 대한 격려와 함께 다소 부족하다고 평가받은 2가지에 대한 나의 반론을 실었다.

먼저 수업 목표의 판서 요구이다. 김 선생님의 해명 기회가 없었던 아쉬움이 있었지만 프레젠테이션과 수업 진행의 흐름 속에서 수업 목표는 여러 차례 제시되었다. '수업 목표를 꼭 수업 전에, 칠판에 사전 게시해야 옳다.'는 형식에 매인 수업관은 위의 사례에 바탕해 동의하기 어렵다. 인간적인 교사와 학생 간의 진실한 만남과 배움의 즐거움은 형식의 규정에 있는 것이 아니라 자유로움 속에 깃든 교사의 사랑과 열정, 학생들의 자기주도적 학습 동기, 협력성에 있다고 믿는다. 이는 노트 정리가 잘 안 되어 있다는 지적도 마찬가지다.

또 하나는 짧은 점심시간에 쫓기듯이 관행적으로 이루어지는 강평회의 모습이다. 여전히 공문 처리로 상징되는 행정적 잡무들에 그 우선순위를 빼앗기고 뒷전으로 밀려나 있는 교육활동의 본질인 '교사는 수업으로 말한다.'는 명제를 되새겨보며 마음이 씁쓸했다.

마지막으로 반성적 성찰을 전제로 언제나 수업을 끝내면서 누구나 느끼게 되는 아쉬움들에 대해 이야기했다.

질의응답 시 아이들 답변을 좀 더 기다려주는 여유가 아쉬웠다는 지적과 함께 참 잘 안 되는 부분이지만 아이들이 질문거리를 만들고 궁금한 것을 질문할 수 있도록 하는 방식도 좋을 듯하다는 생각이다. 발표시간이 다소 부족했다는 지적에 동의한다. 한 시간의 수업으로는 다소 무리가 있는 수업 구성은 아니었는지 토론이 필요한 부분으로 보인다.

나의 첫 수업비평문을 보면 지나친 이론적 배경 제시 요구나 수업자의 마음을 거스르게 하는 불필요한 지적 등이 묻어난다. 또한 아이들의 활동적인 배움보다 교사의 수업수행 능력에 초점을 맞춘 비평으로 보인다. 아이들의 능동적 배움을 관찰하고 그 속에서 어떤 수업 전문성을 찾아낼 수 있는지에 주안점을 두었어야 했는데 말이다. 수업 비평의 초보가 드러내는 미숙함에서 비롯된 결과라고 반성한다. 아직은 가야 할 길이 너무 멀었던 것이다.

수업 전문성 신장을 위한 아름다운 도전

김 선생님에게는 신규 교사 발령 후 첫 공개수업이었으니 그 심리적 부담감이 엄청났을 것이다. 짧은 점심시간에 형식적으로 이루어지는 평가 형식의 강평회가 선생님에게 어떤 배움을 가져다주었을까 의심스럽다.

그에 비해 우리 수업비평연구회에서 이루어진 자기 비평을 통한 성찰과 동료 교사들의 따뜻한 비평시간은 교직생활에 큰 힘이 되었으리라 믿는다. 김 선생님은 아래와 같이 자기 비평문을 발표했다.

교사는 수업으로 학생들에게 평가받는다. 임용을 준비하면서 들었던 생각은 '왜 교사들은 자신의 수업을 공개하기를 꺼리는 걸까?'였다. 내가 교직에 가면 아이들이 스스로 참여하고 활동할 수 있는 다양하고 재미있는 수업을 하리라 마음먹었었는데, 사실 교직에 와서 생활하다 보니 나 역시 현재의 교사문화 풍토에 젖어들었다. 수업보다는 업무가 위주가 되다 보니 수업 준비를 소홀하게 되고, 수업 내용이나 방법 역시 학생 위주가 아닌 교사 중심 위주로 수업을 진행하고 있다. 교육학에서 수없이 들어봤던 학생 중심의 수업을 지향해야 함에도 불구하고 교직에 와서도 역시 교사 중심의 수업을 진행하고 있다는 사실이 현실과 이론의 차이라는 생각이 든다.

김 선생님은 또 다른 입시나 다름없는 치열한 임용고시를 통해 어렵게 교사가 되었지만, 교단에서 아이들을 만나는 순간부터 자신이 원하는 교사가 되기 위한 더 치열한 공부의 필요성을 깨닫게 되었다. 그것이 현실이다. 나는 신규 교사의 자기 수업비평문을 읽으며 크게 공감했고 그 아픈 현실이 하루빨리 개선될 수 있기를 기원했다.

나이 든 교사에게도 수업은 늘 어려운 도전 과제다. 다만 그 어려움을 드러내 함께 공유하고 격려해갈 동료가 있다면 그 길이 좀 더 수월할 수 있을 것이다. 우리는 이렇게 부족함 속에서도 수업 전문성 신장을 위한 아름다운 도전을 계속했다.

지금 우리가 던져야 할 질문들

수업비평연구회 활동 03

2008년 수업비평연구회 2년차 활동이 이어졌다. '일상적 수업 공개와 수업비평 활동을 통한 교수·학습 방법 개선'을 주제로 시교육청 교실수업개선 교과연구팀 활동을 전개한 것이다.

나는 3월 초, 2년차 연구회 운영 제안을 '수업비평의 새 길을 묻습니다'라는 제목의 글로 아래와 같이 회원 선생님들에게 보냈다.

1. '교육', '학교'의 의미를 새롭게 묻습니다.

우리 사회가 지향하는 올바른 교육은 '무엇'인지, '왜' 그런지, '어떻게' 실천해나가야 하는지 등과 관련한 좀 더 근본적인 성찰을 해보면 좋겠습니다. 우리가 꿈꾸는 '좋은 수업'을 위한 '수업비평연구회' 활동에 부족한 부분이 있겠지만, 나름대로의 철학적 토대를 갖게 해 올바른 활동 방향으로 안내할 수 있으리라 봅니다. 이는 '학교'의 의미도 마찬가지입니다.

2. '교사', '수업'의 의미를 새롭게 묻습니다.

'교사', '수업'의 의미도 그렇습니다. '교사관'이나 '교사로 산다는 것'은 무엇인지, 어떻게 살아가야 하는지에 대한 서로의 생각을 나누고 공유하는 공감의 기회를 가져보면 좋겠습니다. 이는 '수업'의 의미에 대해서도 마찬가지입니다. '수업을 왜 하는지?', '좋은 수업은 어떤 수업인지?', '수업관찰의 초점은 무엇인지?', '서로에게 불편함을 주지 않는 수업비평이 되려면 어떻게 해야 하는지?' 등과 관련해 서로의 솔직한 생각을 나누고 바람직한 대안을 모색해봅니다.

3. '수업비평', '수업대화'의 새길을 찾습니다.

'수업비평'은 '수업대화'라는 지적이 있습니다. 좋은 수업비평 활동이 이루어지려면 좋은 수업대화법을 찾기 위한 끊임없는 노력이 있어야 한다는 것이지요. 그 과정이 수업대화 워크숍입니다. 수업비평을 위한 수업대화는 놀이처럼 즐거워야 한답니다.

다음은 수업자의 공개수업을 통해 '우리 모두가 배울 수 있었던 점이 무엇인지?'를 수업대화의 핵심에 놓습니다. 기존의 공개수업의 장단점을 '이야기'하는 방식에서 한 걸음 더 나아가 그 수업을 통해 우리 모두가 배울만한 점들에 대한 '질문하기'에 보다 중점을 두고 수업비평을 진행합니다.

이런 제안에 공감하고 연구활동에 참여한 선생님들이 나를 포함해 14명이었다. 전체 교사들 중 3분의 1이 넘는 참여가 이루어진 것은 그만큼 수업 전문성 신장을 위한 새로운 시각과 자발적인 동료장학에 대한 교사들의 관심과 열의가 높다는 증거였다. 하지만 시교육청 교실 수업개선 정책으로 강제된 114운동(연 1회 공개수업과 자기 모니터링, 4회 동료 교사 수업 참관)은 여전히 일상적 수업 공개(잘 짜진 형식적 연구수업이 아닌 평소 수업 공개)를 어렵게 했다. 교사의 수업수행 능력을 중시하는 관리자들의 전통적 수업관 속에서 학습자의 배움을 중시하는 활동 중심의 수업은 교사의 책임을 방기하고 아이들을 방임하는 수업으로 보여 좋은 평가를 받기 어려웠기 때문이다.

이런 한계 속에서도 우리 수업비평연구회는 입시 위주의 강의식 수업을 넘어 학습자의 참여로 일구는 질 높은 즐거운 수업을 연구하고 실천하기 위해 나름 최선을 다했다.

수업자로부터 무엇을 배울 수 있는가

2년차 수업비평의 과제는 '수업자로부터 무엇을 배울 수 있었는가?'와 '수업자에 대한 질문하기'였다. 아래는 지역 교육청 내 영어과 교사들과 함께한 수업컨설팅의 일환으로 이루어진 영어과 양○○ 선생님의 연구수업을 관찰하고 위 관점에 기초하여 'e-PBL과 영어전용수업이 던져준 수업관찰의 새 지평'이라는 제목으로 작성한 나의 수업비평문 중 질문하기와 관련한 요약 부분이다.

(…)
끝으로 '수업자로부터 무엇을 배울 수 있을 것인가?'라는 우리 모임의 활동 목표와 관련해 몇 가지 공통적인 질문을 던져본다.
첫째, 수업자의 수업관, 교육관, 학생관은 무엇인가?
둘째, 연구수업을 준비하고 진행한 수업자는 본시 수업관찰의 초점을 어디에 두었는가?

셋째, 'e-PBL(Problem-Based Learning, 문제기반학습)'이라는 새로운 학습모형에 대한 수업자의 관점은 무엇인가?

넷째, '영어전용수업'을 바라보는 수업자의 관점은 무엇인가?

다섯째, 본교에 최근 막대한 비용을 들여 새로 설치한 '전자칠판을 활용한 수업'을 실시한 수업자로서 그 장단점과 활용의 유의점은 무엇인가?

나는 수업비평문을 통해 가능한 한 수업의 내용을 자세히 그려내면서 수업에서 배울 수 있었던 점을 찾고자 했다. 또한 그것을 위해 수업자의 관점과 의도를 충분히 드러내는 협의회를 위한 질문하기에 중점을 둔 수업비평문이 되도록 노력했다.

수업자 양 선생님은 자기 수업비평문을 통해 아래와 같이 그 질문에 답했다.

첫째, 나의 수업관은 계속 바뀌고 있는 것 같다. 현재의 나의 수업관은 '몰입할 수 있는 흥미 있는 수업을 하자.'이다. 한 명의 아이들도 빠짐없이 흥미를 느껴서 누가 불러도 모를 정도로 빠져드는 수업을 하는 것이 나의 목표다.

둘째, 나의 교육관과 학생관은 학생도 존중받고 삶의 즐거움을 누릴 권리가 있는 주체라고 생각하고 즐

수업비평 프로그램 활동 보고서(2008)

거운 학교, 명랑한 교실을 만드는 것이다. 웃음과 사랑이 넘치는 교실이 내가 지향하는 바다.

셋째, 이번 연구수업의 제목 e-PBL은 인터넷을 통해 교실수업과 가정학습의 연계로 문제해결학습을 업그레이드한 것이다. 그래서 학기 초부터 '양○○ 샘의 영어세상'이란 카페를 만들어 이것들의 연계를 꾀하고자 했다.

넷째, 나는 영어전용수업에 대해서 찬성하는 편이다. 왜냐하면 언어라고 하는 것은 도구로 사용되어질 때 그것의 진정성을 발휘한다.

아쉬웠지만 의미 있었던 대화

2009년 수업비평연구회 3년차 수업비평 활동은 공개수업 후 수업대화 워크숍 형식으로 수업협의회를 진행했다. 그해의 14번째 수업대화 워크숍이었다. 당시의 수업협의록에는 수업 시 동영상 자료 사용의 적정성과 교육적 효과에 대한 논란, 글쓰기 과제의 어려움 등에 대한 질문과 수업자의 견해가 주로 담겨 있다. 아이들과의 관계 맺기의 어려움에 관한 대화도 나누었다. 아쉬운 점은 수업 주제와 아이들의 활동, 배움의 모습 등에 대해 충분한 대화를 나누지 못한 것이었다. 아직은 수업관찰에 대한 연구가 미진한 탓이었다.

2009년은 우리에게 좋은 수업을 위한 동료 교사들 간 허심탄회한 대화를 통해 교사의 수업 전문성을 신장하기 위한 반성적 성찰의 시간이었고, 개인적으로는 배움 중심의 수업관찰을 위한 고민과 갈증이 커진 해였다.

수업이 바뀌면 학교가 바뀐다!

'배움의공동체를 만나다' 01

2007년 말, 나는 교사로서의 성장에 큰 전환점이 된 '배움의공동체'를 접했다. 〈대안교육과 개혁교육사상 자료집〉의 마지막 장에서 송순재 교수가 사토 마나부 교수의 '케어의 공동체 = 협동학습을 지지하는 교사의 동료성'을 다루었는데, 아주 깊은 인상을 받았다. 뒤이어 2008년 상반기에는 교육혁신위원회가 2006년에 펴낸 자료(학교혁신 국내외 사례 비교 연구)를 뒤늦게 만났는데, 그 자료의 한 부분이 사토 마나부의 '21세기 파일럿 스쿨 : 배움의공동체학교'였다. 비교적 자세하게 소개된 '배움의공동체학교'에 대한 내용은 수업 전문가를 꿈꾸는 나에게 교사로서의 성장에 또 하나의 코페르니쿠스적 전환을 가져다주었다.

깊은 깨달음을 준 글 그리고 수업 개혁

우선 나는 다음과 같은 글에서 깊은 깨달음과 희망을 읽어냈다.

21세기 새로운 학교상인 '배움의공동체학교'는 사회민주주의의 공공
성과 민주주의 원리에 기초한다. 즉, 학교가 교육과정과 인사와 재정에
서 자율성을 발휘하여 학습자와 학부모와 교사가 연대하여 함께 서로
배우면서 성장해가는 지역문화의 중심으로서의 학교상을 지향한다. 배
움의공동체학교상은 교육과 문화의 공공적 영역을 학교의 자율성에 입
각하여 재구축하는 개혁이다.

또 다른 깨달음을 준 것은 이러한 배움의공동체를 재구축하기 위한
이론적 고찰과 해결 과제, 제도적 조건을 제시하면서 내린 결론인 수
업 개혁이었다.

학교의 위기(이질적 인문화와 다양한 개성 배제, 아동도 교사도 삶의
보람과 배움의 의미 상실, 연대감 단절 등)를 극복하고 '배움의공동체'
로 재생되기 위해서는 위기의 핵심을 파악해 그를 회복하는 민주주의
공간으로 학교가 재창조되어야 한다. 이를 위해서는 우선 일상의 수업
을 통해서 교실이 '배움의 공동체'로 재생되어야 하며, 그는 바로 수업
개혁이다.

이어 하마노고소학교와 가쿠요중학교의 개혁 사례를 들어 수업의
변화를 통해 교사가 변하고 학교가 변할 수 있음을 인상적으로 보여
주었다.

첫째는 배움과 교육과정에 대한 새로운 정의였다.

교실에서 수업을 통해 이루어지는 '배움'이란 '교육 내용인 대상세계(사물)와의 만남과 대화', '그 과정에서 수행되는 다른 아이들의 인식이나 교사의 인식과의 만남과 대화', '새로운 자기 자신과의 만남과 대화'라는 3가지 대화적 실천의 실현이다. 그동안 교육과정의 지배적 원리로 자리 잡아온 '목표, 달성, 평가'를 단위로 조직되어 온 단원을 '주제 · 탐구 · 표현'을 단위로 전환하는 일이다.

이어서 배움이 있는 교육과정에 기초한 수업 개혁을 위한 구체적 방안 7가지를 소개하고 있는데, 2가지만 소개한다.

① 먼저 '배움'을 중심으로 한 수업 만들기로부터 시작한다. 첫째. 어떤 배움을 창조할 것인가라는 '수업 만들기의 이론을 가지는 일'이다. 둘째, 교사 전원이 연 1회 이상은 수업을 공개하는 일이다. 이는 교실을 사물화하지 않는다는 취지다. 셋째, 반성적 실천가를 육성하는 연수 시스템을 재구축함으로써 동료성을 육성하자는 것이다.

② 이러한 수업 만들기는 먼저 '학습자 한 사람 한 사람의 배움을 보장할 것'을 기본 이념으로 삼고 있다. 가쿠요중학교에서는 이 점을 '소집단 활동'에 의한 협동적인 배움에 의해 저학력층에 있는 아이들의 배움을 잘하는 아이들의 도움을 받아 보장받도록 하는 수업으로 전개하고 있다.

나는 사토 마나부 교수의 글을 읽고 교사의 본질적 행위인 수업연구에서 새로운 지평을 제시받은 느낌이었다. '새로운 학교는 어떤 철학과 비전을 가져야 하는가?', '수업을 중심으로 한 학교 개혁이 어떻게 가능한가?', '모든 아이들의 질 높은 배움을 보장하는 수업디자인을 어떻게 마련할 것인가?' 등에 대한 해답의 실마리를 찾은 것은 참으로 놀랍고도 행복한 일이었다. 그러면서 배움의공동체 수업을 '어떻게 디자인하고 수업에 적용할 것인가?'에서부터 'ㄷ자형 책상 배치는 어떻게 하는 것인가?'에 이르기까지 새로운 의문을 갖게 되었다.

배움의공동체학교의 철학적 원리

때마침 내가 구독하고 있던 잡지 〈우리교육〉이 2008년 6월호 별책부록으로 〈수업을 바꾼 조용한 혁명 배움의공동체〉를 펴냈다. 사토 교수의 글과 인터뷰, 배움의공동체를 한국에 도입하여 실천하고 있는 손우정 교수의 글을 통해 그 내용을 좀 더 깊이 이해할 수 있었다. 특히 사토 교수는 배움의공동체학교의 철학적 원리를 간략히 정리해 제시했는데, 이는 내가 평소 갖고 있던 교육관과 학교 개혁의 방향을 명확히 하는 데 큰 도움이 되었다. 그 내용을 아래에 소개한다.

공공성

학교의 공공적인 사명과 이를 담당하는 교사의 책임은 학생 한 명 한 명의 배움의 권리를 실현하고 민주주의 사회를 실현하는 것에 있다. 학교가 책임지는 공공성의 또 하나의 의미는 학교가 공공 공간으로 열려 있다는 것에 있다. '공공성'은 공간 개념이며 학교와 교실의 공간이 안으로도 밖으로도 열려 다양한 삶의 방식과 사고방식이 합리적인 소통에 의해 교류되는 것을 말한다.

민주주의

학교 교육의 목적은 민주주의 사회 건설에 있으며 학교는 그 자체가 민주적인 사회 조직이어야 한다. 민주주의는 단순한 정치적인 절차가 아니다. 여기서 말하는 민주주의는 존 듀이가 정의한 것처럼, 타인과 함께 살아가는 방법을 의미한다. 민주주의 원리로 조직된 학교에서 학생, 교사, 학부모 한 사람 한 사람은 각각 고유한 역할과 책임을 지고 학교 운영에 참가하는 주인공이다.

탁월성

가르치는 활동, 배우는 활동은 모두 탁월성을 추구할 것을 요청받고 있다. 여기서 말하는 탁월성이란 타인과 비교해 우수하다는 의미가 아니다. 스스로 최선을 다해 최고를 추구한다는 의미의 탁월성이다. 경쟁에 의한 탁월성 추구가 우월감이나 열등감을 초래하는 것에 비해 스스로 최선을 다해 최고를 추구하는 탁월성은 가르치는 자에게도 배우는 자에게도 신중함과 겸허함을 가져다준다. 나는 이러한 탁월성 추구를 '발돋움과 점프가 있는 배움'으로 제기하고 있다.

이러한 배움의공동체의 철학적 원리와 교육학적 연원, 활동 시스템은 내게 교사로서의 수업 전문성을 신장하는 데 큰 자극제가 되었고 나의 삶을 더욱 풍요롭게 했다. 이후 배움의공동체의 탐구와 실천은 나의 수업연구와 교사연구회 활동의 중심에 놓이게 되었다.

수 업 개 혁 의 답,
일본 '배 움 의 공 동 체 학 교'
'배움의공동체를 만나다' 02

2010년 1월 19일부터 23일까지 4박 5일간 일본 '배움의공동체학교' 탐방 연수를 다녀왔다. '전국배움의공동체연구회'의 손우정 교수와 이우학교 부설 '함께여는 교육연구소'의 이광호 소장이 주관한 자비 연수였다. 이미 몇 년째 진행되고 있는 연수였는데, 나는 뒤늦게 알고 참여하게 되었다.

강렬한 배움을 안겨준 수업디자인

연수 주최 측은 탐방에 앞서 배움의공동체를 소개하고, 수업과 수업협의회 참관의 유의점, 사토 마나부 교수와의 워크숍 질문자 선정 등 연수 일정을 자세히 안내했다. 짧은 일정이었지만 배움의공동체의

사토 교수와 함께

모토요시와라중학교 국어 수업 풍경

철학과 수업디자인에 큰 관심을 갖고 공부하던 나에게는 깊은 배움의 기회였고 교사로서의 성장에 중요한 전환점이 되었다.

무엇보다 이틀간 모토요시와라중학교와 나미키소학교를 방문해 일본의 대표적인 파일럿 스쿨인 배움의공동체학교의 운영 시스템을 직접 확인할 수 있었던 것이 좋았다. 어떻게 배움의공동체 수업디자인을 교과별로 구안하고 실제 수업에 적용하는지, 교사의 역할은 어떤 모습으로 나타나는지, ㄷ자 좌석 배치는 어떻게 하는지, 모둠 구성과 활동은 어떻게 이루어지는지, 아이들은 어디에서 배움을 점프하거나 주춤하는지, 수업관찰과 협의는 어떻게 이루어지는지 등 그동안의 궁금증을 해소할 수 있어서 참으로 뿌듯하고 감사했다.

모토요시와라중학교의 공개수업을 참관했을 때 신규 2년차 국어 선생님의 낮고 차분한 음성, 모둠 탐구활동을 진행하는 아이들의 조용하면서도 진지한 대화, 다양한 매개물들을 활용한 학생 중심의 탐구활동의 모습이 오래 기억에 남았다. 특히 전체 제안수업이었던 수학과 수업지도안은 강렬한 배움을 안겨주었다. 그동안 우리의 학교 현장을 지배해온 교사 주도의 목표·달성·평가의 단계형(프로그램형) 교육과정으로 기획된 교수·학습과정안의 새로운 대안을 제시해 나를 놀라게 했다. 학생의 능동적 배움을 중시하는 주제·탐구·표현의 등산형(프로젝트형) 교육과정으로 디자인한 간략한 수업지도안이 참 인상적이었다(자세한 내용은 블로그 blog.naver.com/ske0419 참조).

수업 시작과 함께 교사는 과제활동지를 배부하고 모둠활동에 들어갔다. 교사의 강의를 최소화하고 바로 탐구활동에 들어감으로써 아이들이 좀 더 수업에 집중하고 배움의 즐거움과 기대를 갖게 하려는 것이다. 이와 관련해 훗날 사토 마나부 교수는 이렇게 말했다.

아무리 배움에서 멀어진 아이라 할지라도 수업이 시작되면 일말의 희망을 갖는다. 그러나 교사의 말이 길어지면 그 희망과 기대는 실망으로 바뀐다. 나는 30여 년간 10만여 회의 수업을 관찰하며 그 변화의 시점을 수업 시작 7분 후라는 점을 발견했다. 가능한 빠른 시간 안에 아이들이 흥미 있어 할 준비된 과제활동으로 넘어가야 한다.

수업디자인은 단순할수록 좋다. 그래야 아이들이 좀 더 여유를 갖고 창의적·주체적 활동을 할 수 있기 때문이다. "진리는 단순함에 있다."고 설파한 간디의 철학적 통찰도 이와 다르지 않다.

더욱 놀라운 일은 모토요시와라중학교 선생님들의 모습이었다. 관심이 필요한 아이가 속한 모둠 옆에 앉아 아이들의 대화를 경청하며 배움의 과정을 살피고 메모했다. 특히 교실 바닥에 앉아 아이들의 대화에 귀를 기울이며 수업을 살펴보던 교장 선생님의 모습은 특별했다. 때로는 진지하게, 때로는 웃음을 지으며 아이들과 호흡을 함께하는 모습이 어느 누구보다도 열심이었다.

우리나라에서는 공개수업 시 참관자들이 교실 뒤쪽에 자리를 잡고 수업자의 수업수행 능력을 지켜보는 것이 일반적이다. '아이들 곁에서 아이들의 배움을 살피는 것'에는 별 관심이 없어 보인다. 나는 모토요시와라중학교의 수업과 수업협의회를 참관하며 우리의 교육 현실에서 반성적 실천가로서의 수업 전문가로 성장하는 길을 가로막고 있는 장애물을 하나하나 헤쳐나갈 수 있는 힘과 실마리를 발견할 수 있었다.

아이들의 성장을 보다

공개수업 직후 열린 수업협의회는 또 다른 배움으로 내 가슴을 뛰게 했다. 수업자의 소감과 함께 교사들의 발언이 이어졌다. 그런데 그 내용을 채우고 있는 것은 수업에서 관찰했던 아이들의 배움 과정이었다. 수업에서 무엇을 어떻게 관찰해야 하는지, 수업협의회를 통해 어떻게 교사가 수업 전문성을 신장할 수 있는지 평소의 궁금증들을 풀수 있어 매우 유익했다.

아래는 손승현 고려대 교수가 당시 수업협의회의 발언을 정리한 내용의 일부다.

왼쪽 두 번째 모둠 참관 교사 : 감사합니다. 활발한 아이들도 있고 조용한 아이들도 있는데, 한 명 한 명이 존재감이 있는 수업이라는 느낌을 받았습니다. 카야라는 아이가 어떻게 문제를 풀었는지 얘기할 때 옆에 있는 친구들이 열심히 듣고, 알고 있더라도 기다려줬기 때문에 아이들 스스로 존재감을 느낀 게 아닌가 생각했습니다.

화이트보드 왼쪽 두 번째에 있는 모둠을 관찰했는데, 옆에 친구 프린트를 보면서 이건 이렇게 하는 게 아닐까 서로의 프린트를 보면서 함께 생각하는 모습이 좋았습니다. 3번 문제에서 다들 손이 멈추었는데. 마쯔라는 친구가 1/3이라는 답을 도출했습니다. 아이들은 서로 설명해 달라고 했고, 아는 친구에게 답이 어떻게 나왔는지 설명을 듣고 나서는 '내가 이래서 몰랐구나.'라고 느끼는 단계까지 나아갔습니다. 아이들의 성장을 볼 수 있었습니다.

교장 선생님은 평소 3시간 동안 진행되는 수업협의회를 한국에서 온 참관자들을 배려해 2시간 정도로 마무리했다고 말했다. 그들은 1년 내내 진행되는 이러한 수업협의회를 통해 '수업에서 자신이 배운 점과 아이들의 배움 과정'에 대한 심층 대화를 나누고 아이들의 특성을 보다 잘 이해하며 배움을 지원하고 있었다. 이러니 어찌 아이들의 학력이 높아지지 않겠는가. 의사가 꾸준한 임상연구를 통해 의료 전문성을 높이듯 교사 역시 지속적인 수업관찰과 수업협의회라는 임상연구를 통해 수업 전문성이 높아지니 학교문화가 바뀔 수밖에 없다.

"학교장들도 지역협의회를 통해 수업을 중심으로 연구하고, 필요할 경우 교사를 초빙해 도움을 얻어가며 수업 전문성 신장을 위한 협의회를 정례적으로 개최한다."

나미키소학교 교장 선생님의 이 말은 내게 신선한 충격을 주었고 아직도 귓가에 맴도는 듯하다.

나는 일상적인 수업 연구와 공개, 수업관찰과 수업협의회를 통해 어떻게 교사가 성장하고 아이들이 배움을 촉진할 수 있는지 그 현장을 생생하게 목격했다. '수업이 바뀌면 학교가 바뀐다.', '모든 아이들의 배움을 보장한다.', '학교 구성원 모두가 배움을 통해 성장하는 배움의공동체학교다.'라는 교육의 이상을 현실에서 체득할 수 있었던 소중한 연수요, 배움의 시간이었다.

새로운 성장의 모태
'대전배움의공동체연구회'

'배움의공동체를 만나다' 03

2010년 3월, 나는 일본 배움의공동체학교 탐방에 기초해 대전동화중수업비평연구회의 교사연구회 활동을 마무리하고 새로운 교사연구회인 '대전배움의공동체연구회'를 조직해 활동에 들어갔다.

대전배움의공동체연구회의 특별한 의미

대전배움의공동체연구회 활동은 몇 가지 면에서 교사로서의 성장에 특별한 의미가 있었다.

첫째, 단위 학교 내 교사들로 이루어진 교사연구회의 범위를 학교와 급별을 초월해 대전 지역 초·중·고 교사로 확대했다는 것이다. 교사의 공통 의무인 수업연구에 대한 전문성을 신장하기 위한 보다 열린 자세를 취한 것이었다. 이를 통해 만난 수많은 동료·후배 교사들의 빛나는 열정과 따뜻한 관계 속에서 반성적 실천가로서의 교사 전문성을 새롭게 다듬고 성장시킬 수 있는 힘을 얻었다.

둘째, 새로운 학교에 적용할 교사의 수업 전문성을 신장하기 위한 철학과 수업디자인을 배움의공동체로부터 모색해보고자 한 것이다. 고정된 틀에 매이기보다는 우리의 현실에 맞는 수업연구의 모델을 배움의공동체에서 찾고자 했다. 독서토론, 수업 공개와 관찰, 수업협의회, 연수 시스템 개발 등을 하나하나 새롭게 시작했다.

셋째, 공립대안학교를 통한 학교 개혁 추동 조직인 새로운학교대전네트워크 내 교사연구모임의 정체성과 새로운 학교의 활동 시스템으로 배움의공동체학교를 지향했다는 점이다. 수업연구의 전문성을 신장시킬 뿐 아니라 학교 개혁의 모델을 연구하고자 했다.

수업 전문성 신장으로 가는 경험

우리는 대전배움의공동체연구회 이름으로 교과교육연구회 공모에 참여했다. 회장을 맡은 나를 비롯해 초·중·고 교사 20명이 함께해 '모든 학생들의 배움을 보장하고 촉진하기 위한 배움의공동체 수업 및 연수 시스템 구안 및 적용'이라는 주제로 교과별 배움의공동체 수업 디자인을 개발하고 배움의공동체 연수 및 수업협의회 체제를 구안·적용하기 위한 연구를 진행했다.

19차에 걸친 정기모임, 연인원 100여 명이 참석해 4월과 10월 2

차에 걸쳐 우리 연구회가 주도하고 대전교육연수원이 지원한 자율직무연수 개최(매회 3시간, 10회, 총 30시간 연수), 2차에 걸친 연구회 자체 공개수업 및 협의회 개최, 제1회 '전국배움의공동체연구회'에서 개최한 세미나 참석 등의 활동이 숨 가쁘게 이어졌다. 이를 통해 우리는 새로운 학교상으로서의 배움의공동체학교에 대한 이론적 고찰과 수업디자인·수업관찰·수업협의회의 실천적 연구, 교사 자율직무연수 시스템 개발이라는 성과를 거두었고, 나를 비롯한 선생님들의 수업 전문성을 신장하는 데 소중한 경험을 쌓을 수 있었다. 그리고 앞서 소개한 배움의공동체 자료와 책《수업이 바뀌면 학교가 바뀐다》(사토 마나부 저, 손우정 역), 손우정 교수의 강의 내용 등을 참고해 배움의 공동체 수업 및 연수 시스템을 구안하고 적용하여 실천한 내용을 연구결과 보고서에 담았고, 심사 결과 우수 연구팀으로 선정되었다.

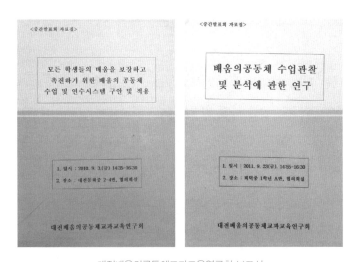

대전배움의공동체교과교육연구회 보고서

실천 역량을 키우는 참여형 연수

한편 나는 대전교육연수원이 처음 기획한 자율직무연수 지원 시스템을 적극 활용했다. 연수원은 시대 변화에 따른 연수 형식의 변화를 수용하고 현장 교사들의 요구를 존중해 교사들이 자율적으로 프로그램을 기획하면 강사비와 교재 제작비를 지원하되 간섭하지 않았다. 나는 우리의 프로그램에 배움의공동체 연수 시스템을 새롭게 적용할 것을 제안했다. 우선 유명 강사 중심의 일회성 연수 형식을 탈피하여 현장 교사의 이해와 요구에 기반을 두되 충분한 시간을 배정하고, 강의 형식을 벗어나 참여형 연수를 지향하고자 했다. 가능하면 회원 선생님들의 수업 실천 사례를 함께 공유하고 배움의 계기로 삼는 것이 수업연구에 실질적 도움이 되리라 믿었기 때문이다. 더불어 배움의공동체를 한국에 처음 소개한 손우정 교수의 집중 강의도 기획했다.

대전교육연수원이 지원한 '배움의공동체 연수' 자료

수업비평문, 배움에 집중하다

'배움의공동체를 만나다' 04

2010년 나는 대전배움의공동체연구회의 연구활동 중간발표회 때 공개수업을 자청했다. 선배 교사의 수업연구에 대한 열린 자세를 보여주고자 하는 마음과 함께 배움의공동체 수업에 대한 작은 도전 차원이었다.

반성적 실천가로 성장하는 계기

2010년에는 다른 회원들의 자발적 공개수업도 여러 차례 있었는데, 나는 최○○, 황○○ 두 분 선생님의 수업을 관찰하고 '배움의공동체 수업비평문'이라는 제목으로 내용을 작성했다. 수업비평문 작성을 통한 수업 전문성 신장이라는 개인적 연구 과제의 실천이었다. 초기의 수업비평문 작성이 교사의 수업수행 능력과 교과의 이해에 기초했다면 배움의공동체 수업비평문은 교사의 가르침보다 학생의 배움에 좀 더 집중해 수업을 관찰하고자 했다. 처음으로, 관찰하고자 하는 학생이 있는 모둠 옆에서 과제활동을 해결해가는 아이들의 배움의 과정과 교사와 학생 간의 대화를 중심으로 수업을 살펴본 것이다.

이는 수업비평문의 형식과 내용에 큰 변화를 가져왔다. 아이들의 탐구 과정과 공유를 통한 배움에 집중했던 것이다. 관찰과 비평의 중심이 교사가 아닌 아이들로 바뀌고, 배움의공동체의 철학과 활동 시스템을 적용한 수업을 비평적 관점에서 살펴보고, 새롭게 배울 수 있었던 점이 무엇인지를 담고자 했다. 이를 통해 우리는 교사의 수업 전문성을 신장하고, 동료 간 수업협의회를 통해 반성적 실천가로서의 교사로 성장하는 계기를 마련할 수 있었다. 물론 이는 일본 배움의공동체 학교 탐방 연수에서 얻은 배움들이 큰 도움이 된 것이 사실이다.

아래는 배움의공동체 수업비평문의 이름으로 작성된 나의 수업관찰 사례다. 나의 초기 수업비평문 내용과 비교할 때 질적으로 큰 변화를 보이고 있음을 알 수 있다. 각 수업비평문 중에서 일부만 소개한다 (전문은 블로그 blog.naver.com/ske0419 참조).

최○○ 선생님 배움의공동체 수업비평문
본 수업은 초등 5학년 국어시간으로 '표준어와 방언에 대하여 알아보기'가 학습 주제였다.

교실 좌석은 소그룹 활동을 위해 'ㄷ'자 형태로 배치되었고, 남녀 각 2명씩 4명의 학생이 교차하여 자리해 모둠 형태로 전환했다. 본 참관자는 3모둠을 관찰했다. 김○○는 처음 시 낭독부터 적극적으로 수업에 참여했다. 손○○를 자주 챙겨주고 친절하게 설명해준다. 손○○는 소극적인 모습을 보였으며 종종 딴짓하면서 안 듣는 척하는 것 같은데, 가끔 ○○나 친구들 이야기에 고개를 들어 쳐다보며 웃기도 했다. 이○○와 한○○는 ○○의 주도에 적극적으로 참여하면서 자신의 생각을 이야기했다. 가끔 한○○는 손○○의 과제 해결을 도와주었다. 주로 셋이 대화하고, 손○○는 말없이 듣기만 하다가 가끔씩 입을 열었다.

3모둠은 방언 찾기 첫 과제에서 쉽다는 듯 찾은 방언을 바로 표준어로 옮겼다. 손○○가 "이거 어떻게 하는 거지?" 하며 표준어로 바꾸는 방법을 ○○에게 물어보았다. "방언과 표준어의 차이점을 발표해보라."는 교사의 질문에 ○○가 앞서 표준어에 대한 뜻으로 남학생이 '서울 사람들이 쓰는 말'이라고 발표한 내용을 보완해 '교양 있는 말'이라고 발표했다. 교사가 "찾은 방언을 칠판에 게시한 전지 속의 예문에 표시해보라."는 과제에도 김○○가 세 번째로 나가 '아이구'와 '바라' 두 곳에 표시하고 들어왔다.

황○○ 선생님 배움의공동체 수업비평문

본 수업은 유성생명과학고 화훼장식과 3학년 '화훼장식기술 2' 시간으로 '신부화(웨딩부케)와 코사지 만들기'가 학습 과제였다.

본 참관자는 4모둠을 관찰했다. 남학생 김○○가 꽃 소재 몇 가지를 챙겨왔다. 큰 고사리를 밑에 깔고 그 위에 작은 장미 한 송이와 더 작은 꽃과 가늘고 긴 잎 등으로 코사지의 형태를 만들기 시작했다. 여학생 황○○도 끊임없이 말을 건네며 새로운 형태를 만들어가기 위해 고민했다. 김○○가 가늘고 긴 잎을 구부려 곡선의 흐름을 만들어보려 했지만 잘 안 되었다. 참관하던 여교사와 황○○가 시범을 보였다. "아 알겠다."고 금방 반응했다. 김○○가 정방향의 코사지 형태를 역방향으로 돌려

보며 황○○의 의견을 물어보았다. 교사가 '발상의 전환'을 이야기하자 자신감이 생긴 듯 역방향의 코사지 디자인을 결정했다.

하지만 문제는 이때부터였다. 신랑의 왼쪽 가슴에 꽂는 일반적인 정방향 코사지가 아닌 역방향 코사지의 디자인은 대단히 파격적이고 신선한 발상이었지만, 그런 코사지를 어떻게 자연스럽게 걸 수 있느냐가 문제였던 것이다. 김○○는 "어떻게 하지?"라며 가는 와이어 철사를 이용해 소재를 묶어보면서 시행착오를 거듭했다. 황○○도 아이디어를 내 문제를 해결해보려 애를 썼다. 25분의 제작 시간을 주문하는 교사의 말에 "갑갑해."라며 역방향의 코사지를 걸기 위한 와이어 처리에 많은 고민을 했다. 갑자기 손을 놓더니 다른 모둠을 둘러보고 돌아왔다. 교사가 다시 다가와 고민 해결을 위한 구부린 고리 형태 제안과 함께 "평소에는 잘하는데 왜 안 되지?"라며 말을 건네자 "떨리는데요."라고 답했다.

우리 연구회 회원들은 자발적 수업 공개를 통해 아이들의 배움을 중심으로 한 수업관찰과 수업협의회를 연중 실시했다. 초·중·고 교사들이 함께 급별과 과목을 초월해 동료 교사의 수업에서 배움을 성찰하고 반성적 실천가로서의 교사 성장에 소중한 계기를 만들어갔던 것이다.

교사의 정체성은 '배우는 전문가'

2011년, 대전배움의공동체연구회의 2년차 활동이 이어졌다. '배움의공동체 수업관찰 및 분석에 관한 연구'라는 주제로 나를 포함한 12명의 선생님들이 함께했다.

22차에 걸친 정기모임을 통해 독서토론, 수업디자인 개발, 공개수업, 수업관찰, 수업협의회 활동이 이어졌다. 70여 명이 5월과 10월 2차에 걸쳐 우리 연구회가 주도하고 대전교육연수원이 지원한 현장자율직무연수 개최(매회 3시간, 10회, 총 30시간 연수), 5차에 걸친 연구회 자체 공개수업 및 협의회 개최, 제2회 전국배움의공동체연구회 전국세미나 등의 활동이 이루어졌다.

수업관찰의 새로운 패러다임

나는 유명 강사의 초청 강연보다 회원 선생님들의 수업연구를 연수

대전배움의공동체연구회 연수

의 중점에 두고 첫째, 가르치는 전문가에서 배우는 전문가로서의 교사 정체성 찾기, 둘째, 수업관찰 및 분석의 새로운 패러다임으로 교사의 수업 전문성 신장하기, 셋째, 배움의공동체 수업디자인과 동료장학으로 행복한 공개수업 만들기에 도움이 되도록 노력했다.

하지만 선생님들이 배움의공동체 수업디자인을 자신의 수업에 적용하는 일은 쉽지 않았다. 가르침과 배움의 기본적인 양식을 바꾸는 일은 입시경쟁 교육에 치인 학교 현장에서는 쉽지 않은 개인적 결단과 도전으로 다가왔던 것이다. 배움 중심의 수업연구를 위한 기본적인 교사의 대화적 실천도 행정 중심의 학교 관리자들의 무관심과 함께 어렵기만 한 현실이었다.

하지만 우리는 동료 교사들과 지속적으로 교실과 수업을 열고 함께 연구할 수 있는 학교 풍토를 만드는 일의 중요성을 인식하고 교사로서의 당위성과 미래에 다가올 변화에 대한 열망으로 하나하나 배움을 쌓아갔다. 아래는 2011년 '배움의공동체 수업관찰 및 분석에 관한 연구'라는 주제로 진행된 황○○ 선생님의 중학교 1학년 수학 수업에 대한 나의 수업관찰록과 회원들의 수업협의회 내용의 일부다.

개별 수업관찰 및 분석

3모둠 관찰 및 분석

함께하기 과제인 '가로, 세로, 대각선으로 숨어 있는 통계 용어를 찾아서 해당 용어의 설명을 보기에서 찾아 번호로 표시하기'는 3모둠원 모두 비교적 쉽게 해결했다. 조○○가 조○○에게 "이거 맞아." 하며 물어보자 ○○가 "그렇다."고 말해주었다. 도전하기 과제 중 첫 번째 과제인 '상대도수 a에 알맞은 값을 구하기'에서는 조○○이 ○○에게 "이거 어떻게 하는 거야?"라고 물어보자 ○○가 차분히 설명해주었다. ○○가 이해가 잘 안 되는지 물어보고 다시 설명해주었다. 두 번째 과제인 '도수 b+c의 값을 구하기'에서는 ○○이가 모둠원 전체에게 설명했고, 세 번째 과제인 '누적도수 d의 값을 구하기'는 ○○가 모둠원 전체에게 설명하는 등 서로 묻고 가르쳐주며 모두 무난히 과제를 해결했다. (…)

배울 점

교육과정을 창의적으로 디자인한 점, 함께하기 도전하기 점프하기 등 적절한 과제 제시한 점, 무엇보다 수업 시작과 함께 바로 그룹활동으로 들어감으로써 아이들이 활동적이고 협동적이며 반성적인 수업 속에서 즐거운 배움을 이어간 점 등이 좋았다. (…)

전체 수업관찰 및 분석(수업협의회)

김○○ 선생님 : 아이들이 적극적으로 참여하는 모습이 보기 좋았어요. 선생님이 그동안 열심히 했음을 느꼈어요. 1모둠은 구성원 간 소통이 빈번히 이루어졌어요. 김○○, 김○○ 학생이 수업시간에 조금 불안해 보였어요. 더 지도나 관심이 필요해 보입니다.

정○○ 선생님 : 저는 6모둠을 관찰했어요. ○○를 보며 모둠 안에 여학생 두 명, 남학생 2명의 조합이 가장 중요한 것을 깨달았어요. ○○○은 소통을 전혀 않고 혼자 푸는 학생이에요. 선생님이 설명하실 때 손톱 뜯고 있어 선행학습을 하는 아이인가 했더니 아니라고 했어요. 나중에 물어보니 모둠 구성원 대다수가 수학에 관심이 있다고 했어요. 점프 과제를 풀 때 황 선생님이 ○○한테 ○○를 연결시켜주어서 ○○가 밝은 표정이었지만 ○○가 다른 애랑 소통했어요. 점프 과제를 풀 때 한 친구가 잘하자 다른 친구가 탄성짓는 모습을 보였어요. (…)

3년 전 수업비평연구회 활동 때 작성했던 수업비평문과 수업협의록의 형식과 내용에 비해 큰 변화를 보이고 있음을 알 수 있다. 수업관찰과 수업협의회의 초점이 아이들의 배움 과정에 맞추어져 있다. 이 모두가 수업관찰 및 분석을 통한 수업연구를 통해 교사의 수업 전문성을 신장하고자 하는 노력의 결과라고 할 수 있다(자세한 내용은 블로그 blog.naver.com/ske0419 참조).

탁월성교육을 실현하는 길

대전배움의공동체연구회의 활동은 '새로운학교대전네트워크' 내 교사연구조직으로 출발한 것이었다. 새로운 학교의 중추적 역할을 담당할 교사의 연구 능력을 신장하고 수월성교육의 대안인 탁월성교육의 구체적인 프로그램을 개발하고 적용할 실천 역량을 쌓아가고자 했는데, 나름의 성과를 거두었다고 생각한다.

나는 2년간의 회장 역할을 마치고 오랜 기간 함께했던 이○○ 선생님에게 역할을 넘겼다. 2012년부터 수석교사로 직위가 바뀌면서 교사연구회의 대표를 맡기가 어려워지기도 했지만, 역량 있고 더 젊은 대표가 새로운 변화와 발전을 이루어가기를 바라는 마음이 있었다.

나는 지금도 대전 지역 교사연구회 활동의 견인차 역할을 해온 대전배움의공동체연구회와 그 회원들에 대한 애정과 기대를 갖고 있다. 배움의공동체로서의 삶을 가꾸기 위한 노력은 앞으로도 계속될 것이고 계속되어야 하기 때문이다.

2017년 현재 대전배움의공동체연구회는 전국 단위의 배움의공동체연구회와 함께 보다 체계적인 연구활동을 펼치고 있다. 시교육청을 매개로 한 배움의공동체 연수와 자체 연수를 기획해 추진함으로써 21세기의 변화된 환경에 대응하는 교사의 수업 역량을 신장하기 위한 폭넓은 사업을 열정적으로 추진하고 있다.

아이들이 보여준 놀라운 성찰의 힘

2009년 나는 수업비평연구회의 3년차 활동 주제를 새롭게 모색해보고 싶었다. 사교육 해소 방안과 관련해 교사의 주체적이고 실천적인 활동을 고민했던 것이다. 변용양식에 기초한 프로젝트 활동으로 아이들이 협력해 능동적으로 배움의 즐거움과 방법을 익히고, 방과 후에 서로 가르쳐주고 질문하는 자기주도적 학습에 참여한다면 사교육 없이도 배움의 질을 향상시킬 수 있다는 것을 증명하고 싶었다.

속성과 숙성, 어느 것이 더 효과적일까?

나는 연구회 회원들에게 그동안 해온 수업비평 활동과 함께 '교과 학습동아리 중심의 사교육-free 운동을 통한 사교육 없는 학교 만들기'를 제안하면서 아래와 같은 교과별 방과후학교 활성화 방안 연구의 필요성을 제기했다.

지난 통계청 발표에 따르면, 2008년 우리나라의 총 사교육비는 약 21
조 원, 가구당 월평균 사교육비는 24만 원에 이르고 있다. 하지만 많은
교육학자들은 모두가 하고 있는 선행학습 위주의 '속성'교육보다는 복
습 위주의 '숙성'교육이 학습 효과가 높다는 연구결과를 내놓고 있다.

　대학생들에게 일반화되어 있는 스터디 활동은 이미 일부 중·고등학
교에 도입되어 '사교육을 받지 않고도 스스로 학습 능력을 향상시킬 수
있다.'는 모범 사례로 알려져 호평을 받고 있다. 친구와 선후배는 또 하
나의 좋은 스승이다. 자신이 알고 있는 지식을 친구에게 가르쳐주면 완
전학습에 가까운 학습 능력과 즐거움을 성취하게 된다.

　나를 비롯한 14명의 연구회 회원들이 적극적으로 참여하여 활동이
시작되었다. 나는 학습동아리의 실제 운영에 대한 자세한 지침을 만
들어 사전 연수를 실시하고 아이들과 지도교사가 참고할 수 있도록
했다. 홍보용 리플릿까지 만들었다. 아래에 그 연수 자료의 일부를 소
개한다(자세한 내용은 블로그 blog.naver.com/ske0419 참조).

학습동아리 운영 요령

　동아리 활동 순서는 첫째, 요일별로 정해진 교과를 학습하는 방식으로
각자 준비해온 의문점을 질문하고 서로 도와가며 그를 해결한다. 이어
서 교과서나 회원들이 선택한 참고서의 개별 과제를 돌아가며 설명하고
함께 토론한다. 마지막으로 자신이 이해한 학습 내용의 요점을 강조하
고 공유한다. 둘째, 교과별로 회원들의 자발적인 학습 과정에서 도움이
필요한 부분들을 정리해 1주 또는 2주에 한 번 정도는 학생 강사 또는
교사의 도움을 받는다. 활발한 질의응답을 통해 의문점들을 해결한다.

학습동아리 활동 안내 자료

아름드리 활동 모습

　학교장의 협조를 얻어 가정통신문을 보내고 회원 선생님들과 함께 아이들에게 홍보해 학습동아리 등록 신청을 받았다. 학부모와 학생의 적극적인 호응과 참여로 2009년 첫해 12개 동아리에 84명의 학생들이 참여했다. 스스로 예습해서 돌아가며 강사를 맡아 강의도 하고 이해가 안 되면 부담 없이 질문을 던졌다. 또래들 간의 좋은 관계 속에서 학교생활도 즐거워졌다. 연구회 회원들이 중심이 된 지도교사는 이를 격려하고 지원했다. 우리는 이와 같은 학습동아리 활동을 통해 최고의 공부 방법을 체험적으로 터득할 수 있었다.

　'배운 것을 친구에게 설명해주세요. 최고의 공부 방법입니다.'

학업성취도에서 나타난
학습동아리 회원과 비회원의 차이

우리 수업비평연구회의 회원들은 여름방학을 앞두고 아이들과 학부모들을 모시고 학습동아리 활동 평가를 위한 연수를 개최했다. 한 학기 동안 열심히 활동한 12개 동아리가 자신들의 활동 사례를 발표하며 서로를 격려하고 배움을 공유했다. 교사와 학부모들이 사교육 해소 방안과 관련한 토론을 벌이기도 했다.

우리는 또 학습동아리 활동이 실제로 사교육 해소에 얼마나 도움이 되는지 연구를 진행했다. 대학원에서 박사과정을 이수 중인 강○○ 선생님의 학술적 도움을 받았다. 그 결과, 아래와 같은 의미 있는 성과를 도출해냈다.

(…)

1학기 중간고사 석차 변인을 통제했을 때, 학습동아리 활동 변인은 2학기 성취도 점수를 통계적으로 유의미하게 설명해주고 있다(p=.000). 그리고 동아리 활동 변인이 2학기 성취도에 대한 영향력의 크기를 알아보기 위해 표준화된 베타(Beta)값을 살펴본 결과 .133으로 나타났다. 또한 회귀 계수(Beta)값이 15.445로 사전 성취도 변인(1학기 중간고사 석차)이 동일할 때, 학습동아리 활동을 할 경우가 그렇지 않을 경우보다 2학기 성취도가 15.445 정도 더 높아짐을 의미한다. 따라서 학습동아리 활동이 그렇지 않은 비회원 집단에 비해 2학기 성취도 향상에 효과적일 것이라는 가설은 채택되었다. 사교육 해소에 큰 도움이 될 수 있다는 연구결과였다.

그렇다면 학습동아리 활동은 구체적으로 어떻게 이루어졌고, 학업 성취도 향상에 대한 동아리 구성원들의 만족도는 어땠을까? 이를 알아보기 위해 설문조사를 실시했는데, 결과는 아래와 같았다.

학습동아리 활동을 하면서 회원들의 만족도는 어떤지 조사했다. 그 결과, 60.9% 학생이 만족했다고 답했고, 27.5%가 보통이다, 8.7%가 매우 만족스럽다, 2.9%가 만족스럽지 않다고 응답했다. 전혀 만족하지 않는다는 회원은 없었다. 회원 중 69.6%가 만족감을, 2.9% 학생이 불만족을 보이고 있어 대체적으로 동아리 활동에 만족하는 것으로 나타나고 있다.

아이들은 비록 충분하지 않은 학습동아리 활동이었지만 그 속에서 스스로 학습하는 방법과 학습하는 즐거움을 터득하고 깨달아갈 수 있었다. 이것이 무엇보다 값진 학습동아리 활동의 가치라고 할 것이다.

오늘은 내가 '교사'다
학습동아리 활동 02

2009년 가을, 나는 학습동아리 활동결과 보고서를 작성하며 7개월 간의 학습동아리 활동이 의미 있는 교육적 성과들을 거둔 점에 만족했다. 이러한 사례가 전국적으로 알려져 더 많은 아이들이 공부하는 방법과 배움의 즐거움을 깨닫는 계기가 되기를 바랐다.

친구가 가르쳐주니 귀에 쏙쏙, 성적 쑥쑥

나는 구독하고 있는 신문의 교육섹션 담당 기자에게 이메일로 학습동아리 활동 사례를 보냈다. 얼마 되지 않아 기자의 취재 협조 요청이 왔다. 기자는 방과 후 학습동아리 활동의 모습을 살펴보고 아이들과 지도교사를 인터뷰했다. 그리고 〈한겨레신문〉(2009. 11. 23.) 교육섹션 '함께하는 교육' 1면에 전면 기사로 대전동화중의 학습동아리 활동 내용을 소개했다.

모든 친구가 '선생님' 가르침을 주고받다

선생님은 모르는 눈높이교육의 장, 과목별 수업 맡아 학생 스스로 강의. 친구가 가르쳐주니 귀에 쏙쏙 성적 쑥쑥!

지난 16일 오후, 대전동화중학교의 한 교실에서 기말고사에 대비한 사회 수업이 한창이었다. 그런데 교사가 없다. 칠판 앞, 교사의 자리에 서서 지도를 가리키는 이는 교복을 입은 1학년 황의림(13) 군이다.

동화중의 학습동아리에서는 누구나 '교사'다. 공부하자의 회원 7명은 사회, 기술 · 가정, 수학, 국어, 과학, 중국어, 영어 등의 7과목을 각각 나눠 맡아 강의한다. 이날은 황군의 사회 수업이 있는 날이었다. 바로 옆 반에서는 또 다른 학습동아리 '아름드리'의 백채원(13) 양이 '도형의 성질'에 대해 수업을 하고 있었고, 아래층 2학년 교실에서는 '스터디그룹 X'의 김지수(14) 군이 '후삼국의 성립과 배경'을 강의하는 중이었다.

학생들의 강의 준비는 교사 못지않다. '송골매' 회원들이 공유하는 '태양변~신'이라는 암호는 중국의 근대화 운동(태평천국운동, 양무운동, 변법자강운동, 신해혁명)을 일어난 순서대로 외우는 방법이다. 사회를 맡은 이은혜(14) 양이 교육방송(EBS) 인터넷 강의를 보다가 발견해 인쇄물로 만들어 회원들한테 나눠줬다. 그는 "혼자 공부할 때는 모르면 그냥 넘어갔는데 이제는 선생님한테 찾아가서 꼭 확인하고 정확하게 알려고 노력한다."며 "선생님께서 가르쳐주실 때 잘 들으면 시험에 나올 만한 문제와 그렇지 않은 문제를 눈치챌 수 있게 되는 것은 덤"이라고 말했다. 스터디그룹 X의 김지수 군은 "한국사능력검정시험 대비 문제집이랑 책, 인터넷 카페에서 찾은 자료까지 더해서 친구들한테 나눠 줄 자료를 만든다."고 말했다.

따라서 가르치는 것은 곧 배우고 익히는 일이다. 아름드리에서 수학을 강의하는 백채원(13) 양은 동아리 활동을 통해 수학에 대한 자신감을 얻었다. "수학을 잘해서가 아니라 못해서 맡았어요. 친구들한테 가르치기 위해서라도 공부를 하게 되니까요. 이제는 공부를 어떻게 해야 하는지도 알겠고 혼자 공부해도 지루하지가 않아요." 심리학자 윌리엄 가즈너는 "읽으면 10%를 배우고, 들으면 20%, 보면 30%를 배우지만, 누군가를 가르치면 95%를 배운다."고 했다. 이 때문에 학습동아리에서 강의를 하는 학생들의 성적이 오르는 것은 당연한 일이다. 백양은 1학기 중간고사에서 70점을 받았던 수학에서 2학기 중간고사 때 100점을 받았다. 백양과 같은 동아리에서 과학을 강의하는 이가영(13) 양도 과학 점수가 20점이나 올랐다.

자기가 강의하는 과목뿐만 아니라 친구들한테 강의를 듣는 과목의 성적도 크게 오른 사례가 많다. 이은혜 양은 "과학을 맡은 선희 덕분에 70점에서 100점으로 올랐다."고 말했다. 같은 동아리 선아현(14) 양도 과학 점수가 20점 올랐다. 이는 곧 학생들이 서로의 눈높이에 맞는 수업을 하기 때문이다. 김선희(14) 양은 퀴리 부인이 라듐을 발견한 것을 기억하는 방법으로 '퀴라부인'이라는 말을 만들어냈다. 황의림 군은 이슬람교를 강의하면서 '알라, 알라'를 외치며 엎드려 절을 했다. 깔깔거리며 웃으며 기억한 개념은 시험이 끝나도 오랫동안 잊히지 않는다.

학생들은 강의를 통해 각자의 지식과 더불어 경험도 나눈다. 회원들이 입을 모아 "진짜 수학 잘한다."고 추어올리는 김준성 군은 "아빠랑 어렸을 때부터 집에서 수학 공부를 했는데, 아빠는 선행학습보다 기초를 다지는 일이 더 중요하다고 하셨다."며 "그때 기초부터 공부한 게 지금 친구들한테 수업할 때 도움이 많이 된다."고 말했다. 그의 아버지는 대덕연구단지에서 연구원으로 일한다. 아버지는 지식과 능력을 아들한테 전수했지만, 아들은 그것을 동아리 회원들과 공유한다. 국어를 맡은 안준모(13) 군은 어렸을 때 할아버지한테 물려받은 한문과 고사성어에 대한 지식을 나눈다. 김군의 아버지와 안군의 할아버지 모두 동화중의 학습동아리를 통해 '재능 기부'를 하는 셈이다.

물론 처음에는 마찰이 있었다. "수준이 맞지 않는다."며 성적이 낮은 학생의 동아리 가입을 꺼리는 학생들이 생긴 것이다. 동아리 지도교사를 맡고 있는 김미열 교사는 "그때는 교사가 개입해서 학습동아리의 취지를 설명했다."며 "공부 잘하는 아이들끼리 모여서 공부하는 게 아니라 부족한 부분을 서로 가르치고 채워주면서 스스로 공부를 하는 것이라고 설명하니 잘 따라줬고 게다가 결과도 좋게 나오니 이제는 불만이 없다."고 말했다.

학생들이 학습동아리를 통해 얻는 진짜 귀한 자산은 성적이 아니라 자기주도력이다. '하기 싫다는 말을 하지 말자', '부모님 전화를 빼고 휴대폰은 받지 않는다.', '지각하거나 숙제 안 해오면 벌금 500원' 등은 아름드리의 규칙이다. 스터디그룹 X의 회장 전휘수(14) 군은 '스터디 출석 전 주의사항, 출석 시 주의사항, 진행 방법, 벌칙' 등을 정리해 아예 문서로 만들었다. 전군과 같은 동아리에 속한 진혜민(14) 양은 "1학기 때는 지각 대장이었는데 스터디 하면서 지각을 한 번도 안 했다."며 "학교에서는 한 번 맞으면 그만이지만 친구들하고 약속을 어기면 신뢰도 깨지고 공부도 놓치게 되니 내 손해다."라고 말했다. (진명선 기자)

〈한겨레신문〉이 소개한 학습동아리 활동

학습동아리가 보여준 놀라운 효과

나는 2009년 이후부터 교단을 떠날 때까지 학습동아리 활동을 아이들과 함께했다. 때로는 학교장 등 관리자의 부정적 시각으로 어려울 때도 있었지만 교육적 당위성으로 설득했다.

학교 교육에 대한 불신과 입시 경쟁에서 앞서가기 위한 사교육의 광풍이 많은 학생과 학부모를 힘들게 하고 있다. 하지만 아이들을 믿고 격려하며 지원할 수 있다면 학습동아리 활동은 스스로 학습하는 방법과 배움의 즐거움을 통해 교육의 본질적 가치를 실현하는 대안이 될 수 있다. 또한 또래 간 협력학습으로 성적뿐만 아니라 바람직한 인성교육도 자연스럽게 가꿀 수 있고, 더 나아가 학교폭력을 근원적으로 예방·치유하여 흔들리는 공교육을 바로 세울 수 있다.

6막

언제나 아이들과 함께하리라

수업컨설팅 전문가로서의 수석교사 활동기

가보지 않은 길에 도전하다

수석교사로서의 새 출발

2011년 정치권은 전교조의 교장공모제와 함께 한국교총의 수석교사제 도입 제안을 절충해 법제화했다. 교육부는 30년 교육계의 숙원하나을 해결했다며 아래와 같은 보도자료를 언론사에 보냈다.

- 교육과학기술부(장관 : 이주호)는 2011. 6. 29(수) 국회에서 수석교사 제도 도입 등을 골자로 하는 초·중등교육법, 유아교육법, 교육공무원법 개정안이 통과되었다고 밝혔다.
- 수석교사제는 교육계에서 1981년부터 30여 년간 추진을 노력해온 제도로, 수업 전문성을 가진 교사가 우대받는 교직 분위기 조성을 위해 현행 일원화된 교원승진 체제를 교수 경로와 행정 관리경로의 이원화 체제로 개편하려는 것이다.

```
                                        수석교사          (수업)
    2급 정교사 → 1급 정교사  <
                                        교감 → 교장      (관리)
```

　보도자료에 제시된 표를 보면, 이는 학교 현장에 큰 변화를 가져올
수 있는 나름 의미 있는 제도라고 할 수 있었다. 자연히 강고한 교원
승진제도의 변화와 함께 교수·학습 중심 문화를 정착시켜나가는 데
중요한 계기로 작용하리라는 기대가 뒤따랐다. 근본적인 개혁과는 동
떨어진 제도 시행, 승진 줄서기의 폐단과 행정 위주의 왜곡된 교육 현
실 속에서도 수석교사제가 올바로 시행된다면 가르치고 배우는 일을
보람으로 여기는 대다수 교사의 전문성과 자존심을 지켜줄 수 있을
것이라고 예상되었다.

　그런데 전교조는 전부터 수석교사제 도입에 반대해왔다. 승진 체계
의 이원화로 오히려 승진을 위한 경쟁을 가속화시켜 교단을 더욱 황
폐화하리라 판단했기 때문이다. 나는 이런 이유로 4년의 수석교사 시
범 운영에 관심을 두지 않았다. 그러다가 2011년 수석교사제가 법제
화되고, 이어서 내려온 수석교사 자격연수 대상자 선발 공문을 받고
는 고민이 되었다. 수석교사의 역할에 대한 다음의 내용 때문이었다.

　수석교사는 학생 수업을 담당하면서 동료 교사들의 수업을 지원하는
등 다양한 활동 수행

　· 수업 및 연구활동 컨설팅

- 신임 교사·저경력·기간제 교사·교육실습생 등 수업컨설팅 실시
- 학생지도 등 동료 교사 상담, 수업 향상에 관심 있는 동료 교사 컨설팅
- 수업 공개 등 학교의 장학 계획 수립
- 학습지도 관련 학교 내 의사결정 과정에서 전문가로 참여
- 수업 전문성에 대한 교사 연수 시 강사로 활동

• 동료 교원 연구활동 지원
  - 교수학습 방법 및 학습결과 평가 방법 등에 대한 연구
  - 교수 관련 자료 개발·보급
  - 교과연구회 등 활동 주도

퇴임을 앞둔 교사의 사명

나는 그동안의 수업 전문성 신장을 위한 개인적 노력에다 동료 교사들과의 지속적인 교과연구회 활동, 새로운 학교를 꿈꾸며 연구하고 실천했던 수많은 경험에 기초한다면 수석교사의 역할 수행을 통해 어느 정도 의미 있는 일을 할 수 있으리라 내심 기대했다. 퇴임을 몇 년 앞둔 교사로서 교수·학습 중심의 교단문화를 지원하는 역할을 수행하는 일이 새롭게 주어진 사명처럼 도전해볼 가치가 있으리라 판단했다. 첫 술에 배부를 수 없으니 제도를 운영하는 사람의 몫도 중요하리라 생각했다. 무엇보다 수석교사를 수석이라는 승진의 관점이 아닌 교사에 방점을 두고, 퇴임하는 그날까지 아이들과 함께 가르치고 배

우는 일에 보람과 즐거움을 실천하는 선배 교사로서의 모습을 가꾸고 싶었다.

나는 수석교사 선발 과정에 어렵게 참여했고, 우여곡절 끝에 대전 지역의 초등 15명, 중등 19명의 수석교사 중 한 명으로 선발되어 자격연수를 이수하고 수석교사 자격을 취득했다. 하지만 수석교사제도는 기대와 달리 정부의 교육 개혁 의지 부족과 기득권을 놓지 않으려는 교육 관료들의 저항, 예산 부족 등으로 현실적 시행의 어려움이 많았다. 원래의 취지를 살릴 시행령 등의 법적 토대 마련도 미흡했고, 교수와 행정의 이원화를 위한 제도적 뒷받침도 없었으며, 수석교사의 직위와 역할도 명확히 정립되지 않았다. 예산도 첫해의 반짝 관심과 지원뿐이었다.

반쪽짜리 수석교사의 고민

사실상 반쪽짜리 수석교사제도의 시행은 수업 경감과 행정 업무 배제를 지원할 교사 충원 없이 시간강사나 다름없는 기간제교사 채용으로 동료 교사의 수업과 업무를 가중시키는 결과를 가져왔다. 이것이 수석교사와 현장 교사들의 불만을 야기했고, 일상 업무에 바쁜 학교 풍토 속에서 수업연구와 수업컨설팅은 형식에 머물렀다.

그렇다고 제도만 탓할 수는 없었다. 나는 현실적 상황에서 활용 가능한 수석교사제도와 수석교사의 역할 정착을 위한 고민과 대안을 모색했다.

교실 속의 딜레마를
어떻게 할 것인가

2012년 3월, 4년 임기의 수석교사로 대전장대중학교에 부임했다. 비교적 수석교사 정책에 호의적인 관리자 덕분에 수업컨설팅실과 도덕교과전용교실로 활용할 수석교사실을 마련할 수 있었다.

딜레마의 원인과 해결을 위한 수업모형

나는 수석교사제 안내 자료를 만들어 교직원들에게 홍보하는 일부터 시작했다. 아울러 수석교사로서의 연구활동 주제와 목적을 '교사의 수업 전문성 신장을 위한 창의적 자율장학 컨설팅 사례 연구'로 잡아 일을 추진했다. 가르치고 배우는 일을 핵심으로 하는 교사의 수업 전문성을 신장하기 위해서는 교사 자신의 자발성과 자율성에 기초할 수밖에 없고, 동료 교사들과의 지속적인 연구활동을 지원하는 것이 가장 좋은 컨설팅이라 생각했던 것이다. 수직적 관계에 기초해 전문적 지도와 도움을 준다는 컨설팅의 수동적 의미에서 벗어나 자발성과 협력성에 기초해 함께 배우는 코칭의 수평적 관계를 지향하고 싶었다.

연구부장을 맡고 있던 이〇〇 선생님과 함께 호흡을 맞출 수 있었던 것은 큰 행운이었다. 우리는 그동안 지속적으로 참여했던 시교육청 교육과학연구원이 시행하는 교과교육연구회 공모 신청과 교육연수원이 지원하는 현장자율직무연수를 추진했다. 나는 특히 유흥지인 유성 지역의 특성상 아이들의 생활지도와 수업지도에 어려움이 많은 장대중의 실정을 고려해 '교실 속 딜레마 관리를 위한 수업모형 연구'를 주제로 '교실속딜레마연구회' 활동 계획을 수립해 적극 지원했다.

교실속딜레마연구회는 연구부장의 노력과 동료 교사의 협조로 장대중 교사 10명과 장대중 근무 후 대전〇〇중으로 전근 간 선생님과 동료 2명 등 13명이 참여했다. 우리 연구회는 총 25차에 걸친 워크숍과 수업 공개 및 협의회 또는 연수 형태의 정기모임 활동(5월과 6월 중 연구회가 주도하고 대전교육연수원이 지원한 현장자율직무연수 개최, 6회에 걸친 공개수업 및 협의회 개최, 수업 사례 발표 5회, 수업검토회 2회 실시 등)을 벌였다. 이를 통해 교실 속 딜레마 상황의 근본 원인을 분석하고, 각 교과별 수업 속에서 바람직한 해결을 도모하기 위한 수업모형을 구안해 적용함으로써 교실 속 딜레마의 해결과 교수학습 방법의 개선을 위해 노력했다.

교실 속 딜레마 보고서

수업검토회 모습

교수·학습 중심의 학교문화 정착을 위한 노력

나는 새로 부임한 학교의 수석교사로서 첫해를 보내며 자발적 학습 공동체인 교사연구회를 지원하고 함께 연구활동에 참여함으로써 자율적이고 창의적인 동료장학 컨설팅 사례를 정착시키는 계기를 마련하는 데 주안점을 두었다. 그런 차원에서 연구부장과 함께 교실수업 개선을 위한 교내 연구 풍토를 조성하고 지원할 의도로 배움 중심의 수업실천 사례를 주제로 한 현장자율직무연수를 기획하고 추진했다. 바쁜 학내 일정 속에서 15시간의 방과 후 자율연수를 개설하기 위해

20명 이상의 참여 희망을 이끌어내기란 쉽지 않은 일이었다. 장대중에서는 처음 있는 일이어서 모두가 함께하지 못한 아쉬움은 있었지만, 교수·학습 중심의 학교문화를 새롭게 정착시켜나가기 위한 좋은 계기였다고 생각한다.

나는 단위 학교의 자율직무연수를 통해 기존의 유명 강사 중심의 수동적 연수 방식을 교사의 수업실천 사례가 중심이 되는 참여형 연수로 변화시키고자 했다. 나아가 수업을 바라보는 관점과 학습양식도 변화시킬 수 있기를 기대했다. 변화에 소극적인 관리자 때문에 어려움이 있었지만, 수업 연구와 컨설팅은 수석교사의 고유 업무였기에 추진이 가능했다.

나는 도덕과 수업도 가장 먼저 공개했다. 교사 평가 중심의 연구수업에 불편을 느끼는 대부분의 교사들은 자신의 수업을 공개하길 꺼리는 것이 현실이다. 나는 행정이 아닌 가르치고 배우는 일이 학교문화의 중심으로 자리해 교실과 수업을 개방하고 동료 교사들과 수업대화를 나누는 것이 자연스러운 분위기가 될 수 있기를 희망했다. 나아가

수업컨설팅의 현장

기존의 교수·학습과정안에 기초한 모방양식이 아닌 배움의공동체 수업디자인에 기초한 변용양식을 제안함으로써 새로운 수업에 대한 자극제가 되기를 기대했다. 아울러 수업관찰의 양식과 방법, 교내 수업컨설팅(수업검토회, 수업관찰, 수업협의회로 이루어지는 교내 연구수업)의 질적 개선을 도모했다. 교과군별로 이루어진 공개수업을 지원하고 다섯 차례(과학, 체육, 영어, 특수국어, 기술가정)의 배움 중심 수업관찰록을 작성해 모든 구성원에게 자료로 제공하며 컨설팅 역할을 수행했다.

수업연구와 수업컨설팅을 위한 강의

수업컨설팅을 위한 강의도 지원했다. 대전대문초, 대전장대중, 대전하기중, 유성고에 '배움의공동체 수업관찰 및 분석'을 중심으로 교사의 수업 전문성 신장을 위한 연수를 지원한 것이다. 이는 배움의공동체와 프레지(prezi, 프레젠테이션. 헝가리어)를 주제로 한 배움 중심 수업 설계의 이름으로 계속 이어졌다.

그 밖에 아이들의 생활과 학습 지도를 지원하기 위해 학교 당국의 협조를 얻어 학습동아리 활동을 도입했다. 2012년 2학기까지 활동을 지속한 학습동아리는 11개 동아리에 총 55명(7교시 10개, 8교시 1개)이었다. 일회성 행사로 끝나 아쉬움이 많았지만 학부모 교육을 지원하기도 했다. 자녀들을 위한 자기주도적 협력학습과 상담을 위한 버추카드(52가지 미덕이 담긴 카드. 인성교육 도구) 활용 등의 강의

학부모 대상 특강

를 두 차례 진행했다. 한편으로 대전배움의공동체연구회 활동에도 지속적으로 참여했다.

한 해 동안 수석교사로서 수업연구와 수업컨설팅을 중심으로 한 교수·학습 중심의 학교문화 구축을 위해 열심히 역할을 수행했지만, 아직 현장은 행정과 입시경쟁 교육 중심의 강고한 체제가 자리하고 있었다. 이제 겨우 첫발을 내디뎠다는 데 의의를 두어야 했다.

배움 중심 수업은 어떻게 가능한가

수석교사의 수업컨설팅 02

요즘에는 학습자의 능동적 배움을 중시하는 학습양식의 중요성이 강조되면서 배움 중심의 수업 설계에 대한 관심이 높아지고 있다. 하지만 보수적 수업양식에 대한 교육적 믿음이 아직도 완강히 남아 있다. 대전의 교육 관료들도 학습목표, 형성평가 등으로 상징되는 목표·달성·평가의 단계형 교육과정에 대한 절대적 신뢰를 갖고 있다.

편중된 수업양식을 바꾸는 수업디자인

나는 수석교사로서 지나치게 편중되어 있는 수업양식의 변화를 적극적으로 도모했다. 수업지도안의 단순화, 주제·탐구·표현의 과정으로 디자인된 배움 중심의 수업 설계를 제시하고 수업을 공개했다. 사토 마나부 교수의 강의와 그의 저서 《수업이 바뀌면 학교가 바뀐다》

를 요약 정리했던 글에 내 생각을 추가해서 '배움 중심 수업 설계'라는 제목의 글로 재정리해 연수 자료로 활용했다.

사토 교수는 전시성·일회성 강의를 통해서는 배움이 깊어지기 어렵다며 지속적인 동료장학의 중요성을 무엇보다 강조한다. 하지만 나는 그의 강의를 통해 배움 중심의 수업디자인에 관한 수많은 의문점들을 해소할 수 있었다. 예를 들면 다음과 같다.

수업 계획(플랜)과 수업디자인의 차이점

- 플랜은 수업 전 완성된다. 목표가 세분화된 프로그램형(단계형)이다. 도입, 전개, 정리, 형성평가의 일률적으로 형식화된 계획 속에서 진행된다. 학습목표나 교사의 수업수행 능력이 중요해진다. 계획된 순서와 시간 활용이 중요하고, 그에 따라 수업 진행과 흐름이 큰 영향을 받는다.
- 디자인은 블록 쌓기에 비유할 수 있다. '이것도 되고, 저것도 되네.'이다. 상황과의 대화가 중요하다. 상황과의 대화는 아이들의 생각 열기와 그 생각에서 또 다른 생각으로 연결 짓기다. 또는 아이들이 협력적인 활동에 몰입한다면 그 시간을 연장할 수 있고, 생각이 단절된다면 다시 되돌리기를 할 수 있다. 되돌리기는 모르는 부분을 모둠활동을 통해 다시 탐구해보는 과정이다. 디자인은 만들어가는 과정이며, 창의적인 수업 과정이다.
- 디자인은 목표에 이르는 다양성을 인정하는 프로젝트형(등산형)이다. 수업의 비전을 제시하고 모둠활동을 통해 과제 해결을 위한 다양한 방안을 마련하고, 다양한 등산로를 따라 서로 손을 잡고 즐겁

게 산을 오르는 문제 해결의 과정을 중요하게 본다. 결과 중시형이
아닌 과정 중시형이다.

- 수업지도안은 교과별 특성에 따라 교육과정을 새롭게 디자인한 것
이다. 교과별 수업 공개와 수업협의회를 통해 다양한 디자인 특성
을 파악하고, 이를 체득해 창의적인 디자인을 만들어가는 것이 중
요하다.

모둠(소그룹)활동과 과제 제시

- 모둠은 남녀 각 2명씩 4명으로 교차 구성하는 것이 좋다. '튀는 남
자와 연결해주는 여자', '생각 열기(수다 떨기)를 잘하는 여자와 무
뚝뚝한 남자', '세심함과 배려심이 깊은 여자, 추진력과 결단력이
강한 남자'의 특성이 조화된다. 남녀관계가 잘 어우러지면 수업과
교실 분위기가 좋아진다. 여자 아이들은 더욱 관계가 중요하다.
- 모둠(소그룹)활동 과제는 쉬운 과제와 함께 어려운 과제를 함께 제
시해야 한다.
- 쉬운 과제를 개별활동으로 해결하더라도 모둠형 좌석 배치 속에서
이루어지도록 하는 것이 좋다. 잘 모르면 친구에게 물어볼 수 있도
록 기회를 갖기가 좋기 때문이다.
- 아이들은 '발전적 도전(어려운 과제)' 속에서 스스로 기초를 배우
게 된다. 배움이 낮다고 기초적인 과제만 풀도록 하는 것은 오히려
배움의 의욕을 저하시킬 수 있다. 아이들은 도전 과제 속에서 "아
하, 그렇구나."라고 말하며 배움의 질을 높일 수 있다. 이것이 점프
가 있는 배움이다.

협동적 배움의 유의점

- 교사의 "제시한 과제에 대해 자신의 생각을 말해보세요."라는 질문에 처음 의견을 말할 수 있는 아이는 용기 있는 아이다. 이때 "아무개의 생각(의견)에 기초해 자신의 생각(의견)을 이어서 말해볼까요?"라는 말로 배움을 연결짓는 것이 중요하다.

- 교사는 "못한 사람을 가르쳐주세요."라고 말하는 것보다 "모르면 친구에게 물어보세요."라고 이야기하는 것이 중요하다. 이는 모르는 친구에 대한 배려의 중요성과 모르는 아이들이 스스로 결단해 먼저 배우고자 하는 의지를 갖게 하는 것이 중요하기 때문이다.

- 교사는 목소리를 낮추는 것이 중요하다. 이는 교실의 긴장은 낮추고, 여유를 갖게 한다. 또 교사는 멀리서 바라보면서 학생을 수업에 연결시킬 수 있어야 한다. 이는 마치 트럭을 운전할 때처럼 넓은 시야를 자신의 눈에 끌어들여야 하는 것과 같다. 젊은 교사의 특징은 아이들 안으로 들어가려고 하는데, 교사가 자주 개입하면 아이들의 연결과 흐름이 끊어진다.

- 아이들은 '서로 가르치는 관계'도 중요하지만 더욱 중요한 것은 '서로 배우는 관계'다. 잘 못하는 학생일수록 혼자 해결하려 하는 특성을 보인다.

- 따라서 아이들은 "내가 가르쳐줄게!"라고 말하기에 앞서 "여기 어떻게 하는 거야?"라고 친구가 '물어볼 때를 기다리는 것'이 보다 중요하다는 것을 인식하고 실천하도록 해야 한다.

교내 협동컨설팅

좀 더 자세한 내용을 알고 싶다면《배움의공동체》(손우정)와《교사의 배움》(사토 마나부·한국배움의공동체연구회 지음),《아이들의 배움은 어떻게 깊어지는가》(이시이 준지 저, 방지현·이창희 역)를 참고하면 좋겠다.

활동적이고 협력적이며 반성적인 배움으로 진행되는 배움의공동체 수업디자인은 아이들과 교사 모두에게 행복한 배움, 질 높은 배움을 선사한다. 다만 교사는 아이들의 흥미와 배움을 가져올 수 있는 좋은 탐구 과제를 디자인하려는 노력을 꾸준히 경주해야 한다. 그리고 아이들의 숨결에 대응하기 위한 세심한 반성적 성찰이 요구된다. 나는 이것이 좋은 교사로 성장하기 위한 가장 중요한 부분이라고 생각한다.

'이교통'을 살피는 수업대화에
배움이 깃든다

사토 마나부 교수는《수업이 바뀌면 학교가 바뀐다》에서 '대응'을 중심으로 한 배움과 수업의 중요성을 아래와 같이 강조했다.

교사의 말이나 교실 친구들의 말에 대한 대응으로 무엇인가가 환기되는 일, 그 환기된 것을 자기 자신의 말로 만들어내어 그 말을 텍스트(교재) 내용이나 다른 친구의 말과 비교해가며 차이와 공통점을 찾아가는 일, 이러한 개인과 개인이 서로 차이를 조정하며 맞추어가는 일이 배움의 역동적인 과정을 만들어낸다. 배움에서 겸허함과 주의 깊음이 중요한 것은 역동적인 배움의 과정이 바로 다름 아닌 작은 차이를 서로 느끼면서 맞추어가는 과정이기 때문이다. 예로부터 배움에서 결정적으로 중요한 것은 '깊은 조심성'이라고들 이야기해왔다.

이어서 '대응'하는 교사의 신체와 말의 중요성과 관련하여 2가지를 조언했는데, 그중 하나를 소개한다.

하나는 교사의 '듣기'에 대한 의의이다. 아이의 발언을 듣는다는 행위는 알기 쉽게 비유하자면 아이와 캐치볼을 하는 것과 같은 것이다. 아이가 던진 공을 똑바로 받으면 던진 아이는 별 말을 건네지 않아도 기분이 좋아질 것이다. 그리고 잘못 던진 공이나 빗나간 공을 똑바로 받아주게 되면 아이는 다음에는 보다 좋은 공을 던지려고 노력하게 되는 것이다.

'테일러링'과 '오케스트레이팅'

아이들의 배움을 수업의 중심에 두고 대응을 중심으로 수업을 진행하고자 할 때 교사의 활동은 어떻게 수행되어야 하는지에 대해서도 사토 교수는 명쾌하게 핵심을 제시했다.

여기에서 교사의 활동은 크게 나누어 2가지로 집약할 수 있다. 하나는 아이들 개개인에 대응하는 활동이며, 또 하나는 다양한 아이들의 생각이나 이미지를 서로 교류시키는 활동이다. 즉 개(個)에의 대응으로서의 '테일러링'과 개(個)와 개(個)를 교류시키는 '오케스트레이팅'으로 수렴되고 있다는 것을 알 수 있다.

사람의 커뮤니케이션은 일방적인 이야기인 '단교통', 서로가 통하는 '쌍교통', 거절되고 차단되는 '반교통', 그리고 서로 엇갈리는 '이교통(異交通)'의 4가지로 분류할 수 있다. 이 가운데에서도 중요한 것은 '이교통'의 이야기에 귀를 기울이는 일이다. 교사의 생각과 엇갈리는 이교통의 이야기는 자칫하면 무시하기 쉽다. 그러면 무시당한 아이는 두 번 다시 발언하려고 하지 않게 된다. 그러나 수업의 전개에서 이교통의 이야기에 귀를 기울이는 것만큼 중요한 것이 없다.

수업을 '대화적 실천'의 과정으로 보는 배움의공동체 철학과 수업관은 나의 공감을 불러일으킨 것은 물론, 평소의 의문을 해소하는 데 큰 도움이 되었다. 그런데 이를 실제 수업에 적용하고 실천하는 일은 쉬운 일이 아니었다. 나 역시 나의 의도와 엇갈리는 아이들의 빗나간 발언에 대해 의심하고 무시했던 적이 많았다. 그 엇갈리는 이교통의 순간을 수업의 주제와 연결하고 아이와의 관계를 재구축할 수 있는 좋은 기회로 살려가기 위한 교사의 대응력을 키우는 데는 많은 연습과 시간이 필요했다. 교단을 떠나는 그날까지 교실의 상황에 따라 벌어지는 다양한 대화 속에서 조금씩 가꿔가야 할 일이었다.

'이교통'을 연결하는 수업 사례

배움이 깃든 수업대화와 관련한 나의 수업 사례를 소개한다.

교사의 대응, '이교통' 연결하기 사례 1
(6교시, 1-1반, 도덕, 2014. 3. 19)

1학년 1반 6교시, 예절과 도덕의 관계를 주제로 한 모둠활동이 있었다. 장례식장에 아무 옷이나 입고 간 민영이가 엄마로부터 꾸중을 들은 이유가 무엇인지를 묻는 과제를 제시했다.

모둠을 순회하던 중 3모둠의 ○○가 "귀신이 도망가니까?"라고 모둠원들에게 말하는 소리가 들렸다. 공유시간에 아이들은 "예절에 어긋나니까.", "장소에 맞는 옷차림을 하지 않았기 때문이다."라는 생각들을 발표했다. 교사가 또 다른 생각으로 연결하자 말이 없었다. 교사가 ○○에게 연결했다. 그러자 ○○가 "죽어서 귀신이 되었잖아요. 붉은색은 안되지요."라고 이야기하니 아이들이 "아!", "맞아요."라며 탄성을 질렀다.

○○의 말은 모둠활동에서 아이들로부터 얻게 되는 배움, 즉 점프의 한 예다. 다소 엉뚱한 이교통의 과정에서 질 높은 배움이 일어나는 대표적인 예인 것이다. 수업자가 ○○의 숨결에 대응해 좋은 관계를 맺게 된 계기로 작용했다.

교사는 "우리 조상들은 동지에 팥죽을 끓여먹었다. 팥은 붉은색이기에 귀신과 재앙을 물리치기 위한 의미가 담긴 풍습이다. 슬픈 장례식에 차분한 복장으로 예의를 갖추는 것이 올바른 예절로 요구되고 있다."며 자연스럽게 교재와 삶으로 연결했다.

다른 수업 사례들은 나의 블로그(blog.naver.com/ske0419)를 참조해주기 바란다.

나는 이렇게 안전한 교실 분위기 속에서 아이들의 내면적 숨결에 대응하며 대화적 실천의 과정으로 수업이 진행될 수 있도록 꾸준히 연습했다. 주제에 대한 과제를 탐구해가는 과정에서 아이들이 생각을 이끌어낼 수 있도록 기다려주고, 그것을 기초로 또 다른 자신의 생각을 확장시켜나가도록 하는 연결하기에 중점을 두었는데, 수업의 묘미와 함께 반성적 실천가로서의 수업 전문성을 신장하는 데 많은 보탬이 되었다.

배움을 촉진하는
수업관찰록과 수업대화

나는 수석교사로 대전장대중 선생님들과 함께 가르침에 대한 학습양식의 변화를 도모하고 싶었다. 교사의 가르침보다 아이들의 배움에 보다 중점을 둔 변용양식의 도입을 위해 배움의공동체 수업디자인과 일상적 수업 공개, 수업관찰의 방식과 작성, 수업협의회 진행 등을 소개하고 그 사례를 보급하기에 힘을 기울였다.

수업비평문의 진화

수업을 관찰하는 일은 의사가 환자의 병을 치료하기 위한 임상연구 행위와 같다. 10만 회 이상의 수업을 관찰했다는 사토 마나부 교수의 수업연구 이야기는 큰 울림이 있다. 나 역시 '모든 수업에는 배울 점이 있다.'는 자세로 매년 여러 선생님들의 수업을 참관하고 배움 중심의 수업관찰록을 작성해 전 직원들에게 자료로 제공했다. 이는 반성적 실천가를 지향하는 수업 전문가로서의 교사 성장을 위한 나의 일관된 노력이기도 했다. 2008년 '수업비평문'에서 2011년 '배움의공동체 수업비평문'으로, 다시 2012년 이후로는 '배움 중심의 수업관찰록'이라는 이름으로 바뀌면서 그 형식과 내용도 조금씩 발전했다. 그 과정에서 교사와 아이들 간의 대화를 중심으로 아이들의 배움에 초점을 맞추었고, 수업을 통해 새롭게 배운 점을 관찰록에 담으려고 꾸준히 노력했다.

장대중에서 수석교사 첫해에는 수업컨설팅의 일환으로 10편의 수업관찰록을 작성해 모든 교사와 공유했다. 3학년 영어과 수업관찰록에서는 먼저 배움 중심의 수업관찰의 초점을 이렇게 소개했다.

참관자는 지난 ○○○ 선생님 과학 수업관찰의 초점으로 일본 도쿄대 사토 교수가 개인적 사례로 제시했던 3가지 초점을 제시했었다. 이는 "첫째, 학습에 관심이 낮은 아이를 관찰의 중심에 놓는 것으로 시작한다. 둘째, 교실의 분위기를 살핀다. 셋째, 과제활동을 살핀다."였다. 이는 "수업의 목적은 모든 아이들의 배움을 보장하고 지원하는 데 있다."고 보는 관점이다.

이어서 수업관찰 및 분석 내용을 기술했는데, 일부를 소개한다.

먼저 몸 풀기(Warm Up) 순서로 뮤직비디오 영상을 통해 'Just The Way You Are'이라는 제목의 노래를 감상하며 노래가사의 일부를 찾는 활동이 진행되었다. C조의 모둠원은 모두 7명으로 구성되었는데, 그중 유독 ㅇㅇㅇ만 영상을 향해 자세를 돌리지 않았다. 배움에 관심이 없는 가 했는데, 자세히 살펴보니 노랫소리를 나름대로 고개를 끄덕이며 듣고 있었다. 가사의 내용보다도 멜로디에 심취해 느낌을 즐기는 모습이었다. 나중에 빈칸 채우기 활동에도 비교적 활발히 대화하며 참여했다. ㅇㅇㅇ는 가장 잘하는 아이였다. 모둠원 모두 처음부터 끝까지 과제활동의 최종 확인을 ㅇㅇㅇ에게 구하는 모습이 이어졌다. 다음으로 활동적인 친구는 ㅇㅇㅇ였다. ㅇㅇㅇ와 ㅇㅇㅇ, ㅇㅇㅇ와 ㅇㅇㅇ 4명은 비교적 조용한 대화로 과제와 관련된 부분만이 아니라 틈틈이 농담도 주고받는 모습을 보였다. ㅇㅇㅇ는 수업시간 내내 가장 말이 없고 과제 해결에도 소극적이었다. (…)

마지막으로 이번 수업과 수업자로부터 무엇을 배울 수 있었는지 나의 배움에 대한 내용을 기술하고, 이어서 수업에서 갖게 된 궁금점에 대해 수업자에게 건네는 질문으로 마무리했다.

나의 수업관찰록 작성은 배움의공동체에서 강조하는 수업임상 활동이었다. 의사와 판사가 수많은 환자 치료와 재판 과정을 통해 협업하며 그 전문성을 신장하듯, 교사는 일상의 수업을 공개하고 관찰하며 동료와의 수업대화를 통해 전문성을 신장해야 한다는 말에 공감하고 이를 실천한 결과였다.

나는 동료 교사에 대한 수업컨설팅의 핵심을 자율성과 자발성에 두었다. 자신의 요청에 기초하지 않는 타율적 수업컨설팅은 형식에 머물러 그 실효성을 기대하기 어렵다는 사실을 잘 알기 때문이다. 그런데 신청하는 교사가 드물었다. 수업컨설팅 신청서를 새롭게 만들어 동료 교사들에게 배포했지만 자발적으로 컨설팅을 신청하는 경우는 극히 소수였다. 각종 행정 업무에 치여 여유가 없다는 현실을 감안하더라도 실망스러운 결과였다.

나는 수업 연구와 컨설팅에 대한 열린 풍토가 미성숙한 탓이라고 생각했다. 대부분의 교사들은 수업은 자신이 알아서 하는 것이고 자신만의 수업 방식과 연구 능력을 지니고 있다는 믿음을 갖고 있었고, 그것이 수업연구에 대한 폐쇄성으로 나타나고 있었다. 한편으로는 보여 주기식의 공개수업과 평가식의 강평회가 주는 부담과 상처로 인해 수업연구를 위한 공개수업과 컨설팅의 의미가 상실된 지 오래였다. 시교육청 지침에 의한, 학교 내의 교사수업 전문성 신장을 위한 공개수업은 기피 대상이 되어 힘없는 저경력 교사의 몫으로 떠넘겨지기 일쑤였다. 교육청이 수업연구대회를 열어 참여 교사의 수업수행 능력을 등급으로 매기고 승진 점수를 부여하는 왜곡된 현실은 더 안타까웠다.

바람직한 수업대화 사례

나는 수석교사가 아닌 나이 많은 선배 교사로서 수업연구의 즐거움이 교사 본연의 자세라는 생각으로 일상의 수업을 계속 공개했다. 수업검토회, 공개수업과 수업관찰, 수업협의회의 과정도 실질적으로 만들고 그 즐거움과 배움의 의미를 공유했다.

도덕·사회과군의 수업컨설팅을 위한 대표 공개수업은 동료 교사들이 수업 때문에 참관이 어려울 것을 감안하여 일주일간의 일정을 따로 안내했다. 수업지도안도 기존의 형식화된 모방양식의 교수·학습 과정안과 배움 중심의 변용양식으로 만든 수업디자인을 함께 마련해 제공했다. 또한 타 교과군의 수업컨설팅을 위한 공개수업도 수석교사의 주도로 똑같이 진행하도록 유도했다. 수업검토회가 왜 필요하고 얼마나 즐거울 수 있는지 경험할 수 있기를 기대했다.

하지만 반응은 미미했다. 앞서 소개한 수업관찰록을 몇 시간을 들여 작성해서 보냈지만 돌아온 반응은 별로였다. 공개수업을 했던 교사가 교직생활에서 처음 받아보는 수업관찰록이라며 깊은 감사를 표하는 경우가 간혹 있었는데, 수업을 바라보는 시각이나 수업연구와 관련해서 많은 도움이 되었다는 내용이었다. 나는 그 같은 수업자의 답글을 통해 수업연구의 관점과 내면의 이야기를 접할 수 있었고, 그 자체로 배움의 자극제가 되었다. 내가 바라던 수업대화였다. 2012년 체육과 정○○ 선생님의 수업을 참관하고 작성한 수업관찰록과 그 끝에 담았던 궁금증에 대한 수업자의 답글은 내가 꼽은 수업대화의 대표적 사례다(자세한 내용은 블로그 blog.naver.com/ske0419 참조).

나는 수업관찰록을 통한 수업대화를 주고받으며 스스로 조금씩 변화해가는 것을 느낄 수 있었다. 그것은 내게 교사로서의 성장을 위한 배움의 계기요, 실천의 과정이었기에 그 자체로 보람과 즐거움이 있었다.

소극적인 참여자들의
눈빛이 달라졌다!

수업컨설팅을 위한 프레지 활용 01

2012년부터 수석교사의 기본 역할 중 하나인 교내외 수업컨설팅의 일환으로 수업 전문성 신장과 관련한 강의를 요청받는 일이 종종 있었다. 매우 의미 있는 일이었지만, 나는 끝나고 나서 늘 마음이 무거웠다.

무엇보다 참여자들의 소극성이 마음에 걸렸다. 그들의 모습에서 적극성이나 열의를 찾아보기가 어려웠다. 이유는 자명했다. 연수에 참여해 강의를 듣는 것이 해당 학교 선생님들의 자발적 요청이 아니었기 때문이다. 교육청의 지침과 연수시간 이수 의무를 이행하기 위해 학교장과 연수 주무자가 준비한 강의에 어쩔 수 없이 참여해야 했던 것이다. 그러한 풍토가 바뀌지 않는 한 소극적인 참여 태도는 달라지기 어려울 것이었다.

수석교사들도 나름의 사정이 있었다. 대외 수업컨설팅 활동은 연말의 업적 평가에서 주요 항목 중 하나였기에 수석교사들은 주어진 기회를 적극 활용해야 했다. 좋은 강의라는 평가를 받아 자신의 위상을 제고하고, 성장의 기회로 삼을 필요가 있었다. 하지만 쉬운 일이 아니었다. 하루아침에 키워지지 않는 강의 능력도 그렇지만, 값싼 일회성 연수로 실적 채우기에 급급한 듯한 행정 편의적 행태도 큰 문제였다. 저마다 보다 시급한 일들에 얽매여 마음을 열고 능동적으로 함께하기에는 이래저래 어려움이 많았다.

나는 그런 어려움을 누구보다 잘 알고 있었기에 주어진 강의 기회에서 나름의 의미와 배움을 전하기 위한 노하우를 원했다. 강의의 달인이 되려면 많은 노력과 경험이 요구되는데, 달인의 길이 아니라 적절한 강의 내용과 형식을 고민했다. 그때 새롭게 시도한 것이 '프레지(prezi)'였다.

자신감을 키워준 프레지와의 만남

프레지는 건축 도면에서 특정한 부분을 클릭하면 확대해 보여줄 수 있게 하려는 데서 개발되었다고 한다. 한 장의 캔버스에 내용 전체를 담아 하나의 스토리텔링 방식으로 전할 수 있는 장점이 있다. 기능도 단순해 누구나 배우기 쉽고 온라인상에서 협업도 가능하다. 다양한 이미지와 영상 자료 등을 활용하기에도 용이하다. 주제연구 결과를 나만의 스토리로 담아내 발표하기에 아주 적합한 도구라는 생각이 들었다.

2008년경부터 우리나라에 전해지기 시작한 프레지를 나는 동료 정○○ 선생님을 통해 접하고 배울 수 있었다. 그동안 일반화된 프레젠테이션 도구인 PPT 사용의 강의 방식에 식상해 있던 차에 스토리텔링에 강점이 있는 프레지에 마음이 끌렸다. 소개받은 책《스토리텔링 프레젠테이션 프레지》(이도원 외)를 구입해서 읽고 실습하며 사용법을 익혔다. 이해가 안 되는 부분은 따로 정리해 정 선생님을 초대해 개별학습으로 해답을 얻었다. 그런데 문제는 프레지 사용을 위한 기능을 익히는 것이 아니라 프레지의 강점인 스토리텔링을 어떻게 구현하느냐에 있었다. 이는 나 자신이 실제로 프레지 작품을 제작해보는 수밖에 달리 방법이 없었다. 그래서 스토리텔링을 위한 기본 지식의 이해와 창의적 변형을 위한 모색을 병행했다. 그때 가장 많은 도움을 얻은 책이 《스토리가 스펙을 이긴다》(김정태)와 이토 우지다카의 《천천히 깊게 읽는 즐거움》이었다.

나는 실제 강의안을 만들어 프레지 제작에 들어갔다. 주제를 정하고 그것을 풀어가는 나만의 내용으로 스토리를 구성했다. 나의 이야기가 담긴 자료와 영상을 준비해 이를 하나의 흐름으로 연결했다. 아직은 너무도 미흡한 프레지 작품이었지만 어느 정도 여유와 자신감을 찾을 수 있었다. 많은 시간을 들여 처음 가보는 생소한 길이었지만 오히려 즐거움이 느껴졌다.

환영받은 강의

나는 프레지를 활용해 첫 강의를 준비했다. 주제는 수업 전문성을 신장하는 데 큰 전환점이 되었던 배움의공동체 수업디자인과 관련한 나의 수업 이야기였다. 나만의 경험에 기초한 이야기로 스토리텔링 프레지를 제작해보고자 했던 것이다. 교사들이 근본적으로 갖게 되는 아래와 같은 질문들을 던지고 함께 그 해답을 모색해보는 계기로 삼고자 했다.

수업에 대한 나의 의문점들

- 교사는 과연 전문가인가?
- 학습목표는 꼭 칠판에 적어야 하는가?
- 수업은 어떻게 디자인하면 좋을까?
- 소그룹 협력학습은 어떻게 하면 좋을까?
- 수업관찰과 분석은 어떻게 하는 것이 좋을까?
- 수업협의회는 어떻게 진행하면 좋을까?

함께 토론하고 싶은 과제

- 나의 수업실천 사례에서 가장 고민되는 지점은?
- 협력학습의 무임승차, 학습의 질 저하 등의 해결 방안은?
- 교실 속 딜레마 상황을 관리하기 위한 수업모형 개발 방안은?
- 현재의 학교 구조에서 일상적 동료장학 활성화 방안은?
- 교장의 식견과 리더십, 학교 변화를 위한 중단기적 실행 계획은?

프레지 활용 수업 설계 · 사례 강의　　　　　　　프레지를 활용한 수업 풍경

프레지를 활용한 강의는 주제를 전달하는 스토리의 힘을 배가시켰다. 더욱이 컴퓨터실에서 직접 프레지 도구의 사용법을 익히고 간단한 작품을 만들어 직접 프레젠테이션을 해보는 참여형 방식은 연수에 참여한 교사들에게 큰 환영을 받았다.

　나는 실적 위주의 전시성 강의를 어쩔 수 없이 맡게 되었다 하더라도 교사로서 자신만의 유일한 수업 성장기를 담아낼 수 있다면 누구나 스토리텔링의 위력을 발휘할 수 있다는 것을 조금씩 깨닫게 되었다. 프레지는 그 힘을 효과적으로 배가시켜주는 훌륭한 도구였고, 미숙했던 나의 강의 능력을 신장시켜준 비밀 병기였다.

즐겁고 감동적인
스토리텔링 수업 이야기
수업컨설팅을 위한 프레지 활용 02

사실 내가 프레지에 매료된 데는 보다 중요한 이유가 있었다. 배움 중심의 수업에 큰 도움이 되리라 판단했기 때문이다. 스토리텔링 시대의 수업 설계에 적합한 도구가 바로 프레지였다. 50대 후반의 교사이지만 즐겁고 질 높은 수업을 위한 다양한 첨단 도구 활용과 수업 기법을 익혀 새롭게 제시하면 얼마든지 아이들과 좋은 관계를 형성하는 계기가 될 수 있겠다고 생각했다. 한편으로 교사의 배움에 대한 태도와 노력을 아이들도 높이 평가해 배움에 대한 의욕을 스스로 키워가는 계기가 되었으면 하는 마음도 있었다.

아이들의 반응은 기대 이상이었다

배움의공동체 수업디자인에서 교사는 가능한 빠른 시간 안에 주제와 관련한 흥미로운 과제를 제시할 필요가 있다. 그럼에도 기존의 수업 관행에 익숙한 나는 10분 내외의 교사 강의를 탈피하기가 쉽지 않았다. 그런데 스토리텔링에 강점이 있는 프레지는 수업 초기 아이들의 집중력을 떨어뜨리지 않고 주제와 탐구 과제를 제시하는 데 매우 효과적이었다. 특히 프레지의 다양한 기능은 배움으로부터 멀어져가고 있는 아이들의 희망과 기대를 고취하는 데에도 효과적이었다.

나는 한 학년 4개의 대단원으로 구성된 도덕 교과 내용 중 10여 개의 소주제를 선정해 프레지 작품을 제작하고 이를 수업 자료로 활용했다. 예상대로 아이들의 반응은 기대 이상이었다. 공개수업 시 동료 교사들의 반응도 좋은 편이었다. 처음 보는 프레지의 신선함도 있었겠지만 스토리텔링이 전해주는 감동이 크기 때문이 아니었을까 생각한다.

나는 여기서 한 걸음 더 나아가 컴퓨터실에서 아이들에게 프레지 실습을 시키고, 프레지를 활용한 주제탐구 활동을 수행평가로 제시했다. 컴퓨터 활용에 익숙한 아이들은 자기만의 스토리를 담아 즐겁게 과제활동에 참여했다. 특히 여러 사람들 앞에서 발표하기에 어려움을 느끼는 아이들도 자신만의 이야기가 담긴 프레지 활용 주제 발표에 큰 흥미를 갖고 적극 참여했다. 아이들이 참여해 만들어가는 질 높은 수업의 가능성을 확인한 것은 프레지가 가져다준 또 다른 즐거움이었다.

프레지를 활용한 수업 자료는 어떻게?

나는 1학년 도덕의 첫 소단원인 '도덕이란 무엇인가?'의 프레지 제작을 위한 레이아웃(스토리보드)을 구성하고, 이를 기초로 프레지 수업 자료를 제작했다. 처음에는 많은 시간이 소요되었지만 차츰 단축되어 사진 등 기본 자료만 있으면 30분 이내에 제작이 가능해졌다. 여기서는 수업 내용 중 스토리만 소개한다(자세한 내용은 블로그 blog.naver.com/ske0419 참조).

나의 별 헤는 밤

1967년 여름, 내가 중학교 1학년 때의 일이다. 새벽녘에 오줌이 마려워 잠에서 깼다. 가난했던 시절이라 화장실(뒷간)을 가려면 집 뒤편으로 나가야 했다.

밤하늘에 무수히 떠 있는 수많은 별들이 나를 향해 쏟아져 내리는 것 같았다.

'저 별들 저편에는 무엇이 있을까?', '저 넓은 우주 속에 나는 과연 누구일까?', '나는 어디에서 와 어디로 가는 걸까?', '삶이란 무엇일까?'…

의문이 꼬리를 이었다. 지금 생각해보면 태어나 처음으로 자신의 존재와 정체성에 대한 근본적인 물음을 갖게 된 빛나는 순간이었다.

프레지 사용법은 수시로 업그레이드되고 있는데, 나는 좀 더 쉽고 자세한 사용법을 정리해 아이들에게 따로 작성해주었다. 프레지 사용법을 익힌 아이들은 교과별 과제 수행뿐만 아니라 교내 나의 꿈 발표 대회나 축제 행사 등에도 활용해 창의적인 작품을 만들어냈다.

프레지 수업모델의 개발과 확산

2013년 나는 프레지를 활용한 지난해의 강의 경험을 살려 동료 교사들에게도 프레지를 소개하고 나의 노하우를 공유하고자 했다. 교과연구회 모임이나 교내외 연수 강의를 통해 프레지를 소개하고 실습했다. 먼저 대전배움의공동체연구회 주관으로 프레지를 좀 더 체계적으로 배우기 위한 현장자율직무연수를 기획해 관련 저자와 전문 강사를 초빙했다. 프레지를 활용한 사례는 오○○ 선생님과 내가 맡아 강의했다.

때마침 교육부가 지원하고 시교육청이 주관하는 창의·인성 수업연구회공모사업 계획을 접했다. 나는 교내 사회과 교사들과 함께 '대전스토리텔링프레지연구회'를 조직하고 '사회과 스토리텔링 프레젠테이션 프레지 수업모델 개발'을 주제로 계획서를 제출, 당선되었다. 나는 연구회 회원들과 즐겁게 연구활동을 펼쳤고 그 내용을 활동 보고서에 담았다(내용은 블로그 blog.naver.com/ske0419 참조).

우리 연구회는 이 밖에도 여름방학 과제 우수 학생 시상(24명), 제1회 학생 프레젠테이션 파티 개최(시청각실), 스토리텔링 프레지 수업모델 일반화 자료로 서지 자료 2권, 파일 자료로 프레지 교수·학습 과정안 13개, 프레지 수업자료모델 22개, 프레지 수업 영상 6개, 프레지 활용 교육 자료 11개를 제작함으로써 타 교과에도 공유 및 확산할 수 있는 일반화 사례를 구축했다.

프레지 활용 실태조사 결과, 82%의 학생들이 큰 흥미와 관심을 보

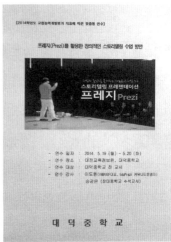

프레지연구회 활동 자료

였고, 학습 활용 면에서도 82.7%의 학생들이 효과를 인정함으로써
스마트 교육과 스토리텔링을 기반으로 하는 프레지가 학생들의 자기
주도적 학습과 배움의 즐거움을 고취하는 데 도움이 되는 것으로 나
타났다.

　이렇듯 프레지는 나에게 교사로서의 성장을 위한 새로운 도전이기
도 했지만, 많은 시간을 투자한 것 이상으로 보람과 즐거움을 안겨주
었다. 배움을 위한 도구에 불과했지만, 그 도구로 인해 아이들과 선생
님들을 위한 수업 연구와 컨설팅, 배움 중심의 수업을 설계해나가는
데 기대 이상의 역할을 해준 고마운 존재였다.

신학기의 첫 시간이
한 학년을 좌우한다

민주적 관계 맺기를 위한 자기소개와 수업협약

나는 2012년부터 수석교사로 활동하며 주요 역할의 하나인 수업 컨설팅을 위해 다양한 사례와 참고 자료를 정리하고 활용했다. 훌륭한 분들의 강의와 책, 동료 교사들의 수업실천 사례들은 큰 도움이 되었다. 하지만 가장 중요한 것은 나 자신의 경험과 수업실천 사례였다. 자신만의 경험과 수업실천 사례 속에서 만들어진 스토리에서 나오는 진정성이 가장 큰 힘으로 감동을 줄 수 있기 때문이다.

달빛 요정의 가슴을 뛰게 하는 일은?

매해 3월 시작되는 신학기의 첫 시간은 교사에게 늘 새롭고 긴장되는 순간이다. 한껏 기대하고 있을 아이들에게 교사 자신과 교과를 소개하고 좋은 관계를 맺는 일이 그리 쉽지만은 않은 일이기 때문이다. 한 해의 성공적인 농사를 위해서는 계절의 시작인 봄에 많은 준비가 필요하듯, 한 학년 동안 수업을 함께할 아이들과의 첫 만남인 첫 수업도 많은 준비가 필요하다.

나는 그동안의 경험을 기초로 첫 시간의 수업을 디자인했다. 그리고 아이들에게 들려준 이야기와 자료들을 정리해서 강의 자료로 활용했다. 교사 자신의 정체성과 수업 철학이 녹아 있는 첫 시간의 수업 사례를 '민주적 관계 맺기를 위한 자기소개 사례'라는 제목으로 소개한 것이다. 그중에서 '희망 별명'과 '교사의 꿈'에 관한 글을 여기에 소개한다.

희망 별명으로 여는 자기소개

내가 아이들과의 좀 더 친근한 관계를 만들어가기 위해 첫 시간에 아이들에게 불러줄 것을 희망하는 별명은 '달빛 요정'이다. "왜 달빛 요정이냐?"는 아이들의 질문이 뒤따른다. 이 질문에 나는 우선 "내 이름 광은(光銀)이 은빛이라는 뜻이고, 이는 달빛과 통한다."라고 설명하며, "왜 햇빛보다 달빛이 사람의 마음을 감동시킬까?"라는 물음을 던진다. 그리고 "햇빛을 반사하는 달빛이지만 햇빛을 품에 안아 다시 반사할 때 좀 더 승화된 차원의 빛을 비추기 때문이 아닐까?"라는 설명을 덧붙인다.

나는 "햇빛과 같은 소중한 존재인 여러분들의 빛을 받아 그를 품에 안아 더 멋진 달빛으로 승화시켜 많은 이들에게 감동을 줄 수 있도록 하는 배움을 통해 함께 성장하는 지원자요, 촉진자 역할을 하는 요정이고 싶다."는 소망을 전한다.

교사의 꿈으로 전하는 자기소개

두근두근

'두근두근'의 사전적 풀이는 '매우 놀라고 불안하거나 기분이 좋아서 가슴이 자꾸 크게 뛰는 모양을 나타내는 말'이다. 하지만 '두근두근'이라는 말은 '무언가 나에게 소중하고 새로운 기회가 왔다는 신호'다. '아이들과의 만남은 교사에게 가장 소중하고 새로운 기회'라는 것을 이야기하고픈 것이다.

여러분들과의 첫 만남이 교사인 내게 무엇보다 떨리고 두근거리는 일이지만, 앞으로 여러분들과의 만남 속에서 그 새로운 기회가 참으로 멋지고 아름다운 기회로 내게 다가올 것임을 말하고자 하는 것이다.

가슴 뛰는 일

월드비전의 긴급구호팀장이었던 한비야 씨가 아프리카 케냐의 오지에서 의료봉사를 하고 있는 젊은 외과의사와의 만남에 관한 이야기다.

한비야 씨가 어렵고 힘든 오지에서 의료봉사를 하고 있는 그 의사에게 "당신은 왜 이 일을 하느냐?"라고 묻자, 그는 "이 일이 내 가슴을 뛰게 하기 때문이지요."라고 답했다. 그 어느 누가 이야기한 것보다 감동을 받았다는 한비야 씨의 이야기는 바로 교사 자신의 꿈 이야기로도 적용 가능하다.

교사로서 여러분을 만나고 함께 배움의 역경을 헤치며 행복한 배움과 성장을 돕는 일이야말로 '내 가슴을 뛰게 하는 일'임을 전한다.

교사가 만든, 솔직한 희망 별명과 꿈 이야기는 아이들과의 낯선 관계를 친밀하게 만들어주었다. 자연스럽게 아이들의 별명과 꿈 이야기

로 이어지면서 민주적 관계 맺기라는 첫 시간 첫 만남의 수업 목표를
이룰 수 있었다. 이는 수동적으로 이루어지는 강의 현장에서도 큰 효
과를 발휘했다.

아이들의 전폭적 지지를 받은 '수업협약'

나는 2012년부터 매년 첫 시간에 수업디자인의 또 다른 실천 차원
에서 아이들에게 수업협약을 제안했다. 학교생활의 중심인 수업의 안
전한 분위기는 교사와 학생 간의 신뢰에 기초한 자율적 규율이 중요
함을 이야기하고, 교사의 다짐과 실천을 먼저 약속했다. 아이들은 대
부분 예시해준 협약의 내용에 전폭적인 지지를 보냈다. 수정·보완할
내용이 없을 정도로 완벽하다며 이상적이라고 말했다. 나는 도덕 시
간부터 실천해보자며 서명으로 다짐했다.

하지만 실천에는 많은 어려움이 따랐다. 무엇보다 열린 마음으로
참고 또 참아낼 수 있는 교사의 내공과 예측할 수 없는 상황에 대처하
는 능력이 요구되었다. 이는 많은 연습과 함께 공부가 필요한 것이었
다. 어느 순간 인내의 한계를 넘어 큰소리를 내고 강압적 지시와 행동
으로 아이들을 대하는 나의 모습을 발견하곤 낙심한 적이 한두 번이
아니었다. 지속적인 반성과 성찰의 과정에서 교사로 성장해가는 것이
반성적 실천가로서의 교사 전문성임을 절감했다.

2013년, 유흥지인 유성온천지구에 위치한 학교에 수업협약을 제
안한 적이 있다. 생활지도에 어려움이 많은 학교의 특성을 감안하여

수업협약의 제정과 실천을 통해 교사와 학생 간의 신뢰를 구축하고, 수업 갈등을 해소하고 질서를 확립하며, 조화로운 수업 윤리에 기초해 인성 함양과 즐거운 배움을 성취할 수 있게 하려는 의도였다. 하지만 실패로 돌아갔다. 일차적으로 학교 구성원들의 공감과 자발적 참여를 위한 충분한 토론, 협의가 이루어지지 않았다. 몇몇 간부들이 주도해서 만드는 형식적 교육 계획의 관행이 낳은 필연적 결과였다. 학교에서 수업협약은 교실 한 쪽에 걸려 있는 장식품에 불과했다. 각종 행정 업무와 생활지도에 지친 선생님들에게 아이들을 위한 기다림과 상담은 장밋빛 제안이었을 뿐이었다.

교사의 제도적 권위를 내려놓고 인격적 권위에 기초해 아이들과의 민주적 관계를 구축해가려는 지속적인 노력 없이 수업협약의 효과를 기대하기는 어렵다. 수업협약의 의미와 공동 실천의 필요성을 제안하지만 아직은 갈 길이 멀다. 우리 사회 전반의 민주적 성숙도와 비례하는 일이니 실망할 일도 아니다. 진보 교육감의 대거 당선과 함께 등장한 혁신학교의 바람이 많은 교사와 아이들의 환영을 받고 있는 것이 그것을 증명한다(수업 안내와 수업협약 제정 관련 자료는 경기 혁신학교인 덕양중 사례를 참고했다. 블로그 blog.naver.com/ske0419 참조).

수업에 '프로젝트학습'을 적용하다

수석교사의 배움 중심 수업 사례 01

수석교사는 수업컨설팅에 앞서 수업연구에 솔선하는 모습이 우선적으로 요구된다. 배움에 대한 끊임없는 열정과 실천이 동반되지 않으면 수업컨설팅의 역할은 힘을 잃게 되기 때문이다.

나는 기존의 수업에 머물지 않고 새로운 수업 기법에 관심을 갖고 배움 중심의 수업 설계를 연구했다. 주제탐구 활동으로 이루어지는 배움의공동체 수업을 연구하며 자연스럽게 프로젝트학습 연구에 관심을 기울였다. 프로젝트학습은 주제를 제시하고 모둠활동을 통해 문제에 대한 다양한 해결 방안을 함께 마련하고 실행해가는 과정을 중요하게 생각한다.

프로젝트 수업모델의 개발과 적용 과정

2013년 11월, 한국교육개발원 자유학기제지원센터에서 주관하는

프로젝트학습연구회 연수

자유학기제 교사연구회 공모가 있었다. 나는 대전배움의공동체수업
연구회 이름으로 참여를 희망한 5명의 선생님과 함께 '주제·탐구·표
현 중심의 프로젝트 수업모델 개발'을 주제로 계획서를 제출해 당선
되었다. 2014년 상반기 6개월의 짧은 연구 기간 동안 우리 회원들은
계획서에 담긴 프로젝트학습에 대한 연구와 교과별 프로젝트 수업 사
례를 개발하고 적용하기 위해 바쁘게 움직였다. 다행히 배움의공동체
수업디자인 자체가 프로젝트 교육과정을 기반으로 하는 변용양식인
데다, 2013년 중점적으로 연구했던, 스토리텔링 프레젠테이션 프레
지를 활용한 수업디자인 개발 경험이 큰 도움이 되었다.

　2014년 1월, 내가 프로젝트학습을 중심으로 수업 사례를 연구하는
데 참고한 책은 중등용인 《리얼!! 프로젝트학습》(김경원 외)과 초등용

인 《프로젝트학습》(정득년 외)으로 프로젝트학습의 이론과 수업 적용 사례 등에서 많은 도움을 받았다. 2014년 3월에는 자유학기제수업연구회 연구 과제였던 프로젝트 수업 사례를 도덕과에 적용한 교수·학습과정안을 개발해 공개수업을 진행했다. 이와 함께 배움 중심의 수업 설계를 위한 구체적인 수업 사례 연구활동의 일환으로 프로젝트학습 중심의 현장자율직무연수를 기획해 추진했다. 다행히 연구부장 이○○ 선생님과의 협업과 프로젝트 관련서 저자 초청 강의, 최○○·박○○ 선생님 등 동료 교사의 프로젝트 수업실천 사례 등의 프로그램으로 연수생의 만족도를 높일 수 있었다.

열정, 몰입, 생성의 '생산적 학습'

미국의 교육학자 시모어 사라손은 '생산적 학습'이란 '더 배우고자 하는 마음을 불러일으키고 강화하는 학습'으로, 자신의 역량을 보여주려는 열성적인 학생의 노력을 말한다고 했다. 그러한 학습이 장인 정신에 기반한 탁월성을 통해 높은 성취를 추구하는 방향으로 학생을 이끈다. 교육학자 이병곤은 이것이 바로 '열정, 몰입, 생성의 기운이 느껴지는 배움'이라고 풀이했다.

생산적 학습과 관련해 미국의 교육학자 로저 마틴은 알려지지 않은 것과 도전적인 것(미지의 영역)을 이해하고, 문제를 풀기 위한 전략과 전술(직관적 학습법)을 수립하고, 도전에 대해 효과적이거나 규칙에 들어맞는 대응책(알고리즘)을 마련하여 생산성과 효과성을 증진하는 자동화된 행동으로 전환시킬 때 사업이 성공을 거두게 되는 과정을 '깔때기 학습'이라고 불렀다(《넘나들며 배우기》, 엘리엇 워셔 외 저, 이병곤 역).

이처럼 생산적 학습과 깔때기 학습이 공통적으로 강조하는 학생의 능동적 배움의 가치는 배움의공동체 수업의 이론적 기초가 되었으며, 몰입과 성장을 지원하는 프로젝트학습은 배움 중심의 수업에 대한 믿음을 갖게 했다(관련 사례와 학생 작품 등은 블로그 blog.naver.com/ske0419 참조).

수업에 '연꽃 기법'을 활용하다

수석교사의 배움 중심 수업 사례 02

    나는 모든 교사의 관심사인 대화적 실천을 통한 협력적·활동적 배움이 있는 수업 진행에 도움이 되고자 다양한 수업 기법을 개발·차용하고 이를 실제 수업에 적용하기 위한 노력을 꾸준히 기울였다. 앞에서 소개한 프레지를 활용한 수업 사례도 그중 한 예다. 내가 소그룹 활동을 중심으로 하는 주제탐구 활동의 원활한 진행을 돕기 위한 여러 가지 수업 기법들 중에서 효과적으로 활용했던 것이 있는데, 바로 브레인스토밍 '연꽃 기법'이었다. 그때 참고한 김장수 선생님(둔내초등학교 교사. 강원NIE산학포럼 회장)의 글을 소개한다.

브레인스토밍과 연꽃 기법(MY기법)

활용 방법
① 다이어그램 중앙에 중심 주제를 씁니다(사진이나 그림도 가능).

② 중심 주제 주위의 A에서 H로 아이디어 혹은 응용할 내용을 적습니다.

③ 가장자리의 다이어그램 중심에 A ~ H에 적은 내용을 옮겨 적습니다.

④ 모든 칸을 채우면 진흙 속에서 뿌리를 내린 연꽃이 활짝 피어납니다.

⑤ 이 기법은 새로운 아이디어를 이끌어내기에도 아주 좋습니다.

아이들은 시간 가는 줄 모르고

나는 브레인스토밍을 위한 연꽃 기법을 소개하는 프레지 자료를 만들어 활동의 의의와 구체적인 방법을 아이들에게 소개했다. 양성평등 및 통일 단원에서 활용했는데, 아이들은 평소 관심이 적은 주제였는데도 흥미를 갖고 활동에 집중해 교육적 효과와 함께 멋진 작품들을 만들어냈다.

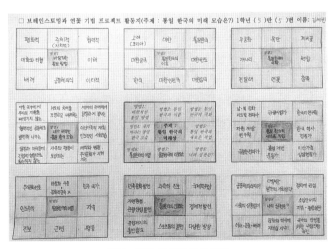

연꽃 기법을 활용한 학생 작품

방법은 간단하다. 가운데 상자 중앙에 주제를 적고, 이를 탐구하기 위한 방법(소주제)을 창의적으로 찾아 적어 넣는다. 각각의 소주제를 8개의 상자 중앙에 적고, 각각의 상자 주변에 소주제를 탐구한 좀 더 구체적인 내용을 적으면 된다.

간단하지만 처음 해보는 활동 사례라 내가 대주제와 소주제의 예를 제시해주어야 했다. 다만 소주제를 적을 2개의 빈칸은 남겨두고 아이들이 개인 또는 모둠별로 창의적 아이디어를 생각해내어 채우고 탐구할 수 있도록 했다. 나는 모둠별 활동 도구로 색연필, 색사인펜을 준비해 제공했고, 아이들은 주제와 소주제 등을 구분하기 위한 간단한 색칠을 했다. 나름 연꽃 비슷한 모양이 만들어졌다. '통일 한국의 미래상'을 주제로 실시한 2시간의 수업에서 내가 만든 B4 크기의 활동지에 아이들은 몰입했고 멋진 작품을 만들어냈다. 서로 돌려보며 대화를 나누고, 희망하는 학생들의 발표를 통해 활동을 공유했다. 좋은 작품은 사진을 찍어 대형 모니터를 통해 보여주고, 다른 반 수업에서 참고 자료로 활용하기도 했다. 축제 때 작품전시회에 출품하여 아이들의 성취동기를 높여주기도 했다.

아이들은 연꽃 기법을 활용한 수업 활동에 개별, 모둠별로 열정적으로 참여했다. 휴식시간과 점심시간까지 할애해가며 즐겁게 과제를 수행했다. 관련 수업 자료와 활동지, 다양한 학생 작품 등은 내 블로그(blog.naver.com/ske0419)에 담아놓았다.

수업에 재미를, '씽킹맵'과 '비주얼 씽킹'

수석교사의 배움 중심 수업 사례 03

내 수업에서 즐겁고 효과적인 주제탐구 활동을 위해 활용했던 수업 기법으로 '씽킹맵(Thinking Maps) 기법'이 있었다. 경기 늘푸른중의 수석교사인 우치갑 선생님의 'Thinking Maps 사고 기법 활용하기' 연수 자료와 황보근영 수석교사의 수업 사례를 참고했다.

사고력을 키우는 씽킹맵 활용 수업

씽킹맵은 시각적 패턴과 사고 과정을 연결해 창의적인 문제 해결을 도와주는 일종의 마인드맵이다. 간단히 소개하면 아래와 같다.

Thinking Maps이란?

1988년 하이엘에 의해 고안된 시각적 언어. 시각적 효과로서, 통찰력 향상, 시각적 패턴과 사고 과정 연결, 사고의 연결고리와 뇌의 패턴

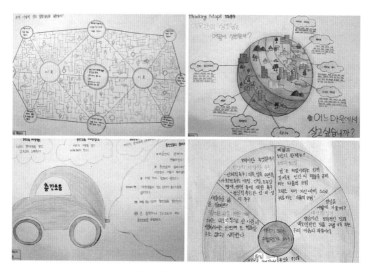

씽킹맵을 활용한 학생 작품

강화, 문제 해결을 위한 창의력 향상 등 학습 효과가 높다.

씽킹맵의 유형에는 서클맵, 버블맵, 더블 버블맵, 트리맵, 브레이스맵, 플로우맵, 멀티 플로우맵, 브리지맵 등 8가지가 있다. 그 활용 방법을 예로 들면 서클맵은 정의하기 활동에 적합한 유형으로, 먼저 주제에 대해서 정의를 내려보거나 사실관계를 나타낸다. 주제에 대해서 알고 있는 것이나 생각나는 것들 원안에 적어보며 창의적으로 문제 해결을 도모한다.

나는 수업시간에 이를 활동지로 만들어 아이들에게 소개하고, 다양한 주제탐구 활동에 활용했다. 학기 말에는 수업 평가하기 활동지로 만들어 활용하기도 했다. 이는 특히 사고력을 키우는 도덕 수업에서 아이들의 학습 동기와 참여 의욕, 학습의 질을 높이는 데 효과적이었다(활동 사례 블로그 blog.naver.com/ske0419 참조).

문제해결 능력을 기르는 비주얼 씽킹 활용 수업

2014년 2학기부터 수업에 도입한 브레인스토밍 연꽃 기법이나 씽킹맵 활동은 그해 말에 '비주얼 씽킹(Visual Thinking)'을 만나면서 좀 더 다채로워졌다. 특히 우치갑 수석교사가 만든 '비주얼 씽킹 밴드'는 전국의 교사들이 수업에 적용한 수업 자료를 풍부하게 만날 수 있어 큰 자극과 도움이 되었다.

나는 재미없는 도덕 수업이라는 기존의 인식을 넘어 즐겁고 재미있는 수업을 가꾸기 위해 비주얼 씽킹 수업을 적극 활용했다. 이미지에 친숙한 아이들의 특성과 다양한 수업 매개물을 접목해 집중력과 창의적 사고력을 키우도록 했다. 소그룹 활동을 통한 주제 탐구를 촉진하고 문제해결 능력을 증진하는 데 비주얼 씽킹 활용 수업은 매우 효과적이었다. 아이들의 작품을 전시하고 발표하기에도 적합했다. 특히 2015년 초에 만난 《Visual Thinking으로 하는 생각 정리 기술》(온은주)은 비주얼 씽킹을 이해하고 수업 자료를 개발하는 데 큰 도움이 되었다.

나는 장대중과 배움의공동체연구회가 주최한 현장자율직무연수에 저자를 초청해 비주얼 씽킹을 활용한 수업 전문성 신장의 기회를 마련하는 한편, 프레지를 활용한 비주얼 씽킹 수업을 위한 안내 자료를 제작해 활용했다.

다음은 경기 늘푸른중의 우치갑 수석교사가 정리한 비주얼 씽킹 수업 안내 자료의 일부다.

비주얼 씽킹을 활용한 학생 작품

액션러닝을 활용한 소통과 협력의 Visual Thinking 수업

Visual Thinking이란?

글, 기호, 이미지 등을 활용하여 생각을 체계화하고 기억력과 이해력을 키우는 시각적 사고 방법이다. 비주얼 씽킹은 행동을 이끌어내는 생산적인 사고다. 사람들은 우선 마음의 눈과 상상력을 가지고 그림을 본다. 이런 생각들과 외적인 시각 자료(스케치, 드로잉, 도표 등)를 사람들과 함께 공유할 때 학생들은 자신이 생각하는 것을 더 정확하게 알 수 있다.

Visual Thinking 수업 절차

수업 주제(내용) 제시, 핵심어 추출하기, 비주얼 씽킹 레이아웃, 시각적으로 표현하기, 비주얼 씽킹 순으로 진행된다.

나는 수업 중 제시되는 주제탐구 과제의 해결 방식으로 비주얼 씽킹을 여러 차례 활용했다. 무엇보다 아이들이 흥미를 갖고 집중하는 모습이 좋았고, 수업대화에도 큰 도움이 되었다. 신학기 초, 수석교사 수업 공개 시 활용했던 비주얼 씽킹 교수·학습과정안과 활동지는 블로그(blog.naver.com/ske0419)에 올려놓았다.

'거꾸로교실'이 행복한 수업을 만든다

수석교사의 배움 중심 수업 사례 04

2015년, 나는 교직생활의 마지막을 장식한 교사연구회 '대전거꾸로교실연구회'를 조직하고 연구회 공모 계획서 작성과 운영, 결과 보고서 작성 등에 관한 전반적인 활동을 지원했다. 2014년에 KBS 교육특집으로 소개되어 관심을 갖게 된 '거꾸로교실'의 수업디자인을 통해 배움 중심의 수업 설계에 도움을 주고자 현장 적용 방안을 적극 모색하게 되었다.

배움 중심의 새로운 수업모형

우리 연구회는 '거꾸로교실(Flipped Learning) 수업모형 개발 및 적용'이라는 주제로 시교육청 교과교육연구회 공모사업에 당선되어 장대중 조○○ 연구부장 등 10명의 회원과 비회원 4명 등 14명의 선

생님들과 함께 연구활동을 진행했다. 나는 《거꾸로교실》(존 버그만·
애론 샘즈 지음, 정찬필·임성희 옮김)을 참고해 연구의 필요성을 아래
와 같이 강조했다.

거꾸로교실은 행복한 수업 만들기를 위한 도전이다. 거꾸로교실은 현
재의 제도와 환경 속에서도 큰 어려움 없이 도입해 실천이 가능한 장점
이 있다. 우리의 우수한 교육 기자재와 인터넷 환경은 수업에서 강의를
동영상 등으로 빼내고, 이를 통해 확보된 보다 여유로운 수업시간에 학
생들의 개별 학습을 지원한다. 프로젝트학습이나 주제탐구학습에 대한
아이들의 참여와 협력의 자발적 동기를 이끌어내 학습에 대한 의욕을
북돋고, 학습의 질을 향상시킬 수 있다. 무엇보다 교사와 학생 모두 수
업이 즐겁고 관계가 좋아진다.

그리고 아래의 4가지 연구 과제를 제시했다.

- 거꾸로교실의 기본 모형과 운영 능력 습득을 위한 연수 프로그램
  을 어떻게 마련할 것인가?
- 거꾸로교실의 기본 모형과 동영상 제작, 교육과정 재구성 등을 각
  교과별로 어떻게 구안하고 적용할 것인가?
- 프로젝트학습, 문제해결학습 등 거꾸로배움을 위한 다양한 학습모
  형을 각 교과별로 어떻게 구안하고 적용할 것인가?
- 각 교과별 거꾸로교실의 기본 모형과 동영상 제작, 교육과정 재구
  성 등의 활동과 학습 자료를 어떻게 평가하고 일반화할 것인가?

현장자율직무연수 프로그램도 기획해 추진했다. 미래교실네트워크

'거꾸로교실수업' 연수와 자료집

대전지역장을 맡고 있던 대전○○중 윤○○ 선생님의 적극적인 지원을
받아 장대중에서 진행했는데, 거꾸로교실수업을 충실히 적용하고 있
던 강사들의 수업실천 사례가 연수에 참여한 선생님들에게 큰 도움을
주었다. 특히 첫 순서를 맡은 KBS 정찬필 PD의 강의는 거꾸로교실수
업의 확산에 좋은 계기를 마련했다.

이와 함께 거꾸로교실의 최초 설계자인 존 버그만의 장대중 방문과
거꾸로교실수업연구회 회원의 공개수업 참관 행사가 지역 언론에 보도
되는 등 배움 중심의 새로운 수업 흐름을 확대하는 데 크게 기여했다.

거꾸로교실수업의 효과를 높이는 방법

연구회 회원 선생님들은 거꾸로교실수업 진행의 효과를 높이기 위
해 학년 밴드를 개설해 적극 활용했다. 2, 3학년 밴드는 학년 담임을
맡고 있던 선생님들의 노력으로 거꾸로수업의 활성화를 이끄는 매개

역할을 충실히 했다. 특히 중간발표회 때 공개수업을 담당했던 영어과 권○○ 선생님, 존 버그만이 학교를 방문했을 때 수업을 공개했던 사회과 김○○, 과학과 김○○, 기술·가정과 박○○ 선생님과 영상 제작에 영화를 활용한 역사과 강○○ 선생님, 귀여운 딸의 출연으로 이해를 높인 장○○ 선생님, 직접 연주한 기타 영상으로 아이들의 관심과 참여를 높였던 육○○ 선생님 등의 노력이 돋보였다. 하지만 1학년은 밴드 개설에 실패했다. 비담임인 나를 비롯해 1학년 담당 선생님들의 거꾸로교실수업이 실험 수준에 머물렀기 때문이다.

거꾸로교실수업의 핵심인 교과 내용의 사전 동영상 활용 방식에는 일정한 한계가 있었다. 동영상 제작은 큰 어려움이 없었지만 아이들의 자발적 시청률이 생각보다 낮았다. 아이들이 방과 후에도 학원 수강 등으로 시간이 없기도 했고, 매 시간 교과별로 주어지는 영상을 시청해야 하는 번거로움 등이 있었기 때문이다.

나는 배움의공동체 수업디자인에서 강조하는 '가능한 빠른 시간 안에 과제활동으로 들어가는 수업'이라면 거꾸로교실수업 효과가 충분하다고 판단했다. 문제는 배움의 주체를 아이들로 넘기고 활동 중심의 수업디자인을 통해 배움의 질을 높일 수 있도록 하는 교사의 관점이었다.

이렇게 장대중에서 4년간 수석교사로 지내면서 진행된 나의 수업연구회 활동은 거꾸로교실수업연구회로 마무리되었다. 이를 간략히 정리하면 아래와 같다.

- 2012년 : 14명의 회원이 '교실속딜레마연구회'로 활동. 총 25차에 걸친 워크숍과 수업공개 및 협의회, 정기모임, 현장자율직무연수 개최
- 2013년 : 5명의 회원이 '대전프레지연구회'로 총 41차에 걸친 정기모임과 워크숍, 자율직무연수 등 활동을 통해 34편의 일반화 자료 구축
- 2014년 : 9명의 회원이 '교실속딜레마연구회'로 우수교사연수 공모에 당선되어 18회 원격연수 수강, 독서토론 등 수업대화모임 실시
- 2015년 : 30시간 거꾸로교실 원격연수 수강 및 독서토론 후 10명의 회원이 '거꾸로교실수업연구회'로 대전교육과학연구원 교과연구회 공모 당선. 4명의 비회원이 함께함. 월 2회 정기모임과 현장자율직무연수 15시간 개최, 2·3학년 밴드 운영, 중간발표회 개최, 디딤 영상 제작, 학생의 능동적 배움을 중심으로 하는 수업디자인 연구 및 적용

많은 어려움 속에서도 일관되게 이루어진 자발적 교사연구 풍토는 대전 지역 전체로 볼 때도 장대중만이 갖는 큰 장점이었다. 학교문화를 잘 살려나간다면 2015년 대전시교육청이 공모한 '창의인재 씨앗학교' 대상에 가장 부합하는 학교이기도 했다. 하지만 공모제로 부임한 학교장이 나의 거듭된 창의인재 씨앗학교 공모 신청 제안에 꿈쩍도 하지 않았다. 웃는 얼굴로 완곡하게 거절할 뿐이었다. 나이 든 수석교사의 존재가 부담스럽기도 했겠지만, 교장 자격증제에 기반한 보수적 교장의 철학적 한계가 작용했을 것이다. 아니면 무늬만 혁신학교인 학교의 실체가 드러나고 진짜 혁신학교로 바뀔까 봐 불안했는지도 모른다.

질문하는 교실을 만드는 '하브루타' 공부법

수석교사의 배움 중심 수업 사례 05

2015년 초, 나는 배움 중심의 수업 설계를 위한 연구의 또 다른 방향으로 '질문이 있는 교실 만들기'에 중점을 두었다. 대화적 실천, 대응을 중심으로 하는 배움의 공동체 수업디자인을 교실에서 실천하기 위해서는 질문하기에 대한 기본 지식과 태도를 교사와 아이들 모두가 배울 필요가 있다고 생각했기 때문이다.

하브루타 수업 진행은 어떻게?

이스라엘의 질문하는 공부법 '하브루타(chavruta)'를 소개한 자료와 책들을 접하면서 나는 개인적으로 또는 연구회 동료 교사들과의 독서토론 등을 통해 질문하는 교실 만들기를 위한 연구와 수업 사례 구축에 힘을 쏟았다. 이때 동료 수석교사들의 선행 연구와 정보가 많은 참고와 자극이 되었다. 우치갑 수석교사의 하브루타 관련 자료, 정경화 수석교사의 '하브루타로 열어가는 행복한 수업'(〈울산교육〉 겨울호 67) 등이 그것이다. 하브루타 관련 책은《질문이 있는 교실 : 초등편》(하브루타수업연구회)과《질문이 있는 교실 : 중등편》(전성수·고현승)이 많은 도움을 주었다.

하브루타 수업 자료를 개발해 수업에 적용하는 데에는 질문의 중요성이나 교육적 효과에 대한 공감을 이끌어내기 위한 설득 방안이 필요했다. 내가 도덕 시간에 하브루타 수업을 위해 사용했던 자료 영상을 소개한다.

- 꿈
  나는 아버지입니다(Team Hoyt), https://youtu.be/vRYZxfqqiDw

- 협력적 배움, 창의적 삶
  Team Work, 토끼와 거북이 신 버전, https://youtu.be/pazQkoyrR1U

- 하브루타 공부법 소개
  EBS '왜 우리는 대학에 가는가?'(제5부 말문을 터라), https://youtu.be/nttlAfVQT6w

- 위 EBS 영상 활용 부분
  오바마 대통령 기자회견 생방송(0~4분), 우리 대학, 초·중·고 교실 모습(4~16분), 이상한 시험(16~24분), 미국 예시바대학교 도서관 모습(24~28분), 조용한 공부방과 말하는 공부방, 메타인지, 말하는 공부법의 효과(28~35분), 스피치 학원(35~37분), 미국 세인트 존스대학교 100권의 책으로 토론하는 공부법(37~45분 25초), 말을 잃어버리고 생각을 잊어버린 학교(45분 25초~47분)

그런 다음 준비한 하브루타 수업 안내 자료와 활동지로 수업을 진행했다. 《질문이 있는 교실 : 중등편》의 요약 내용과 수업실천 사례 자료는 블로그(blog.naver.com/ske0419)를 참조하기 바란다.

아이들은 질문하고 대화하고 토론하고 논쟁하는 하브루타 수업에 익숙하지 않았지만, 이내 즐겁게 참여해 활동적인 배움을 가꾸었다. 이제 시작인데 퇴직으로 첫 시도로 만족할 수밖에 없어 큰 아쉬움이 남기도 했다.

배움은 깊어지고 실천은 쉬워지고

개혁의 원동력, 독서토론 활동

앞에서 소개한 다양한 나의 교사연구회 활동은 연구회 회원 선생님들과 함께 공부할 주제를 선정하는 논의부터 시작되었다. 통합교육, 도서관교육, 대안교육, 수업비평, 배움의공동체, 교실속딜레마, 프레지, 프로젝트, 교사역할훈련, 비폭력대화, 학급긍정훈육, 비주얼 씽킹, 거꾸로교실, 하브루타 등 각 주제는 시대와 상황을 반영해 다양하게 선정했다.

교사들이 함께하는 독서토론의 형식과 내용

3, 4월 학기에는 해당 주제와 관련한 참고 도서를 선정해 읽고, 각자 준비해온 요약문과 감상문을 나누고, 독서토론 시간을 진행했다. 눈코 뜰 새 없이 바쁜 학기 초였지만 한 달에 두 번 자발적 공부모임을 갖고, 그 속에서 연구 주제에 따른 구체적 수업디자인의 아이디어

를 공유했다. 이어서 현장자율직무연수를 통해 함께 읽고 토론한 책의 저자들을 직접 초청해 살아 있는 강의와 질의응답을 통한 보다 깊은 배움의 기회를 갖고 구체적 실천 방안을 모색했다. 먼저 연구 주제와 관련한 수업 적용 사례를 갖고 있는 회원들의 발표시간을 연수 프로그램에 넣어 배움의 현장성을 높일 수 있도록 계획했다.

대전배움의공동체연구회에서 이루어진 《교사의 성장을 돕는 수업 코칭》(신을진) 독서토론에서 내가 준비한 독서토론문을 소개한다.

여는 글

나는 학생의 배움의 과정, 교사와 학생 또는 학생과 학생 간의 대응, 주제 탐구 표현의 공유 과정이 담긴 교사의 창의적인 수업디자인, 활동적이고 협력적이며 반성적인 수업의 흐름, 대화적 실천으로 진행되는 수업 속의 다양한 숨결에 주목하며 수업을 관찰하고자 했다. 배움의 공동체의 철학과 목표를 교실 속 수업에서 실천하는 데 중요하게 강조되는 부분이라 생각해서다.

수업관찰록을 작성하며 개인적으로 갖게 된 부족한 점은 수업교사가 평소에 갖고 있는 수업의 고민에 대해 동료 교사와 함께 나누고 그 해결의 실마리를 찾아가며 교사로서의 정체성이나 전문성을 신장하는 부분이다. 수업자에 대한 '질문하기'를 통해 그 부족한 점을 보완해왔지만, 《수업 코칭》은 많은 부분에서 수업관찰과 수업협의회의 새로운 발전적 대안을 구체적으로 제시해주고 있다는 점에서 큰 도움이 되었다.

한편 나의 수석교사로서의 역할 수행과 관련해 그 핵심인 '수업컨설팅을 어떻게 하면 좋을까?', '멘토링이나 컨설팅의 수직적 관계를 넘어 코칭의 수평적 관계는 어떻게 만들어갈 수 있을까?', '수업대화의 경직성을 넘어 즐겁고 배움이 있는 코칭의 구체적 사례는 어떤 것일까?' 등에 관한 고민과 대안을 모색하는 데도《수업 코칭》은 많은 도움을 주었다.

동료 교사 간의 수업 전문성 신장을 위한 일상적인 '수업대화'의 형식·내용과 관련해서도 좋은 실마리와 구체적 사례를 찾을 수 있으리라 생각되었다.

그다음 책의 내용을 아래와 같은 형식으로 4쪽 정도 요약했다.

2장 수업 코칭은 어떻게 이루어지나

1. 수업 코칭 준비하기

• 수업 코칭 전 질문하기로 수업 고민 구체화하기

 – 오늘 수업에서 어떤 내용을 어떻게 가르치고자 합니까?

 – 평상시 수업과 관련한 고민은 무엇입니까?

 – 오늘 수업과 관련해서 어떤 부분에 특히 더 초점을 두었습니까?

 – 이번 수업 코칭을 통해 꼭 해결되었으면 하는 문제는 무엇입니까?

회원들과의 독서토론 내용은 서기를 정해 협의록으로 남겼다.《아이들의 배움은 어떻게 깊어지는가》(이시이 준지 저, 방지현·이창희 역)의 독서토론 내용이 담긴 협의록에서 나는 이렇게 이야기를 시작했다.

저는 이 책을 보고 '새롭게 배움이 깊어진 부분들'이라는 부제를 달고 7가지로 정리를 해봤어요. 개인적으로는 배움의 공동체의 실천 과정 속에서 여러 가지 벽에 부딪히고 한계에 다다랐던 분들이 보면 도움이 되겠다 싶었어요. 이 책을 보면서 따뜻함을 느꼈고, 그동안 일정 부분 해 이해지고 한계를 느꼈던 부분들이 어느 정도 해소되면서 오히려 배움의 공동체가 추구하는 기본적인 활동 시스템, 디자인에 대해 애정이 깊어졌습니다.

함께 듣는 모둠 만들기, 생각 정리하지 않기와 교사는 끼어들지 않기, 여기에서 제가 좀 더 명확해졌는데, 모둠학습에서는 한 사람 한 사람이 자신의 생각을 발견하고 정리하는 것을 목표로 합니다. 모둠학습이 필요한 가장 중요한 때는 '도대체 뭘까?'라는 의문과 과제가 떠올랐을 때인 거죠. 하나로 정리하지 않아도 된다, 친구들과 과제를 탐구하며 내 생각을 새롭게 끄집어내고 발견하고 내 생각을 발전시킬 수 있었다면 친구로부터 배운 내용을 정리해도 좋겠다는 얘기를 아이들에게 해줬어요.

나의 교직생활에서 많은 부분은 동료 교사들과의 주제 탐구와 독서토론 활동을 통한 협력적 배움의 공유 과정으로 채워져 있다. 이것이야말로 교사로서의 성장에 가장 큰 자극제였고, 학교를 변화시키기 위한 수업 개혁을 추동하는 교사 개혁의 원동력이었다고 할 수 있다. 이는 퇴임 이후의 삶에서도 자연스럽게 이어졌다.

김 선생님의 특별한 요청

배움 중심의 수업관찰록

2015년은 수석교사 임기의 마지막 해였다. 앞에서 말했듯이 수석교사 역할의 핵심은 수업컨설팅으로, 교수·학습 중심의 학교문화 조성과 교사의 수업 전문성 신장을 위한 수업 연구와 지원에 충실한 것이다. 나는 선배의 조언 성격이 강한 멘토링이나 전문 지도의 의미가 큰 컨설팅이 아닌, 함께 배우며 성장하는 수평적 관계에 기초한 코칭의 의미로 접근하고자 했다. 하지만 현장의 교사들은 행정 중심의 학교문화, 아이들의 생활 안전에 대한 의무와 책임, 대학입시제도에 매여 필수적으로 작성해야 하는 엄청난 양의 생활기록부, 학급 관리 등으로 눈코 뜰 새가 없었다. 정작 교사 직무의 본질이라고 할 수 있는 교재 및 수업 연구, 전문 학습공동체 활동, 학교 단위의 수업 사례 연구활동 등을 위한 수업컨설팅은 빠듯한 시간에 쫓겨 형식적인 실적 채우기에 급급하기 일쑤였다.

그런 가운데에서도 교내 동료장학을 위한 교사연구회 활동의 필요성에 공감하고 자발적으로 교실과 수업을 열고 교사의 배움과 성장을 위해 최선을 다하는 선생님들이 있었다. 그중에는 자신의 관심 분야에 뜻을 함께하는 교사들과 지역 또는 전국 단위의 자생적 연구회를 만들어 전문성 신장을 위해 치열하게 노력하는 선생님들도 많았다.

"이 아이들을 봐주세요"

배움 중심 수업관찰록의 수업자인 김○○, 이○○ 선생님은 배움이 깃든 좋은 수업으로 관찰자인 내게 교사로서의 반성과 성장에 의미 있는 계기를 마련해주었다. 나는 수업관찰록을 통해 이 두 선생님이 교사로서 추구하는 삶의 가치와 교육적 의미들을 어떻게 수업에 디자인해 적용하고 아이들과 함께 성취해 행복한 관계를 만들어가고 있는지, 수업자로부터 무엇을 배울 수 있는지를 담아내고자 성의를 다했다. 교사로서의 삶의 철학과 전문성을 신장하기 위한 연구 방향과 내용을 살피는 일과 함께 수업자의 수업 의도를 미리 파악해두는 일에도 신경을 쓰고, 공개수업에서 수업자의 주제 선정과 과제 제시, 모둠 구성 방식과 전체적인 수업 진행의 흐름을 수업지도안을 통해 충분히 숙지하고 수업을 관찰했다.

나는 사전에 김 선생님의 수업지도안에 담긴 수업연구의 목적을 살펴보고 수업관찰록에 분석한 내용을 담았다.

수업디자인은 '통통 스토리텔링을 적용한 말하기 · 듣기'를 본시 수업 연구 주제로 설정했다. 이를 위해 국어 수업 내에서 학생이 화자가 되어 자기 개방에 대한 두려움을 이겨내고 자신의 이야기를 꺼내도 안전하겠다는 믿음을 갖게 하며, 나아가 진실한 자신의 이야기를 개방할 수 있게 하는 과정과 방법, 그리고 그 과정에서 필요한 교사의 자세에 대한 실마리를 제공하는 데 수업연구의 목적을 두었다.

사실 수업자는 오랜 기간 동안 위의 과제를 해결하기 위한 핵심적 활동으로 집단상담과 관련된 공부를 연구회 회원들과 해온 경험들을 가지고 있었다. 위 과제 해결을 위한 이론적 배경으로 제시한 공감교실 조성의 원리(수업은 관계다. 정서적 연결을 우선한다. 교실 내 관계가 그물망처럼 연결되는 관계가 되도록 촉진한다. 문제 해결은 곧 관계의 회복이다. 갈등은 배움과 성장의 기회다.)와 자기 이야기하기(자기 개방)의 효과, 공감의 한 방법인 '입으로 듣기'(1단계 사실 · 의미 듣기, 2단계 기분 듣기, 3단계 본심 듣기), 학급 집단의 발달 단계(초기 단계, 갈등 단계, 성숙 단계, 마무리 단계)에 따른 학급 운영 및 수업 운영 등을 제시했다. 수업자의 교수 · 학습과정안을 참고하면 좋겠다.

수업자인 김 선생님은 수업에 앞서 관찰자인 내게 학급원들 중 네 아이에 대한 특별한 관찰을 요청했다.

저희 반 아이들 중 김○○이나 정○○, 혹은 박○○, 이○○ 중에서 한둘을 관찰해주시면 어떨까요? 제가 도움받고 싶은 아이들이기도 하고, 알고 싶은 아이들이기도 하답니다.

평소 수업연구에 대한 관심이 높지 않았다면 쉽지 않은 일이다. 수

업 전문성을 신장하기 위한 수업대화를 자발적 수업컨설팅을 위한 핵심 요소로 보고 있던 나에게는 정말 귀한 요청이 아닐 수 없었다.

'비폭력 대화' 공개수업에서 얻은 배움

나는 매년 10편 정도의 수업관찰록을 작성하며 배움 중심의 수업연구를 해왔는데, 2015년 6월 대전배움의공동체연구회 회장을 맡고 있는 이○○ 선생님의 도덕과 수업을 참관하게 되었다. '비폭력 대화'를 연구하고 이를 수업과 생활지도에 적용해온 이 선생님의 자발적 공개수업에서 나는 많은 것을 배울 수 있었다. 내 수업연구의 결산이기도 했던 A4 용지 4쪽 분량의 수업관찰록은 내 블로그(blog.naver.com/ske0419)에 담아놓았다.

나의 수업관찰록이 교사의 수업 전문성을 신장하기 위한 수업연구와 교사로 성장하기 위한 반성적 성찰의 자료로 수업관찰록 작성에 도전하고자 하는 모든 분들에게 의미 있는 도움이 되기를 바란다.

희망을 현실로 만드는 현장을 찾아

덴마크와 영국의 대안교육

2014년, 대전시교육청은 공립대안학교 설립이라는 교육감 공약의 이행을 위한 대안교육기관 설립추진기획단을 구성했다. 그때 나는 12명의 위원 중 한 사람으로 참여했다. 입시경쟁 교육의 대안을 모색하기 위한 다양한 활동을 해왔던 교사로서 나름 기대를 갖고 있었다. 하지만 위원의 대다수를 차지한 교육 관료들의 생각은 대안교육 전문가들과 시작부터 달랐다. 독립된 3년제 초·중등 과정의 공립대안학교가 아닌 일정 기간을 단위로 운영하는 위기 학생 단기 위탁교육기관인 '위 스쿨(Wee School)' 형태를 전제하고 있었다. 파견 교사에게 승진 가산점을 부여하면 뜻있는 교사의 자발적 참여를 가로막는 일이된다며 극구 반대했지만 소용이 없었다. 그들은 대안교육에 대한 기본 철학이나 장기적인 안목이 부족한 상태에서 대안학교에 대한 지역주민의 반발이나 예산 문제 등이 발생하다 보니 공립대안학교 추진에 열의를 보이지 않았다. 결정적으로 공약 이행에 대한 교육감의 추진 의지가 없어 별다른 진전을 보지 못하고 말았다.

부러운 '자유학교'

2015년 1월 말, 나는 대안교육 국외연수에 참가하게 되었다. 교육부에서 주관한 연수로, 전국 시도 단위에서 공·사립대안학교나 대안교육기관에서 핵심적인 역할을 하고 있는 교원이 대상이었는데, 공립대안학교가 없었던 대전에서는 대안교육기관 설립 추진 위원이었던 내게 차례가 왔던 것이다.

평소 대안교육에 관심이 많았던 나는 덴마크와 영국의 대안교육기관의 집중 탐방 일정이 좋은 배움의 계기가 될 수 있으리라 생각했다. 더욱이 전국의 각 지역에서 오는 공·사립대안학교의 선행 경험을 갖고 있는 동료 교원들과의 교류는 더욱 특별한 기회가 될 것이었다.

우리는 덴마크의 공립학교와 자유학교, 웅돔스쿨과 애프터스쿨, 교육부 탐방, 영국의 샌즈스쿨과 대학 탐방 등으로 이어지는 7박 9일의 빡빡한 일정을 소화했다. 하지만 전체적으로 기대 이상으로 좋은 경험의 시간이었다. 그중에서도 덴마크 국민의 15%가 다닌다는 자유학교 체제는 부러움을 사기에 충분했다. 자유학교협회 관계자의 말에 따르면, 자유학교는 기본적으로 덴마크의 민족운동가요 교육학자였던 그룬트비의 사상에서 출발했다고 한다. 시작은 그랬지만 이후로는 각기 다른 철학과 종교 또는 집단을 배경으로 설립되기도 했다. 관계자는 이렇게 말했다.

덴마크 공립학교 아이들   덴마크 자유학교 아이들

학교 운영은 국가로부터 공립의 71% 수준을 지원받으며, 나머지는 학부모가 충당한다. 자유학교 설립의 요건은 첫해 14명 이상, 둘째 해 24명 이상, 셋째 해 32명을 유지해야 학교로 인정을 받고 재정 보조를 받을 수 있다. 자유학교 운영은 완전 비영리로 해야 하며, 1년 부담액 수준은 대략 200만 원 정도다. 자유학교에 요구되는 기준은 학부모가 판단하기에 일반 공립학교 수준이거나 그 이상이어야 한다. 이 기준을 충족시키지 못할 경우 정부 지원이 중단되고 폐교될 수도 있다.

자유학교는 우리의 입시경쟁 교육의 대안으로 충분히 참고할 만한 교육정책이었다. 또 하나 인상적인 학교였던 웅돔스쿨은 애프터스쿨로, 방과후학교 및 클럽 활동을 위한 과정, 10학년을 위한 과정(중학교 졸업 후 고교 진학 전 1년간 다양한 예·체능 수업과 취미활동을 하는 과정), 특수교육 대상자를 위한 과정을 각기 다른 장소에서 운영하는 일종의 종합학교다. 고교에 입학하기 전 다양한 체험을 통해 심신을 연마하고 진로를 탐색하며 학습 의지를 다지는 기회를 제공하는 일종의 자유학년제였다. 웅돔스쿨은 우리나라에 도입되고 있는 자유학기제의 모델이라고 할 수 있다. 중학교 졸업 후 1년간 진로탐색 기간을 부여하는 아일랜드의 전환학기제와 비슷한 제도이지만, 시설이나 운영 면에서 매우 충실하다는 느낌을 받았다.

영국 대안학교의 현실과 새로운 교육운동

영국 웨일스에 위치한 샌즈스쿨은 섬머힐과 함께 영국에서 가장 많이 알려진 대안학교 중 하나다. 영국은 오랜 대안교육의 역사를 갖고 있음에도 신자유주의 정책을 추진하는 정부의 재정지원 중단에다 교육과정 운영에 대한 규제 강화 등으로 오늘날에는 대안학교 수가 크게 줄었다고 한다. 샌즈스쿨은 26년의 역사를 가지고 있으며, 처음에는 14명의 학생과 3명의 교사로 시작해 현재는 75명의 학생이 기존의 3층 주택을 개량하여 여러 개의 교실을 만들고 인근의 공터와 초지를 사들여 다양한 운동 시설을 구비해놓은 학교에서 공부하고 있었다. 학교의 기본 이념은 '모든 것은 협의를 바탕으로 부딪치면서 해결해나가는 것'이다. 반 구성은 연령별로 6개 학년으로 이루어져 있는데, 참여를 강제하지 않고 개개인의 특성을 고려해 학습을 유도한다.

마지막 연수 일정인 영국 런던대학 교육연구소 관계자와의 인터뷰에서는 보수당 정부 이후 교육의 중앙집중화로 경쟁이 심화되고 교육의 시장화가 가속화되면서 새로운 교육운동이 일어나고 있다는 사실을 알게 되었다. 간략히 소개하면 아래와 같다.

영국 샌즈스쿨 아이들

자생적인 교육적 변화 모색 'co-operative school' 운동

발단 : 'the co-operative'라는 유통회사가 6개의 학교를 지원(4개 추가)하면서 이름을 co-operative school로 명명. 학생들의 적극적인 참여를 유도하고 교사와 교사, 교사와 교장, 학교와 지역사회, 학교와 기업의 다양한 협력모델을 만들어가는 동안 학생들의 성취도 증가 등 가시적인 교육 성과들이 나타났다.

대안교육 해외탐방 연수는 비록 짧은 기간이었지만 나에게는 대안교육에 대한 관점을 확장시키고, 우리나라 대안교육의 발전 방안과 법적 제도적 정비, 대안학교 지원과 관련한 다양한 시사점과 교훈을 얻게 해준 특별한 기회였다. 어찌 보면 교직생활의 마지막 해에 주어진 선물과도 같은 기회였지만, 퇴임 이후 내 삶의 방향에 큰 시사점을 제시해준 의미 있는 시간이었다.

7막

작게 · 낮게 · 느리게

새로운 인생학교의 교사 준비기

성장을 위한 평생교사의
고민과 결단

2015년 여름, 방학이 주는 여유로움 속에서 다시금 나의 정체성에 대한 물음을 던지고 나름 그 해답을 구해보고자 고민을 시작했다. 바로 '교사로서의 삶을 마무리할 때가 되지 않았느냐?'에 대한 현실적 질문을 나 자신에게 던진 것이다. 무엇보다 만 60세를 넘긴 생물학적 나이와 환갑이라는 사회적 의미가 개인적으로 자신의 삶을 새롭게 되새겨보게 하는 계기로 다가왔던 것 같다. 수석교사 4년 임기의 마지막 해였고, 정년을 2년 남긴 시점이었다. 물론 재임용을 신청하면 큰 무리 없이 수석교사로서의 활동을 연장할 수 있고, 재임용을 신청하지 않아도 정년을 앞둔 교사로 교단에 설 수 있었다.

성장을 위한 도전을 계속하겠는가?

2015년은 사범대를 졸업하고 군 복무를 마친 후 교사로서 첫 교단에 선 지 37년차였다. 초심은 정년의 그날까지 평교사로 아이들과 함께하고 싶다는 것이었다. 이제 그 소망의 종착역이 더 가까이 보이고 있었다. 그간 많은 선후배·동료 교사들이 명예퇴직을 신청할 때마다 나는 내 일이 아니라 생각했다. 컴퓨터가 전면적으로 교단에 도입되면서 느꼈던 거부감, 이른바 중2 병으로 상징되는 교실 붕괴 현상에 따른 교권의 실추, 연금개혁으로 노후에 대한 불안감이 커졌을 때에도 나는 명예퇴직을 신청해야 할 이유가 아니라며 당면한 어려움을 극복하기 위해 노력했었다. 그런 내가 이제 명예퇴직을 심각하게 고민하기 시작한 것이다.

그 이유가 무엇인지 곰곰이 내 마음속을 들여다보며 정리했다. 먼저 '교사로서의 삶에 만족하고 있지 않은가?'라는 질문이 떠올랐지만 제대로 된 질문이 아닌 것 같았다. 누군들 자신의 직업생활에 전적으로 만족해서 그 일을 지속하겠는가. 다시 질문을 던졌다.

'교사의 성장을 위한 도전을 계속할 의지가 있는가?', '그 일이 의미가 있다고 생각하는가?'

의지가 있고 의미가 있다 해도 정년을 앞둔 시점에서 그 일이 사치스럽다는 미안함이 느껴졌다. 오늘날 7포 세대로 상징되는 청년들의 비참한 삶 앞에서 더욱 그러했다. 교육 현장을 둘러싼 비정규직들의 불안한 신분과 열악한 처우, 그들의 아픔과 분노를 목도하면서 모르는 척 지내는 일도 그랬다. 또한 교사의 성장을 위한 배움에 도전하고 새로운 학교와 교육을 실현하고자 하는 오랜 몸짓에도 여전히 입시경쟁 교육과 사교육에 휘둘리는 공교육의 강고한 체제와 막막한 현실도 마음을 불편하게 했다. 민주적 학교, 교수·학습 중심의 교단문화로 학교 현장을 변화시키고자 애써왔지만, 현실은 굳건한 행정 중심 관료체제의 기득권에 여전히 매몰되어 있었다. 전국 대부분의 시도에서 진행되고 있는 혁신학교의 흐름도 추동해내지 못하는 내 역량의 한계를 인정해야 할 시점이었다.

겉으로 보기에 잘나가고 있는 듯한 절정기에 조용히 물러날 수 있는 현명한 판단이 필요하다고 생각했다. 얼마 남지 않았지만 간절히 교단에 서기를 염원하는 후배 교사들에게 조금 일찍 내 자리를 넘겨줄 수 있는 결단이 요구되는 상황이라고 인식했다.

명퇴가 아니라 용퇴가 필요했다

한편으로, 교사로서의 내 삶은 엄중한 교사의 길이기도 했지만 어찌 보면 선택받은 평안한 길이었음을 인정해야 했다. 공교육이라는 제도교육 내에서 국가 공무원이라는 신분으로 안정된 삶을 누리며 체제의 속박과 함께 달콤함에 젖어 있었음을 말이다.

다른 한편으로, 한 해 수만 명의 아이들이 이런저런 이유로 학교를 떠나고 있는 현실을 외면해서는 안 된다는 생각도 들었다. 학교 밖 아이들을 위한 대안교육의 모색과 실천을 위한 새로운 길에 조금이나마 도움이 되는 일을 더 적극적으로 해나가야 할 때가 아닌지 자문했다.

선진국들이 이미 오래전부터 자본주의의 모순과 폐해를 극복하고자 대안으로 모색해온 협동조합 활동에 관심을 갖고 연구하며 구체적 실천 사례를 가꾸는 일도 자주 손짓을 보내왔다.

또 다른 숨은 소망도 나를 유혹했다. 그동안의 내 삶을 정리해 책으로 내고자 하는 것이었다. 자전적 교사 성장기의 형식으로 '나는 어떻게 교사로 성장했는가'라는 제목의 책을 쓰고 싶었다. 이런 교사의 자전적 성장기들이 하나둘 쌓이기 시작하면 그 자체로 교사 전문성 신장을 위한 교사문화의 실천적 연구 사례의 의미 있는 역사가 되리라 생각했다. 책 쓰는 일을 어느 유명 작가는 '글 감옥 생활'이라고 표현한 적이 있다. 그 정도는 아니겠지만 1년 반의 명예퇴직으로 얻게 되는 기간을 내가 나에게 교직생활 37여 년 만에 부여하는 학습연구년제로 삼고, 교사의 성장기에 관한 책을 쓰며 새로운 인생 후반기의 삶을 모색하는 일을 연구 과제로 부여하면 좋겠다고 생각했다.

무엇보다 남은 인생을 어떻게 보내는 것이 행복한 삶인지, 그런 삶을 위한 새로운 도전이 필요한 시점이라 판단했다. 그렇게 해서 마침내 명예퇴직을 신청했고, 퇴직을 앞둔 시점에서 대전배움의공동체연구회 후배 교사들이 마련한 평생 잊지 못할 정성 어린 퇴임 축하연 자리를 갖게 되었다. 깊은 감사의 뜻과 함께 명예퇴직 신청 이유와 이후 삶의 방향과 관련해 '퇴임 이후의 삶 어떻게 살 것인가?'라는 주제로 5분 발표를 했다(퇴임 결심 이유와 협동조합대안학교에 대한 생각을 담은 자세한 내용은 블로그 blog.naver.com/ske0419 참조).

그리고 2016년 2월 말, 나는 평생교사를 졸업했다.

나의 소망, 나의 길

　퇴임 후 새로운 인생학교의 교사 역할을 위한 준비는 생각대로 순탄하게 진행되지 못했다. 자본주의사회의 모순을 극복할 수 있는 대안으로 주목받는 사회적 경제활동이 협동조합이었지만, 학교 밖 청소년들을 위한 협동조합 형태의 대안학교를 설립한다는 것은 만만치 않은 일이었다. 그럼에도 불구하고 나름대로 자료와 문헌, 관련 법령과 구체적 사례를 수집하고 연구하며 기본 구상을 체계화해나갔지만 속도는 더디기만 했다. 이 역시 혼자 할 수 있는 일이 아니기에 함께할 수 있는 사람을 모으는 일이 관건이었다. 주위에서는 서두르지 말고 천천히 준비해나가라는 충고가 이어졌다. 교사가 아닌 새로운 인생학교의 학생으로 다시 공부하는 자세가 중요함을 새삼 깨달았다.

오랜 소망을 이루다

　퇴임 이후 중요한 개인적 과제였던 자전적 교사 성장기 집필에 도

전해보기로 했다. 37년 가까운 교사로서의 삶을 되돌아보며 내가 꿈꾸고 실천했던 내용들이 담긴 각종 자료에 기초해 자서전 형태의 책을 내보고 싶었다. 가칭 '나는 어떻게 교사로 성장했는가'라는 제목으로 글쓰기를 시작했다. 헤매고 돌아오기를 거듭하던 끝에 5개월에 걸쳐 200자 원고지 3,200쪽 정도의 분량을 마무리할 수 있었다. 그리고 출판 전문가의 조언에 따라 한 달 동안 분량을 1,500쪽으로 줄이며 편집을 새롭게 했다. 하지만 출판에 여전히 부담을 느끼는 출판사의 사정을 고려하여 정리한 원고를 개인 블로그에 공개하는 것으로 일단락하고 책을 내는 일은 추후에 다시 검토하기로 했다. 집필 과정에서 나의 삶을 성찰하며 큰 배움을 얻은 것만으로도 큰 수확이라고 생각했다.

그러던 중 뜻밖의 인연으로 책을 출간할 수 있는 길이 열렸다. 편집 전문가의 세심한 코칭을 받으며 나름 의미 있는 책을 만들 수 있겠다는 기대감이 생겼다. 과정은 쉽지 않았지만 완성도를 높이기 위해 최선을 다했고, 마침내 2017년 12월 13일, 출판 기념 북콘서트를 열게 되었다. 나의 오랜 소망이 이루어진 것이다.

새로운 명함에 새겨진 이름

2016년 11월 23일, 자서전을 쓰기 위한 개인 연구실 겸 학교 밖 청소년들의 홈스쿨링지원센터로 사용할 목적으로 유성온천역 근처에 작은 오피스텔을 마련했다. 이유는 저마다 다르겠지만 학교를 떠나는 아이들이 한 해 6만 명에 달한다고 한다. 학생 수 비례로 대전은 학업 중단 학생이 가장 많은 곳이기도 하다. 나는 나의 오피스텔이 학교를 떠난 학생과 학부모의 어려움에 공감하고 이를 교육적으로 지원하는 상담과 교육의 공간이 되기를 바랐다. 하지만 찾아오는 이가 많지 않았다. 개인 블로그만을 통한 소극적 홍보 때문인지 상담을 원하는 경우가 드물었다. 홈스쿨링과 같은 대안교육에 관심을 갖고 있는 학부모들을 중심으로 협동조합을 만들어 도심 속 작은 대안학교를 운영하면 좋겠다고 생각했는데 말이다.

이제 책을 마무리하면서 만든 새로운 명함에는 '학교 밖 청소년을 위한 대전홈스쿨링지원센터 달팽이학교'라는 이름이 당당히 새겨져 있다. '작게, 낮게, 느리게'라는 삶의 모토처럼 긴 호흡으로 주위의 뜻 있는 이들의 발걸음에 동참하며 나의 길을 걸어가려고 한다.

마을이 살아야 아이가 산다

나는 협동조합대안학교 설립과 함께 관심을 두고 있던 마을공동체 활동에 참여하는 기회를 갖게 되었다. 내가 살고 있는 유성구의 계산동, 학하동, 덕명동 일대에서 마을공동체 활성화를 위해 자발적으로 활동하고 있는 마을 활동가들을 만날 수 있었던 것이다. 오래전부터 '한 아이를 키우기 위해서는 온 마을이 필요하다.'는 아프리카 속담에 전적으로 공감하며 마을학교의 중요성을 절감해온 터였다.

우리 아파트에 행복한 마을공동체 만들기를 실천하는 '나비' 모임이 있었는데, 나는 여기에 운영위원으로 참여했다. 독서토론 모임인 '학의뜰 나비'에도 참여해 일요일 저녁마다 '학의뜰 작은도서관'에서 즐거운 배움의 시간을 공유하고 토론 논제를 블로그에 올렸다. 또한 마을공동체 활성화를 위한 사업으로 주민 강좌, 나눔장터, 방학 중 교육 강좌, 중증장애인보육센터 '아담'의 학생 지원, 주민들과 함께 영화 보기 등을 추진했다. 매주 금요일 오후 어린이 바둑 강좌를 진행하고, 한 달에 한 번 계산초 학생들을 위해 그림책 읽어주는 할아버지 선생님 역할도 해오고 있다.

최근에는 행복한 마을살이를 위한 우리 동네 교양 강좌 '마을학개론' 연수에 참여하고 있다. 학하·덕명 지구의 마을공동체를 위해 만들어진 공간 '서로봄'이 주관하는 20시간 연수를 통해 마을 신문도 제작 중인데, 나는 편집위원으로 아이디어를 모으고 '학하동·덕명동 유래'라는 제목으로 기사를 썼다. 조금 있으면 마을 주민들이 만든 신문이 탄생되는 기쁨을 맞보게 될 것이다.

그들에게 평화를

2017년 2월부터 퇴임 후 활동으로 염두에 두었던 호스피스 자원봉사교육에 참여했다. 충남대병원 호스피스 병동에서 이루어지는 이론 20시간, 실습 40시간의 교육이었다. 조심스럽지만 임종을 앞둔 말기암 환자의 마지막 시간이 평안할 수 있게 돕는 일은 나의 오랜 희망사항이었다. 삶과 죽음의 의미를 다시금 깨닫고 건강한 일상의 가치를 모두가 되새길 수 있기를 기원하고 싶었다.

나는 매주 수요일 오전이면 호스피스 병동에 가서 환자의 목욕과 마사지, 상담과 간병을 보조하고 있다. 5년, 10년째 자원봉사활동을 계속해오고 있는 선배 자원봉사자들의 모습은 또 다른 내 삶의 모델이 되었다. 블로그(blog.naver.com/ske0419)를 통해 호스피스 활동에서 얻는 배움을 글로 남기고도 있다.

퇴임 이후 나는 새로운 인생학교의 학생으로 배움과 성찰을 주는 다양한 길을 만나고 있다. 나는 앞으로도 그 길을 겸손하게 그리고 즐겁게 걸어가고 싶다.

내 마음속 스승 '달빛 요정' 선생님

아침 일찍 집을 나와 공주사대부고 앞에 위치한 작은 카페로 들어가 창가의 조용한 자리를 잡았습니다. 커피를 주문하고 선생님의 책을 읽기 시작했습니다.

'나는 어떻게 교사로 성장했는가'라는 제목부터 마음에 와닿았습니다. 선생님은 언제나 더 나은 교사가 되기 위해 성장을 위한 노력을 한시도 멈추지 않았으니까요. 그리고 머리말을 읽어 내려가는데, 이내 가슴이 뭉클해졌습니다. 경쟁으로 얼룩진 교육 현장에서 올곧은 교사의 길을 걷기 위해 감내해야 했던 고충과 인내, 함께한 동료 교사들에 대한 고마움, 끝까지 참교육의 미래와 후배들을 생각하는 선생님의 말씀이 깊은 울림을 주었습니다.

이 책은 평생을 교단에 헌신한 평범한 교사의 치열한 성장 과정을 담고 있습니다. 성직자관에 충실한 교과지도 전문가에서 반성적 실천가를 지향하는 수업 전문가가 되기까지 아이들에 대한 변함없는 애정을 바탕으로 새로운 학교문화를 추구하며 끊임없이 연구하고, 실천하고, 연대해온 평생교사의 삶이 파노라마처럼 펼쳐집니다.

제가 아는 한, 선생님은 누구보다 유능하고 성실한 분이지만, 승진이나 명성을 위해 일한 적이 없습니다. 오로지 아이들을 위해 수업을 개선하고, 동료 교사들과 협력하고, 학부모들과 대화했습니다. 아이들을 위해서라면 학교장을 비롯한 교육 관료들과의 충돌도 마다하지 않았습니다. 아이들을 향한 선생님의 마음을 잘 보여주는 글이 있습니다.

"햇빛과 같은 소중한 존재인 여러분들의 빛을 받아 그를 품에 안아 더 멋진 달빛으로 승화시켜 많은 이들에게 감동을 줄 수 있도록 하는 배움을 통해 함께 성장하는 지원자요, 촉진자 역할을 하는 요정이고 싶다."

이 책에는 그와 같은 선생님의 마음이 곳곳에 스며 있습니다. 책을 읽다가 눈물이 나서 읽기를 멈춘 적이 한두 번이 아니었지요. 한때는 교육자의 열정으로 가득했으나 어느새 황량해져버린 저의 가슴에 작은 물길을 내었는지도 모릅니다. 지금까지도 그랬지만, 앞으로도 선생님은 제게 영원한 '달빛 요정' 선생님으로 살아 계실 것입니다.

세상은 아직도 현재의 기득권에 안주하려는 이들로 넘쳐납니다. 개인의 성공을 위해 작은 성과조차 크고 화려하게 보이려는 말들로 어지럽습니다. 항상 겸손과 반성으로 자신을 다듬고 다듬어 더 나은 미래의 길을 가리켜주는 선생님의 존재가 더욱 그리울 수밖에 없습니다.

선생님의 퇴임 축하연은 제게 축하의 자리가 아닌 슬픔의 시간이었습니다. 일생 동안 추구해온 '큰 꿈'을 다 이루지 못하고 떠나는 스승의 뒤안길을 보는 듯 안타깝고 마음이 무거웠습니다. 하지만 새로운 용기를 가질 수 있을 것 같습니다. 선생님은 언제나 그 자리에서 한결같은 모습으로 우리와 함께할 것이고, 미처 피우지 못한 꽃을 끝내 피우기 위한 도전을 멈추지 않을 것을 믿기 때문입니다.

37년여간 평생교사의 외길을 묵묵히 걸으며 이 땅의 교사들에게 실천적 사표가 되어준 선생님에게 깊은 존경과 감사의 마음을 드립니다.

2017년 11월
정현숙(글벗중학교 교사) 올림